CONTACTS

Cahier d'activités

CONTACTS

Langue et culture françaises

Seventh Edition

Cahier d'activités

Workbook
Laboratory Manual
Answer Keys

Jean-Paul Valette
Rebecca M. Valette
Boston College

HOUGHTON MIFFLIN COMPANY   BOSTON   NEW YORK

Director, World Languages: New Media and Modern Language Publishing   Beth Kramer
Senior Development Editor   Cécile Strugnell
Senior Manufacturing Coordinator   Marie Barnes
Marketing Manager   José A. Mercado

Printed in the U.S.A.

ISBN: 0-618-00750-4

11 12-CRS-08 07 06

Contents

To the Student   vii

WORKBOOK   1

Unité 1 (Leçons 1–3)   3
  Vivre en France   19

Unité 2 (Leçons 4–6)   21
  Vivre en France   43

Unité 3 (Leçons 7–9)   45
  Vivre en France   63

  Révision 1   65

Unité 4 (Leçons 10–12)   71
  Vivre en France   89

Unité 5 (Leçons 13–15)   93
  Vivre en France   111

Unité 6 (Leçons 16–18)   115
  Vivre en France   133

  Révision 2   135

    Aperçu culturel
    La France et ses régions   143

Unité 7 (Leçons 19–21)   145
  Vivre en France   163

    Aperçu culturel
    Culture et loisirs   165

Unité 8 (Leçons 22–24)   167
  Vivre en France   185

Unité 9 (Leçons 25–27)   187
  Vivre en France   205

  Révision 3   209

    Aperçu culturel
    France, mère des arts   215

Unité 10 (Leçons 28–30)   217
  Vivre en France   235

Unité 11 (Leçons 31–33)   237
  Vivre en France   255

  Révision 4   257

LAB MANUAL

LAB MANUAL   265

Unité 1 (Leçons 1–3)   267
  Vivre en France   277
Unité 2 (Leçons 4–6)   279
  Vivre en France   291
Unité 3 (Leçons 7–9)   293
  Vivre en France   305
Unité 4 (Leçons 10–12)   307
  Vivre en France   319
Unité 5 (Leçons 13–15)   321
  Vivre en France   333
Unité 6 (Leçons 16–18)   335
  Vivre en France   347
Unité 7 (Leçons 19–21)   349
  Vivre en France   361
Unité 8 (Leçons 22–24)   363
  Vivre en France   375
Unité 9 (Leçons 25–27)   377
  Vivre en France   389
Unité 10 (Leçons 28–30)   391
  Vivre en France   403
Unité 11 (Leçons 31–33)   405
  Vivre en France   417

ANSWER KEYS   419

Workbook   421
Révisions   443
Dictées   449

To the Student

The two parts of the *Cahier d'activités* have been designed to accompany **CONTACTS, Seventh Edition.** Each part is coordinated with the 33 lessons and the **Vivre en France** sections of the student text.

1. The WORKBOOK contains exercises that reinforce reading and writing skills and supplement vocabulary practice. For easy review, the exercises are keyed to correspond to the **Structure** and **Vocabulaire** sections of the student text. Each workbook lesson ends with a personalized **Communication** activity that encourages students to express their opinions or to answer personal questions using the vocabulary and structures presented in the lesson. To help students study and practice the active vocabulary of the lesson, it is listed with translations and organized by categories at the end of each lesson.

   At the end of each unit is a **Vivre en France** section corresponding to the one in the student text. The realia-based activity it includes provides students with the opportunity to practice the **Vocabulaire pratique.** Students read a text or dialogue and then use the information to fill a form, answer questions, or write a dialogue or questions that serve the same function as those demonstrated in the corresponding **Vivre en France** section of the text.

   The WORKBOOK also contains four self-tests, or **Révisions,** which appear after lessons 9, 18, 27, and 33. These self-tests help students prepare for midterm and final examinations.

2. The LAB MANUAL provides written activities keyed to the audioprogram. In order to increase students ability to link pronunciation and comprehension to visual stimuli, many art-based activities are included. Phonetic exercises are also included; the phonetic explanations are highlighted for easy reference.

   At the end of each unit is a **Vivre en France** section, corresponding to the **Vivre en France** sections in the student text. These task-oriented activities help students build proficiency in listening comprehension. Students first listen to a series of questions and choose the best response to each from the possibilities listed. They then listen to a short conversation. Finally, they complete items such as a map or a hotel registration form based on what they hear.

At the end of the *Cahier d'activités,* the student will find answer keys for the WORKBOOK exercises, the four **Révisions,** and the texts for the **Dictée** sections of the lab program.

WORKBOOK

Bonjour, les Français!

1

Leçon 1   Bonjour!

1. Au club international. Students from different countries often meet at the international club of the Université François-Rabelais. At each table there are *two* students with traditional French names. Circle these names. *[Section A, p. 2*]*

● (Hélène)   Linda   (Jérôme)   Erika

1. Bill   André   Philippe   Steven

2. Thérèse   Colleen   Carmen   Suzanne

3. Carlos   Wolfgang   Pierre   Jacques

4. Olga   Françoise   Karen   Marie-Christine

5. Karl   Luc   Pedro   Jean-Louis

6. Monique   Heidi   Michiko   Cécile

7. Mary   Véronique   Brigitte   Pamela

8. Henri   Tatsuo   Antoine   Mikhail

2. Dans le foyer *(student lounge)* **de la cité universitaire.** You are meeting your new French-speaking classmates at the university residence. Give a logical answer to each of the statements or questions below. There may be more than one correct answer. *[Section A, p. 6]*

1. Salut! Ça va?

    _____

2. Ça va bien. Et toi?

    _____

3. Bonjour. Je m'appelle Iris. Comment vous appelez-vous?

    _____

4. Au revoir.

    _____

5. Bonjour!

    _____

6. Marc, je te présente mon ami Mourad. Mourad, Marc.

    _____

7. À tout à l'heure.

    _____

_____

*Refers to corresponding section and page number from your textbook.

3. Rencontres *(Encounters)*. Look at the drawings below and write a two- or three-line conversation that might take place between the people pictured. *[Section A, p. 6]*

a.

_____

_____

_____

b.

_____

_____

_____

c.

_____

_____

_____

d.

_____

_____

_____

e.

_____

_____

_____

Communication

Imagine that you are in a French-speaking country. Write what you would say in the following circumstances.

- Say hello to your friend Caroline.

    Bonjour, Caroline!

1. Ask your roommate how things are going.

    _____

2. Tell Monique that you will see her soon.

    _____

3. Say good-by to your friend Jean-Marc.

    _____

4. You are at a rehearsal of your university orchestra. Ask your new stand partner his or her name.

    _____

5. Introduce your friend Élise to your mother (**Maman**).

    _____

6. Give a bank teller your name.

    _____

7. Your neighbor asks you how things are. You're in the middle of exam week. Your answer is not too enthusiastic.

    _____

Leçon 2   Comment vas-tu?

1.   Mon quartier *(My neighborhood)*. You meet the following people in the street. Write down the exchange you have with each of them as you ask them how they are doing and they respond. Don't forget to include their responses. *[Section A, p. 15]*

   1.   some old school friends of yours

_____

_____

_____

   2.   the grocer and his wife

_____

_____

_____

   3.   your ten-year-old niece

_____

_____

_____

   4.   one of your old teachers from your primary school

_____

_____

_____

   5.   your brother

_____

_____

_____

2. Rencontres *(Encounters).* Complete the following conversations with a logical phrase or sentence.
[*Section A, p. 15*]

1. _____

   Pas mal.

2. Merci.

   _____

3. _____

   Il n'y a pas de quoi.

4. Comment allez-vous?

   _____

5. _____

   Ça va très bien, et toi?

   _____

3. Ça va? How would you answer the question **"Ça va?"** in each of the following circumstances?
[*Section A, p. 15*]

● (You got a "B" on your French exam, when you expected a "C.")

   Ça va (très) bien.

1. (You got a "B," but you expected an "A.")

   _____

2. (You received a letter from your best friend.)

   _____

3. (You have just had a wisdom tooth pulled.)

   _____

4. (You have just won 200 euros in the French lottery.)

   _____

5. (You are recovering from a sprained ankle.)

   _____

4. **Au café.** Look at the drawings below and write short conversations that might be taking place between the people shown. (You may add lines if you wish.) *[Présentations, p. 10]*

Serveur: _____

Client: _____

Serveur: _____

Serveur: _____

Client(e) #1: _____

Serveur: _____

Client(e) #2: _____

5. Présentations *(Introductions).* Imagine that you are the president of the international club. You will be introducing the following new members and want to be sure that you pronounce their names correctly. Cross out all silent letters and circle final consonants that are pronounced. *[Section B, p. 17]*

● Alber~t~ Duro(c)

1. Nicolas Duval
2. Daniel Renard
3. Élisabeth Aveline
4. Michèle Camus
5. Louis Beaufort

6. Bruno Maréchal
7. Bernard Colas
8. Denise Martinot
9. Rémi Andrieux
10. Charles Malec

6. Les accents. The following names have been typed without accent marks. The nature of the missing accent is given in parentheses. Rewrite the name, putting the accent mark where it belongs. *[Section C, p. 18]*

● (accent grave) Michele   *Michèle*

1. (accent aigu) Andre _____
2. (accents aigu et circonflexe) Jerome _____
3. (accent grave) Daniele _____
4. (accent grave) Marlene _____
5. (tréma) Joel _____
6. (cédille) Francois _____
7. (tréma) Raphael _____

Communication

Imagine that you are in France. Write out what you would say in the following situations.

● You meet Mlle Boulanger, your French teacher, on the street.
Say hello and ask her how she is.

Bonjour, Mademoiselle! Comment allez-vous?

1. On the bus you meet M. Jacquemain, a friend of your father. Say hello to him and ask him how he is.

   _____

2. At the Café de l'Univers, you meet Christine, a classmate. Say hi and ask her how she is.

   _____

3. Corinne has helped you with your homework. Thank her.

   _____

4. You are in a restaurant. Ask the waiter to please bring you a cup of coffee.

   _____

5. You have just helped an elderly neighbor cross a busy street. She thanks you. Tell her she is welcome.

   _____

Vocabulaire

Salutations (Greetings)

Formal

bonjour   good morning

Comment allez-vous?   How are you?

et vous?   and you?

Informal

Salut!   Hi!

bonjour   hello

Comment vas-tu?   How are you?

et toi?   and you?

Ça va?   How are things?

Ça va...   Things are going . . .

Je vais...   I am . . .

    bien *(adj)*   good, well, fine

    très bien   very well

    assez bien   okay

    comme ci, comme ça   okay, not too bad

    pas mal   not bad

à bientôt   see you soon

à demain   see you tomorrow

à tout à l'heure   see you later

au revoir   good-by

Présentations

Je m'appelle...   My name is . . .

Comment vous appelez-vous? (Comment t'appelles-tu?)   What is your name?

Je voudrais vous présenter...   I would like you to meet . . .

Je vous (te) présente...   This is . . .

enchanté(e)   pleased to meet you

Monsieur (*abbrev* **M.**)   Mr.

Madame (*abbrev* **Mme**)   Mrs., Ma'am

Mademoiselle (*abbrev* **Mlle**)   Miss

Au restaurant

un café noir   black coffee
un café-crème   coffee with cream
un Coca   Coca-Cola

une limonade   lemon soda

Politesse

s'il vous plaît   please
merci   thank you
merci bien   thank you very much
de rien   you're welcome
il n'y a pas de quoi   you're welcome

Leçon 3   Qui est-ce?

1.   Qui est-ce? At the International House you point out certain friends and classmates to a new student who just arrived from Québec. Describe them in complete sentences following the model below. *[Section A, p. 26]*

●   voici France / copine / québécois   *Voici France, une copine québécoise.*

1.   voilà Roger / copain / suisse

_____

2.   voici Léopold / musicien / sénégalais

_____

3.   voici Zineb / copine / algérien

_____

4.   voilà Tuyen / copine / vietnamien

_____

5.   voici Raïssa / amie / marocain

_____

6.   voilà José / médecin / mexicain

_____

2.   Mais non! Answer the following questions with complete sentences. Note in parentheses the real places of origin of these people. *[Section A, p. 26]*

●   Shaquille O'Neal est canadien? (États-Unis d'Amérique)   *Non, il est américain.*

●   Céline Dion est sénégalaise? (Québec)   *Non, elle est québécoise.*

1.   Le prince Charles est suisse? (Angleterre)

_____

2.   Frieda Kahlo est québécoise? (Mexique)

_____

3.   Aimé Césaire est mexicain? (Martinique)

_____

4.   Jeanne Moreau est marocaine? (France)

_____

5.   Hillary Rodham Clinton est anglaise? (États-Unis d'Amérique)

_____

6.   Jean Chrétien est américain? (Canada)

_____

7.   Jean Calvin est vietnamien? (Suisse)

_____

3. Une rue en ville *(A city street).* You're showing a photo of Main Street in your town to some French-speaking visitors. Point out some of the places shown. Write your answers in the same form as the model.
[Section B, p. 28]

● Et le numéro 7?

  Voilà (Voici) le musée.

1. _____

2. _____

3. _____

4. _____

5. _____

6. _____

4. À Paris! The following actions take place in Paris. Show your understanding of each sentence by writing its English equivalent. *[Section B, p. 28]*

● Paul téléphone à Jacqueline.   ***Paul is phoning Jacqueline.***

1. Le docteur téléphone au service d'ambulances.

   _____

2. Thomas dîne au restaurant.

   _____

3. Didier invite une amie au cinéma.

   _____

4. Les touristes visitent le musée.

   _____

5. Le taxi arrive l'hôpital.

   _____

6. L'autobus passe dans l'avenue Charles de Gaulle.

   _____

5. Préférences. Choose elements from both columns below to create eight sentences that tell what you like and what you don't like. *[Section B, p. 28]*

A	B	
J'adore...	la télévision	l'université
J'aime...	la musique	le cinéma
Je n'aime pas tellement...	le café	le dessert
Je déteste...	le jogging	les brocoli
Je préfère...	la violence	le sport

1. _____

2. _____

3. _____

4. _____

5. _____

6. _____

7. _____

8. _____

Communication

Write what you would need to say in the following situations.

1. You are sitting in a café when a student you don't know walks by. Ask a friend who he or she is.

   _____

2. A friend asks you who the teacher in the blue suit is. Tell him it is Mme Leblanc.

   _____

3. You and a friend from southern France are visiting Paris by bus. As you approach the cathedral of Paris, point out Notre-Dame.

   _____

4. As your bus continues along the Seine River, tell your friend that there is the Orsay Museum **(le musée d'Orsay).**

   _____

5. At the restaurant, you mention that you hate spaghetti **(les spaghetti)** and that you prefer salad **(la salade).**

   _____

6. After dinner, you and your friend discuss what to do. Tell her that you like the movies and you love to dance.

   _____

7. At a club, you introduce your companion to Hassan, an Algerian friend.

   _____

Vocabulaire

Adjectifs de nationalité

masculin	féminin	
algérien	**algérienne**	Algerian
américain	**américaine**	American
anglais	**anglaise**	English
canadien	**canadienne**	Canadian
français	**française**	French
marocain	**marocaine**	Moroccan
martiniquais	**martiniquaise**	from Martinique
mexicain	**mexicaine**	Mexican
québécois	**québécoise**	from Quebec
sénégalais	**sénégalaise**	from Senegal, Senegalese
suisse	**suisse**	Swiss
vietnamien	**vietnamienne**	Vietnamese

Verbes de préférence

J'adore... I love . . .

J'aime bien... I like . . .

Je n'aime pas tellement... I don't really like . . .

Je déteste... I hate . . .

Expressions

Qui est-ce? Who is it?

c'est... that's . . . ; it's . . .

voici here is, here are, here comes, here come

voilà there is, there are, there comes, there come

VIVRE EN FRANCE   Pendant le cours

Vocabulaire

Expressions pour le cours

Le Professeur

Attention!   Careful!

Bien.   Good.

   Très bien.   Very good.

Comprenez-vous... ?   Do you understand . . . ?

Écoutez.   Listen.

Écrivez.   Write.

Encore une fois.   Again.

Faites attention.   Pay attention.

Faites l'exercice.   Do the exercise.

Fermez vos livres.   Close your books.

Lisez.   Read.

Oui, c'est ça.   That's it.

   Non, ce n'est pas ça.   That's not it.

Ouvrez vos livres.   Open your books.

Prenez une feuille de papier.   Take a sheet of paper.

Regardez.   Look.

Répétez.   Repeat.

Répondez.   Answer.

Savez-vous... ?   Do you know . . . ?

Les Étudiants

Comment dit-on... ?   How do you say . . . ?

Je sais.   I know.

   Je ne sais pas.   I don't know.

Oui, je comprends.   Yes, I understand.

   Non, je ne comprends pas.   No, I don't understand.

Pouvez-vous répéter?   Can you repeat?

Que signifie...?   What does . . . mean?

Répétez, s'il vous plaît.   Repeat, please.

S'il te plaît (*to a classmate*), **s'il vous plaît** (*to the teacher*).   Please.

Activité

In France, you are teaching high school students how to draw. How would you and the students respond in the following situations?

1. Louise in the front row is talking with her neighbor and not paying attention.

   _____

2. You are showing the students how you would draw a castle. Ask them to look at what you're doing.

   _____

3. Now you want them to start drawing and tell them to take a sheet of paper.

   _____

4. Michel in the back of the class has not been listening and asks you to repeat what you said.

   _____

5. One of the students comes up to show you her drawing. You tell her it is good.

   _____

6. Another student comes up and has not done at all what you asked. You tell him that's not what you asked.

   _____

7. He replies that he does not understand.

   _____

8. You explain it again and then ask him if he understands.

   _____

   _____

Qui parle français?

2

Leçon 4   Au Canada

1.   Au travail *(At work)*. Say where the people in parentheses are working. Complete the sentences below with the corresponding subject pronouns and the appropriate forms of the present tense of the verb **travailler.** *[Section A, p. 43]*

●   (Mlle Moreau)   *Elle travaille*   à Montréal.

1.   (Thérèse et Annie) _____ à l'Université François-Rabelais.

2.   (nous) _____ à Montréal.

3.   (M. Michaud) _____ à l'hôpital Saint-Jacques.

4.   (Guy et François) _____ à Lyon.

5.   (M. et Mme Leblanc) _____ à Genève.

6.   (vous) _____ à l'hôtel Frontenac.

7.   (je) _____ au Café de l'Univers.

8.   (tu) _____ à l'hôtel Méridien.

2. Activités. Within the parentheses, write the infinitives of the activities suggested by the illustrations. Then complete the sentences with the appropriate forms of these verbs. *[Section A, p. 43]*

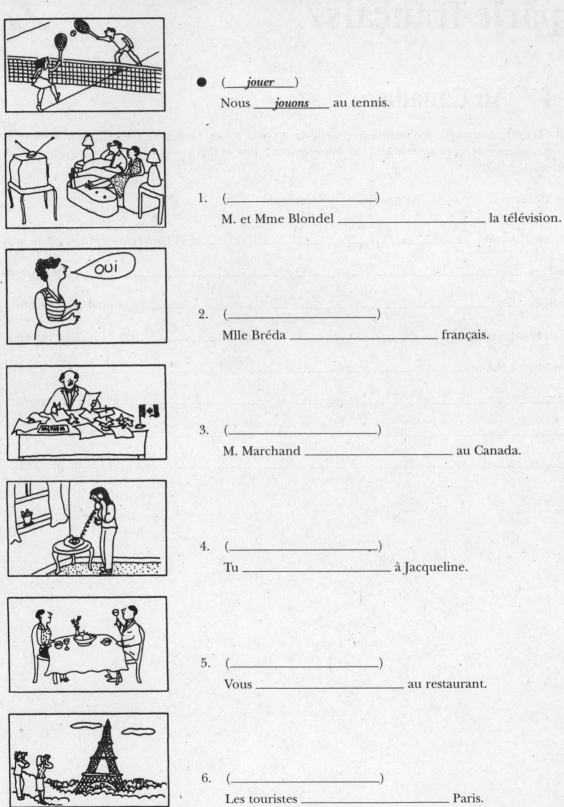

● (*jouer*)
Nous *jouons* au tennis.

1. (_____)
M. et Mme Blondel _____ la télévision.

2. (_____)
Mlle Bréda _____ français.

3. (_____)
M. Marchand _____ au Canada.

4. (_____)
Tu _____ à Jacqueline.

5. (_____)
Vous _____ au restaurant.

6. (_____)
Les touristes _____ Paris.

3. Dialogues. Complete the following dialogues according to the model. First complete each question with the appropriate present-tense form of the verb suggested by the illustration. Then use this verb to answer the question in the negative. [Section B, p. 48]

● —Tu ___*dînes*___ au restaurant?
—Non, je ___*ne dîne pas au restaurant*___ .

1. —Claire et Suzanne _____ Paul?
—Non, elles _____.

2. André et Jean-Pierre _____ au tennis?
—Non, ils _____.

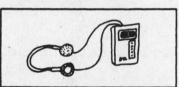

3. —Vous _____ la géographie?
—Non, nous _____.

4. Marc _____ la radio?
—Non, il _____.

5. —Vous _____ anglais?
—Non, nous _____.

6. —Tu _____ à Monique?
—Non, je _____.

4. **Les maths.** Write out the results of the following arithmetic problems. *[Section C, p. 49]*

● $6 - 2 =$ *quatre*

1. $3 \times 3 =$ _____

2. $8 + 4 =$ _____

3. $(5 \times 2) + 1 =$ _____

4. $(6 - 3) \times 2 =$ _____

5. $(4 \times 2) - 1 =$ _____

6. $(3 \times 4) - 7 =$ _____

7. $8 - (2 \times 2) =$ _____

8. $9 - 3 =$ _____

5. **La ponctualité.** Write out the times indicated on the clocks below. *[Section C, p. 49]*

1. Il est _____

2. Il est _____

3. Il est _____

4. Il est _____

5. Il est _____

6. Il est _____

Communication

Imagine that you are studying at the Alliance française in Paris. Another student wants to get to know you better. Answer her questions with affirmative or negative sentences.

1. Tu parles anglais?

   _____

2. Tu parles espagnol?

   _____

3. Tu habites à Chicago?

   _____

4. Tu étudies la biologie?

   _____

5. Tu joues au poker?

   _____

6. Tu regardes la télé française *(French TV)*?

   _____

7. Tu aimes Bruxelles?

   _____

Vocabulaire

Activités

Verbes

aimer   to like, to love

arriver   to arrive

détester   to dislike, to hate

dîner   to have dinner

écouter   to listen to

étudier   to study

habiter (à)   to live (in)

inviter   to invite

jouer (au tennis)   to play (tennis)

parler   to speak, to talk

regarder   to look at, to watch, to look

rentrer   to return, to go back

téléphoner (à)   to phone, to call (someone)

travailler   to work

visiter   to visit (a place)

Expressions

à   to, at, in (city)

avec   with

de   from; of, about

et   and

mais   but

ou   or

pour   for

Les nombres de 0 à 12

0 zéro
1 un
2 deux
3 trois
4 quatre
5 cinq
6 six
7 sept
8 huit
9 neuf
10 dix
11 onze
12 douze

L'heure (Time)

Quelle heure est-il? What time is it?
Il est...
  ...une heure one o'clock
  ...dix heures ten o'clock
  ...midi noon
  ...minuit midnight
À quelle heure? At what time?
  à... at . . .
  dans... in . . .
J'ai rendez-vous. I have a date/an appointment.

Leçon 5   À Dakar

1.   Où? *(Where?)* Read the sentences below and then say where the people are. In your statements, use subject pronouns, the appropriate forms of **être à,** and the cities in italics. *[Section A, p. 59]*

● Philippe aime *Rome.*   **Il est à Rome.**

1. Nous visitons *Dakar.* _____

2. Vous travaillez à *Berne.* _____

3. M. et Mme Lambert habitent à *Angers.* _____

4. Jacqueline étudie à *Paris.* _____

5. J'arrive à *Casablanca.* _____

6. Tu travailles à *Québec.* _____

2.   Préférences. Read what the following people do or don't do, and then say that they like or don't like these things. Study the two models. *[Section B, p. 60]*

● Philippe joue au tennis.   *Il aime jouer au tennis.*
● Carole ne joue pas au tennis.   *Elle n'aime pas jouer au tennis.*

1. Vous voyagez.

_____

2. Tu n'étudies pas.

_____

3. Je regarde un film.

_____

4. Isabelle ne téléphone pas.

_____

5. Nous dansons.

_____

6. Paul et Louis ne visitent pas les musées.

_____

7. Vous n'écoutez pas la musique classique.

_____

3. Rencontres. A French student is asking you the following questions. Answer him or her affirmatively or negatively. *[Section C, p. 61]*

● Est-ce que tu habites à Boston?   *Oui, j'habite à Boston.*

      ou: *Non, je n'habite pas à Boston.*

1. Est-ce que tu es en cours maintenant? _____

2. Est-ce que tu étudies beaucoup? _____

3. Est-ce que tu voyages souvent? _____

4. Est-ce que tu nages? _____

5. Est-ce que tu nages bien? _____

6. Est-ce que tu chantes bien? _____

7. Est-ce que tu aimes voyager? _____

8. Est-ce que tu aimes danser? _____

4. Questions. Complete the following dialogues. First complete each question using the subject in parentheses and the verb suggested by the illustration. Then complete the answer affirmatively or negatively as suggested. *[Section C, p. 61]*

—_Est-ce que tu chantes_ bien?

—Non, je _ne chante pas bien_ .

● (tu)

—_____ souvent?

—Oui, il _____

1. (Robert)

—_____ bien au tennis?

—Non, je _____ .

2. (tu)

—_____ beaucoup?

—Oui, ils _____.

3.   (Paul et André)

—_____ souvent la télévision?

—Non, nous _____.

4.   (vous)

5.   Les nombres. Read the following numbers and write them in digits. *[Section D, p. 65]*

●   _54_   cinquante-quatre

1. _____ vingt-huit   7. _____ quatre-vingt-douze

2. _____ trente et un   8. _____ soixante-six

3. _____ cinquante-deux   9. _____ quarante-trois

4. _____ quatre-vingt-cinq   10. _____ quatorze

5. _____ quinze   11. _____ quatre-vingts

6. _____ soixante et onze   12. _____ cinquante-sept

6. À quelle heure? Say at what time the following events are taking place. Complete the sentences with the times indicated on the clocks. *[Section D, p. 65]*

● Le concert est à ___*huit heures cinq*___ .

1. La classe est à _____.

2. Le film est à _____.

3. J'ai rendez-vous à _____.

4. Le train arrive à _____.

5. Le bus arrive à _____.

6. Je rentre à _____.

Communication

Imagine that you are at a sports club with your French friends. Write out what you would say in the following situations.

- Ask Jean-Pierre if he likes to swim.

  Est-ce que tu aimes nager?

1. Ask Chantal and Marie if they swim often.

   _____

2. Ask Jacques if he wants to play tennis.

   _____

3. Ask Isabelle and Jeanine if they want to play golf.

   _____ au golf?

4. Ask Élisabeth if she can phone François.

   _____

5. Tell them that you must study.

   _____

6. Tell your friends that you cannot have dinner with them.

   _____

Vocabulaire

Activités

Verbes

chanter to sing
danser to dance
être to be
être d'accord to agree
nager to swim
voyager to travel

Adverbes

assez enough, rather
aussi also
beaucoup a lot, (very) much
bien well
maintenant now
mal badly, poorly
souvent often
toujours always
très very

Les nombres de 13 à 99

treize	13	soixante	60
quatorze	14	soixante et un	61
quinze	15	soixante-deux	62
seize	16	soixante-neuf	69
dix-sept	17	soixante-dix	70
dix-huit	18	soixante et onze	71
dix-neuf	19	soixante-douze	72
vingt	20	soixante-treize	73
vingt et un	21	soixante-dix-neuf	79
vingt-deux	22	quatre-vingts	80
vingt-trois	23	quatre-vingt-un	81
trente	30	quatre-vingt-deux	82
trente et un	31	quatre-vingt-trois	83
trente-deux	32	quatre-vingt-neuf	89
quarante	40	quatre-vingt-dix	90
quarante et un	41	quatre-vingt-onze	91
quarante-deux	42	quatre-vingt-douze	92
cinquante	50	quatre-vingt-treize	93
cinquante et un	51	quatre-vingt-dix-neuf	99
cinquante-deux	52		

Les divisions de l'heure

...et quart   a quarter past . . .

...et demie   half-past . . .

...moins le quart   a quarter to . . .

Il est...

...une heure cinq   1:05

...deux heures vingt   2:20

...trois heures moins cinq   2:55

...quatre heures moins vingt   3:40

du matin   A.M., in the morning

de l'après-midi   P.M., in the afternoon

du soir   P.M., in the evening

Expressions pour la conversation

To answer a yes/no question

Oui!   Yes!

Mais oui!   Why yes! Why of course!

Bien sûr!   Of course!

D'accord!   OK! All right! Agreed!

Non!   No!

Mais non!   Why no! Of course not!

Pas du tout!   Not at all!

Bien sûr que non!   Of course not!

To ask people if they want to do certain things

Est-ce que tu veux...   Do you want . . .

Est-ce que vous voulez...   Do you want . . .

Je veux...   I want . . .

Je voudrais...   I would like . . .

To ask people if they can do certain things

Est-ce que tu peux...   Can you . . .

Est-ce que vous pouvez...   Can you . . .

Je peux...   I can . . .

Je dois...   I must . . .

Leçon 6   À Bruxelles, à l'Alliance française

1. **Quand on est étudiant.** Say whether or not students at your university generally do or are the following things. Use **on** in affirmative or negative sentences. *[Section A, p. 74]*

● étudier beaucoup?   *Oui, on étudie beaucoup.*

ou: *Non, on n'étudie pas beaucoup.*

1. être idéaliste?

_____

2. être toujours d'accord avec les professeurs?

_____

3. dîner souvent au restaurant?

_____

4. regarder souvent la télé?

_____

2. **Rencontres.** Imagine that a French student is asking you the questions below. Write out your answers in complete sentences. *[Section B, p. 75]*

1. Où est-ce que tu habites?

_____

2. Où est-ce que tu étudies?

_____

3. À quelle heure est-ce que tu regardes la télé?

_____

4. Avec qui est-ce que tu parles français?

_____

3. Une interview. Imagine that you are transcribing an interview with Anne Marchand, a Canadian student who is visiting your campus. Use the information in her answers to decide which questions were asked. In your questions, use **est-ce que** and address Anne as **tu.**

● VOUS: *Où est-ce que tu habites?*

   ANNE: J'habite à Québec.

1. VOUS: _____

   ANNE: J'étudie à l'Université Laval.

2. VOUS: _____

   ANNE: J'étudie la littérature.

3. VOUS: _____

   ANNE: Je voyage avec mon amie *(my friend)* Pauline.

4. VOUS: _____

   ANNE: Je voyage en train.

5. VOUS: _____

   ANNE: Je rentre au Canada le 10 septembre.

6. VOUS: _____

   ANNE: Je visite l'Europe parce que j'aime voyager.

4. Vraiment? *(Really?)* Bernard talks to Pierre about his friends. Pierre seems surprised. Write what Pierre says, using the appropriate subject and stress pronouns to replace the names of people Bernard mentions. *[Section C, p. 78]*

   Bernard   Pierre

● Nicole est avec Paul.   Vraiment? *Elle est avec lui?*

1. Brigitte est avec Jean.   Vraiment? _____

2. Françoise habite avec Hélène et Anne.   Vraiment? _____

3. Paul étudie avec Isabelle.   Vraiment? _____

4. Geneviève travaille pour M. Moreau.   Vraiment? _____

5. Anne est avec Albert et Thomas.   Vraiment? _____

6. Henri voyage avec Benoît et Nicolas.   Vraiment? _____

5. Réciprocité. Rewrite each sentence so that the person indicated by the stress pronoun becomes the subject and vice versa. Use the appropriate pronouns, and make sure that the verb agrees with the new subject. *[Section C, p. 78]*

● Il habite avec moi.   ***J'habite avec lui.***

1. Ils étudient avec nous.

_____

2. Tu danses avec elle.

_____

3. Vous travaillez pour lui.

_____

4. J'étudie avec eux.

_____

5. Elles rentrent avec toi.

_____

6. Nous travaillons avec elles.

_____

6. Quand? Write out when the following actions are taking place. Use complete sentences. Remember that in French, dates are abbreviated as follows: day / month. *[Section D, p. 80]*

● Paul / arriver / à Lausanne (10/5)   ***Paul arrive à Lausanne le dix mai.***

1. nous / arriver / à Bruxelles (2/9)

_____

2. vous / rentrer / à Québec (15/2)

_____

3. Georges / inviter / Suzanne (21/8)

_____

4. je / dîner au restaurant (1/6)

_____

Communication

Imagine you are spending your summer vacation in France. At the youth hostel you meet other young people. Since you want to become better acquainted, ask each of them two questions in French.

1. Robert is listening to his radio. Ask him what he is listening to. Ask him if you can listen to the radio with him.

   _____ ?

   _____ ?

2. Luisa is a Spanish student. Ask her what she studies. Ask her if one studies a lot in Spanish universities.

   _____ ?

   _____ dans les universités espagnoles?

3. Nathalie is from Lausanne, Switzerland. Ask her if she speaks French. Ask her if people speak French in Lausanne.

   _____ ?

   _____ à Lausanne?

4. You want to go out to dinner with Isabelle. Ask her at what time she has dinner. Ask her if she wants to have dinner with you tomorrow.

   _____ ?

   _____ ?

Vocabulaire

La date

Les jours de la semaine

lundi Monday

mardi Tuesday

mercredi Wednesday

jeudi Thursday

vendredi Friday

samedi Saturday

dimanche Sunday

Les mois de l'année

janvier

février

mars

avril

mai

juin

juillet

août

septembre

octobre

novembre

décembre

Expressions

Quel jour est-ce? What day is it?

Quel jour sommes-nous? What day is it?

aujourd'hui today

demain tomorrow

Quelle est la date? What's the date?

C'est le premier avril. It's April first.

Mon anniversaire et le 3 mai. My birthday is (on) May 3.

le 5 juin June 5

Expressions interrogatives

comment? how?

où? where

quand? when?

pourquoi? why?

parce que because

qui? who?

à qui? to whom?

avec qui? with whom?

pour qui? for whom?

que (qu')? what?

Expressions pour la conversation

To indicate agreement with a positive statement

Moi aussi. Me too, I do too.

To indicate agreement with a negative statement

Moi non plus. Me neither, I don't either.

VIVRE EN FRANCE **L'identité**

Vocabulaire

L'identité

célibataire   single
marié(e)   married

Expressions

Où êtes-vous né(e)?   Where were you born?
  Je suis né(e) à...
Quand êtes-vous né(e)?   When were you born?
  Je suis né(e) le...
Qu'est-ce que vous faites?   What do you do?
dix-neuf cent soixante-treize   1973

Au téléphone

Allo!   Hello!
Bonjour, ...à l'appareil.   Hello, . . . speaking.
Qui est à l'appareil?   Who is speaking?
Ici c'est...   This is . . .
Est-ce que je pourrais parler à...   May I speak to . . . ?
C'est de la part de qui?   Who is calling?
Un instant, s'il vous plaît.   Just a moment, please.
Ne quittez pas, s'il vous plaît.   Please hold.
À lundi!   See you (on) Monday!

Activité

Denise Lavoie is at the office of a language school in Montréal, l'Institut de Langues Modernes, to register for summer courses. The secretary of the school asks her a few questions as she fills out the registration form, **le bulletin d'inscription.** Read the following dialogue, and then fill in the required information on the registration form below.

INSTITUT DE LANGUES MODERNES
Bulletin d'inscription

Nom: _____

Prénom: _____

Nationalité: _____

Lieu de naissance: _____

État civil: ☐ *célibataire*   ☐ *marié(e)*   ☐ *divorcé(e)*   ☐ *veuf(ve)*

Adresse: _____ Paris

Numéro de téléphone: _____

Signature: _____

LA SECRÉTAIRE:	Bonjour, Mademoiselle.
DENISE:	Bonjour, Monsieur. Je voudrais m'inscrire aux cours de l'Institut de Langues Modernes.
LA SECRÉTAIRE:	Très bien. J'ai besoin de certains renseignements pour vous inscrire. D'abord, pouvez-vous me dire comment vous vous appelez?
DENISE:	Je m'appelle Denise Lavoie.
LA SECRÉTAIRE:	Denise Lavoie. Vous êtes canadienne, n'est-ce pas?
DENISE:	Non, je ne suis pas canadienne. Je suis américaine. Je suis née à Boston.
LA SECRÉTAIRE:	Et quelle est votre adresse à Montréal?
DENISE:	J'habite 39, rue du Four.
LA SECRÉTAIRE:	39, rue du Four. Très bien. Vous avez un numéro de téléphone?
DENISE:	Oui, attendez! C'est le 514-522-0545.
LA SECRÉTAIRE:	Merci. Bon. Est-ce que vous avez une pièce d'identité?
DENISE:	Oui, voici mon passeport.
LA SECRÉTAIRE:	Parfait. Signez ici... Vous êtes inscrite pour les cours qui commencent lundi prochain.
DENISE:	Merci bien.

Images de la vie

3

Leçon 7   La vie est belle!

1.   *Être* **et** *avoir.* Complete the sentences below. Fill in the first blank with the appropriate form of **être** and the second blank with the appropriate form of **avoir.** *[Section A, p. 90]*

1. Je _____ en France. J' _____ un ami à Bordeaux.

2. Paul et Caroline _____ musiciens. Ils _____ une guitare.

3. Marc Richard _____ millionnaire. Il _____ une Rolls Royce.

4. Vous _____ pianiste. Vous _____ un piano.

5. Nous _____ à l'université. Nous _____ un examen à neuf heures.

6. Tu _____ avec Marie. Tu _____ rendez-vous avec elle.

2.   **Présentations.** Introduce the following people, using the appropriate indefinite articles.
[Sections B, C, pp. 91, 96]

● Philippe / cousin   *Philippe est un cousin.*

1. Paul / copain _____

2. Albert et Denis / amis _____

3. Solange / amie _____

4. Louise / cousine _____

5. Nicolas et Jean / copains _____

6. Anne et Véronique / copines _____

3. **Est-ce que ça marche?** *(Does it work?)* Point out the following objects and say whether or not they work. *[Sections B, C, pp. 91, 96]*

● *Voici une montre. Elle ne marche pas.*

1. _____

2. _____

3. _____

4. _____

4. **On ne peut pas tout avoir.** *(You can't have everything.)* Say that the following people have the first item listed, but not the second one. Be sure to use the appropriate indefinite articles. *[Sections B–D, pp. 91–98]*

● tu (ordinateur, imprimante)   *Tu as un ordinateur, mais tu n'as pas d'imprimante.*

1. nous (chaîne-stéréo, CDs)

_____

2. Jean-Jacques (VTT, voiture)

_____

3. Isabelle (machine à écrire, ordinateur)

_____

4. Jacques et Nicole (caméscope, magnétophone)

_____

5. je (moto, vélomoteur)

_____

6. Marc (caméra, téléviseur)

_____

5. La chambre de Jacqueline. Describe Jacqueline's room at the Cité universitaire by indicating whether or not she has the following objects. Use the appropriate articles. *[Sections C–E, pp. 96–100]*

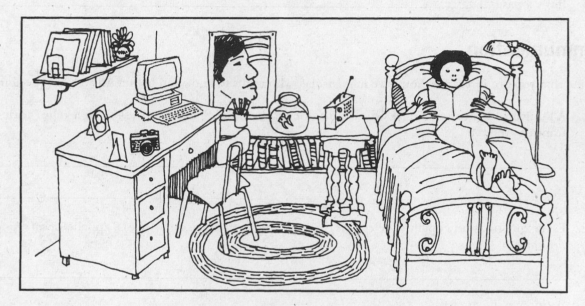

● crayons?   *Non, il n'y a pas de crayons.*

● radio?   *Oui, il y a une radio.*

1. appareil-photo? _____

2. sac à dos? _____

3. compact disques? _____

4. téléviseur? _____

5. ordinateur? _____

6. cassettes? _____

6. Expression personnelle. Complete the following sentences with an expression of your choice. Be sure to use the appropriate articles. *[Sections B–E, pp. 91–100]*

1. J'ai _____

2. Je n'ai pas _____

3. J'ai un ami qui *(who)* a _____

4. J'ai des amis qui ont _____

5. Dans ma chambre *(In my room)*, il y a _____

   _____

6. Il n'y a pas _____

Communication

Imagine that you are in France. You have met Nicolas, who wants to know you better. Answer his questions.

1. À l'université, est-ce que tu as un(e) camarade de chambre? Si oui *(If so)*, est-ce qu'il (elle) parle français avec toi?

   _____

   _____

2. Est-ce que tu as un copain (une copine)? Si oui, comment est-ce qu'il (elle) s'appelle *(what's his or her name)*?

   _____

   Il (Elle) s'appelle _____

3. Est-ce que tu as une chaîne-stéréo? un lecteur de CD? Est-ce qu'ils marchent bien?

   _____

   _____

4. Est-ce que tu utilises un lecteur de CD-ROM?

   _____

5. Est-ce que tes parents ont une voiture?

   _____, ils _____

6. Est-ce qu'il y a un magnétoscope chez toi *(in your home)*?

   _____ chez moi *(at my house)*.

Vocabulaire

Les gens (People)

un(e) ami(e)	friend	**une dame**	lady
un(e) camarade	friend	**une femme**	woman
un(e) camarade de chambre	roommate	**une fille**	girl, young woman
un copain, une copine	friend	**une jeune fille**	young woman
un(e) étudiant(e)	student	**une personne**	person
un garçon	boy, young man		
un homme	man		
un jeune homme	young man		
un monsieur	gentleman		
un professeur	professor, teacher		

Les objets

un objet object

une chose thing

pour la classe classroom

    un cahier notebook

    un crayon pencil

    un livre book

    un sac à dos backpack

    un stylo pen

une calculatrice calculator

une montre watch

pour le bureau office

    un ordinateur computer

    un téléphone telephone

une disquette floppy disk, diskette

une imprimante printer

une machine à écrire typewriter

pour les transports

    un vélo bicycle

    un vélomoteur motorbike

    un VTT (vélo de tout terrain) mountain bike

une auto car

une bicyclette bicycle

une mobylette moped

une moto motorcycle

une voiture car

l'équipement audio-visuel

un **appareil-photo**   camera

un **caméscope**   camcorder

un **CD**   CD

un **CD-ROM**   CD-ROM

un **compact disque**   compact disk

un **disque**   record

un **lecteur de cassettes**   cassette player

un **lecteur de CD**   CD player

un **lecteur de CD-ROM**   CD-ROM player

un **magnétophone**   tape recorder

un **magnétoscope**   VCR

un **portable**   portable / cellular telephone

un **téléviseur**   TV set

un **Walkman**   personal stereo

une **caméra**   movie camera

une **cassette**   cassette

une **chaîne-stéréo**   stereo

une **mini-chaîne**   compact stereo

une **photo**   photograph

une **radio**   radio

une **radiocassette**   radio cassette

une **vidéo cassette**   videocassette

Verbes

Il y a...   There is . . . , There are . . .

marcher   to work, to "run" (function)

utiliser   to use

Expressions interrogatives

Qui est-ce?   Who is it?

  C'est...   It's . . . , That's . . . ,

          He's . . . , She's . . .

Qu'est-ce que c'est?   What is it? What is that?

quoi?   what?

Leçon 8   Dans la rue...

1.   Shopping. You and your friend are shopping. Tell your friend to look at the following objects. Be sure to use the appropriate definite articles. (If you are not sure of the gender of these nouns, see page 91 in your textbook.) *[Section A, p. 104]*

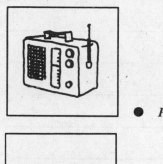

● *Regarde la radio.*

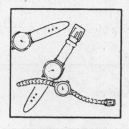

3. _____
   _____

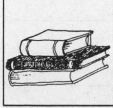

1. _____
   _____

4. _____
   _____

2. _____
   _____

5. _____
   _____

2.   Mes amis *(My friends).* Describe your two best friends, male and female, using the adjectives in parentheses in affirmative or negative sentences. Be sure to use the appropriate forms of the adjectives. *[Section B, p. 105]*

	Mon meilleur ami	Ma meilleure amie
1. (blond?)	Il (n')est (pas) _____	Elle (n')est (pas) _____
2. (grand?)	_____	_____
3. (optimiste?)	_____	_____
4. (indépendant?)	_____	_____
5. (réservé?)	_____	_____
6. (égoïste?)	_____	_____
7. (poli?)	_____	_____

3. **Non!** The following people do not have the characteristics in parentheses. Express this in two sentences, one negative, the other affirmative. Use the appropriate corresponding adjectives. (See page 106 of your textbook.) *[Section B, p. 105]*

● (heureux)   Catherine ____*n'est pas heureuse*____.

Elle ____*est triste*____.

1. (sympathique)   Le professeur de maths _____.

Il _____.

2. (marié)   Anne et Thérèse _____.

Elles _____.

3. (petit)   Marc et Thomas _____.

Ils _____.

4. (brun)   Janine _____.

Elle _____.

4. **Le tour du monde.** Linda is traveling around the world and is buying things in various countries. Describe her purchases using the nouns in parentheses and the appropriate adjectives of nationality. (NOTE: **elle achète** means *she is buying*.) *[Sections B, C, pp. 105, 109]*

● (des livres)   À Bruxelles, elle achète ____*des livres belges*____.

1. (un portable)   À Tokyo, elle achète _____.

2. (des cassettes)   À Madrid, elle achète _____.

3. (des montres)   À Genève, elle achète _____.

4. (une voiture)   À Berlin, elle achète _____.

5. (un vélo)   À Londres *(London)*, elle achète _____.

6. (des CD)   À Tours, elle achète _____.

5. **Une question de personnalité** *(A matter of personality)*. Describe the following people, using the appropriate form of the suggested adjective. Then say that they have friends or possessions with the same characteristics. Study the model carefully *[Sections B, C, pp. 105, 109]*

● Nicolas (amusant)   *Nicolas est amusant.*

(des amies)   *Il a des amies amusantes.*

1. Jacqueline (intéressant) _____

(des livres) _____

2. Annie (petit) _____

   (une auto) _____

3. Pauline (grand) _____

   (un appartement) _____

4. Sylvie et Catherine (français) _____

   (une voiture) _____

5. Mme Jacquemain (compétent) _____

   (un assistant) _____

6. Le professeur (brillant) _____

   (des étudiants) _____

6. **Descriptions.** Nathalie describes various people and things. Complete her descriptions with the appropriate form of **il est** or **c'est** *[Section D, p. 111]*

1. J'ai un ordinateur.

   _____ japonais.

   _____ un Sony.

   _____ très bon.

2. J'ai une camarade de chambre.

   _____ une fille brillante.

   _____ sympathique.

   _____ une bonne étudiante.

3. J'ai une voiture.

   _____ une Renault.

   _____ une voiture française.

   _____ très rapide.

4. J'ai un copain.

   _____ canadien.

   _____ un garçon intelligent.

   _____ architecte.

Communication

A. Vos amis. Describe two friends of yours, a man and a woman. Write a short paragraph in which you describe each friend's physical appearance and personality traits. Use both affirmative and negative sentences.

1. J'ai un copain. Il s'appelle *(His name is)* _____

   _____

   _____

   _____

   _____

2. J'ai une copine. Elle s'appelle _____

   _____

   _____

   _____

B. Vos possessions. Name three things that you own and describe each one in a short paragraph.

● *J'ai une voiture. C'est une Toyota. Elle est japonaise.*
  C'est une petite voiture. Elle n'est pas très rapide, mais
  elle est assez confortable. C'est une bonne voiture.

1. _____

   _____

   _____

2. _____

   _____

   _____

3. _____

   _____

   _____

Vocabulaire

Adjectifs

allemand   German
amusant   amusing
blond   blond
bon (bonne)   good
brillant   brilliant
brun   dark-haired
calme   calm
célibataire   single, unmarried
compétent   competent
conformiste   conformist
confortable   comfortable (things)
content   content
désagréable   unpleasant
drôle   funny
dynamique   dynamic, vigorous
égoïste   selfish
énergique   energetic
espagnol   Spanish
faible   weak
fort   strong, stocky
grand   tall; big, large
heureux (-euse)   happy
honnête   honest
idéaliste   idealistic
idiot   stupid
impatient   impatient
indépendant   independent
individualiste   individualistic
intelligent   intelligent
intéressant   interesting
italien (-ienne)   Italian
japonais   Japanese
jeune   young
joli   pretty
lent   slow
marié   married
mauvais   bad, poor
moderne   modern

optimiste optimist

patient patient

pénible tiresome, boring

pessimiste pessimistic

petit short, small

poli polite

rapide fast

réaliste realistic

réservé reserved

riche rich

sociable sociable, friendly

sympathique nice

timide timide

triste sad

Expressions pour la conversation

Dis! Say! Hey!

Tiens! Look! Hey!

Leçon 9   Le temps libre

1.   Généralisations. Make general statements, affirmative or negative, using the elements below.
(NOTE: Nouns with an asterisk are feminine. The others are masculine.) *[Section A, p. 116]*

● Marocains / aimer / musique* classique   ***Les Marocains aiment la musique classique.***

ou: ***Les Marocains n'aiment pas la musique classique.***

1. étudiants japonais / aimer / la politique

_____

2. étudiants / respecter / professeurs

_____

3. Canadiens / détester / violence*

_____

4. personnes* / indépendantes / être pour / autorité*

_____

2.   Qu'est-ce qu'ils font? Describe what the following people are doing. In your sentences, use the suggested elements. *[Section B, p. 118]*

● je / rester à / l'université   **Je reste à l'université.**

1. Éric / arriver à / le stade

_____

2. le sénateur / parler à / les journalistes

_____

3. vous / jouer de / le violon

_____

4. tu / téléphoner à / l'étudiante martiniquaise

_____

5. on / parler de / le match de tennis

_____

6. vous /rentrer de / voyage

_____

3. Le verbe exact. Complete the following sentences with the appropriate forms of **être, avoir,** or **aller.** Be sure that your sentences are logical. *[Section C, p. 121]*

1. Pierre et Monique _____, _____ français.

    En septembre, ils _____ visiter Québec.

    Ils _____ des cousins là-bas.

2. Jacques _____ une raquette de tennis.

    Il _____ souvent jouer au tennis.

    Il _____ très athlétique.

3. Nous _____ étudiants.

    Nous _____ rendez-vous avec des amies.

    Nous _____ danser dans une discothèque.

4. Vous _____ parisiens, n'est-ce pas?

    _____-vous une voiture?

    _____-vous souvent en Normandie?

4. Activités. Say where the following people are going by completing the sentences below with the appropriate forms of **aller** and of **à** + definite article. Then say what each person is going to do there, using the construction **aller** + a verb from the box. *[Sections B, C, pp. 118, 121]*

| voyager   nager   travailler   étudier   regarder des tableaux   jouer au football |

● Catherine ___*va à la*___ plage.

   ___*Elle va nager.*___

1. Tu _____ stade.

   _____

2. Nous _____ bibliothèque.

   _____

3. Mme Dupin _____ bureau.

   _____

4. Vous _____ piscine.

   _____

5. Les touristes _____ musée.

   _____

6. Je _____ aéroport.

   _____

5. Samedi soir. On Saturday night, some people go out and others stay home. Read what the following people do and say whether or not they stay home. Use the verb **rester** in affirmative or negative sentences and **chez** + the appropriate form of the corresponding stress pronoun. *[Section D, p. 123]*

● Nous allons au théâtre.

   Vous ne restez pas chez vous.

1. Je regarde la télé.

   _____

2. Tu écoutes tes *(your)* cassettes.

   _____

3. Nous dînons au restaurant.

   _____

4. M. et Mme Durand invitent des amis.

   _____

5. Jean-Marie va à la discothèque.

   _____

6. Questions. You want to know more about the following people. Complete the questions below using inversion and the appropriate subject pronouns. *[Section E, p. 125]*

● Antoine est au restaurant.

   Avec qui ____*est-il au restaurant*____ ?

1. Catherine téléphone.

   À qui _____?

2. Les étudiants travaillent.

   Pourquoi _____?

3. Mlle Moreau voyage.

   Quand _____?

4. Jacques va au musée.

   Avec qui _____?

5. Florence et Lucie jouent au tennis.

   Comment _____?

6. On va à la piscine.

   À quelle heure _____?

Communication

Imagine you have met Alexandre at the Maison des Jeunes. You want to know more about his leisure-time activities. Write out the questions you ask him, using inversion and the **tu** form.

● Ask him if he likes music.   *Aimes-tu la musique?*

1. Ask him if he likes sports.

   _____?

2. Ask him if he plays chess.

   _____?

3. Ask him if he plays the guitar (**la guitare**).

   _____?

4. Ask him if he often goes to the movies.

   _____?

5. Ask him if he is going out to the theater on Saturday.

   _____?

6. Ask him if he wants to go to the restaurant with you on Sunday.

   _____?

Vocabulaire

Les loisirs (Leisure Activities)

Les arts
la musique   music
la peinture   painting

Les jeux   games
le bridge   bridge (game)
les cartes (f.)   cards
les dames (f.)   checkers
les échecs (m.)   chess

Les passe-temps · hobbies
la cuisine   cooking
la danse   dance
la photo   photography

Les spectacles   shows
le cinéma   movies
la télévision, la télé   television
le théâtre   play, theater

Les sports
le basketball, le basket   basketball
le football, le foot   soccer
le football américain   football
le tennis   tennis
le volleyball, le volley   volleyball

Verbes

aller   to go
entrer (dans)   to enter
jouer   to play
  jouer à   to play (a sport or game)
  jouer de   to play (a musical instrument)
passer   to spend (time)
passer (par)   to pass, to go (through)
penser   to think, to believe
  penser à   to think about
rester   to stay

Où et comment

un aéroport airport
un bureau office
un café café
un cinéma movie theater
un hôpital hospital
un laboratoire laboratory
un magasin store
un musée museum
un restaurant restaurant
un stade stadium
un supermarché supermarket
un théâtre theater

une bibliothèque library
une école school
une église church
une fête party
une gare (train) station
une maison house
une piscine swimming pool
une plage beach
une poste post office
une université university

Expressions

ici here
là there
là-bas over there
à pied on foot
à vélo by bicycle
en avion by plane
en bus by bus
en métro by subway
en train by train
en voiture by car

Expressions pour la conversation

Ah bon? Really?
Ah bon! Okay!
Qu'est-ce que tu penses / vous pensez de... What do you think of . . .
Je pense que... I think (that) . . .

VIVRE EN FRANCE   En ville

Vocabulaire

En ville

l'arrêt d'autobus   bus stop
le commissariat de police   police station
un marchand de journaux   newstand

une librairie   bookstore
une pharmacie   pharmacy, drugstore
une station de métro   subway station
une station service   gas/service station

Verbes

chercher   to look for
continuer   to continue, to go on
tourner   to turn
traverser   to cross

Adverbes et prépositions de lieu (place)

à côté (de)   nearby; next to
à droite   on the right
à gauche   on the left
devant   in front (of)
derrière   in back; behind
en face (de)   across the street; opposite
loin (de)   far (from)
près (de)   nearby; next to
tout droit   straight ahead

à l'ouest
à l'est
au sud
au nord

Expressions

Excusez-moi.
Pardon.
Savez-vous...   Do you know . . .
Pouvez vous/Pourriez-vous me dire...   Can you/Could you tell me . . .
à 100 mètres
à un kilomètre
à dix minutes à pied/en voiture

Activité

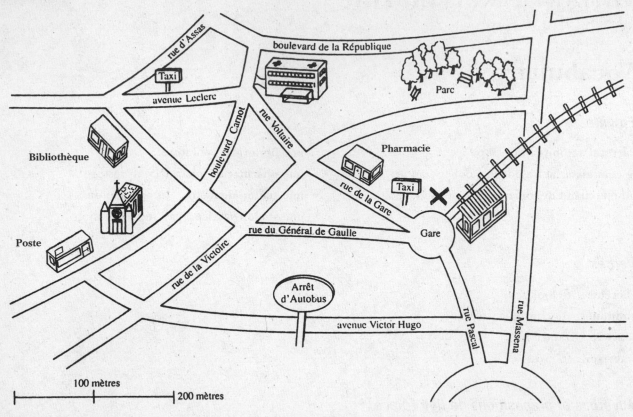

You are at **la gare,** and people are asking you for directions to various places. Help them out, following the model.

Pardon, Monsieur (Madame / Mademoiselle). Comment est-ce qu'on va au parc?
C'est très simple. Vous prenez la rue de la Gare, vous tournez à droite dans la rue de la Victoire. Le parc est à gauche.

1. Pardon, Monsieur (Madame / Mademoiselle). Pourriez-vous me dire où il y a une pharmacie près d'ici?

    _____

    _____

2. Pardon, Monsieur (Madame / Mademoiselle). Comment est-ce qu'on va à la cathédrale?

    _____

    _____

    Est-ce que c'est loin?

    _____

3. Pardon, Monsieur (Madame / Mademoiselle). Où est la poste, s'il vous plaît?

    _____

    _____

4. Pardon, Monsieur (Madame / Mademoiselle). Comment est-ce qu'on va à l'arrêt d'autobus?

    _____

    _____

5. Pardon, Monsieur (Madame / Mademoiselle). Comment est-ce qu'on va à la bibliothèque?

    _____

    _____

Révision 1:   Leçons 1–9

By completing this series of short tests, you will be able to check your progress in French. Correct your work using the Answer Key at the back of the *Cahier d'activités*. If you make any mistakes on these tests, you may want to review the lesson sections indicated in brackets.

Partie A. Structures

Test 1. Les pronoms sujets et les pronoms accentués. Read the following sentences carefully and fill in the blanks with the appropriate subject or stress pronouns. *[4–A; 6–C]*

1. J'admire Paul, mais je ne suis pas toujours d'accord avec _____ .

2. Où est-ce que _____ travaillez?

3. _____ habites à Québec, n'est-ce pas?

4. Marc et Louise habitent à Versailles. Demain nous allons dîner chez _____ .

5. Toi et _____ , nous aimons bien le cinéma, n'est-ce pas?

6. Nous allons à la piscine. Est-ce que tu veux nager avec _____ ?

7. Est-ce que c'est Mélanie là-bas? Oui, c'est _____ !

8. Philippe aime Monique. Il pense souvent à _____ .

Test 2. La forme des adjectifs. Complete the following sentences with the appropriate forms of the adjectives in parentheses. *[8–B]*

1. (canadien)   Pauline et Élisabeth sont _____ .

2. (bon)   Janine est très _____ en espagnol.

3. (brillant)   Christine et Monique sont _____ , n'est-ce pas?

4. (mauvais)   François et Charles sont _____ en maths.

5. (célibataire)   Le frère d'Annie est _____ .

6. (marié)   Sylvie et Thérèse ne sont pas _____ .

7. (égoïste)   Denis et Pierre sont _____ .

8. (poli)   Les étudiants sont toujours _____ avec le professeur.

Test 3. L'article défini: formes simples et formes contractées. Complete the following sentences with the verbs in parentheses and the appropriate forms of the definite articles. Use contracted forms where necessary. *[8–A; 9–B]*

1. (téléphoner à) Je vais _____ professeur.

2. (inviter) Je vais _____ amies de Claudine.

3. (utiliser) Je vais _____ portable de Philippe.

4. (parler à) Le professeur va _____ étudiants.

5. (parler de) Jeanne aime _____ copains de Michèle.

6. (arriver à) Le train va _____ gare dans dix minutes.

7. (arriver de) Les étudiants vont _____ laboratoire.

8. (jouer à) Nathalie va _____ tennis avec nous.

Test 4. La négation. Answer the following questions in the negative. *[4–B; 7–D]*

1. Est-ce que Paul va regarder la télévision?

   _____

2. Est-ce que Sylvie aime jouer des compact disques?

   _____

3. Est-ce que Christine parle bien français?

   _____

4. Est-ce que Georges va visiter Paris?

   _____

Test 5. Descriptions. Describe the following people and things, using the appropriate indefinite articles and the appropriate forms of the nouns and adjectives in parentheses. (The nouns are given in the singular. The adjectives are given in the masculine singular.) *[8–B, C]*

● Suzanne (fille / intelligent)   *Suzanne est une fille intelligente.*

1. Jean et Antoine (garçon / intelligent) _____

2. Jacqueline et Hélène (amie / amusant) _____

3. Les Ford et les Chevrolet (voiture / américain) _____

4. Jane Fonda (actrice / américain) _____

5. Les Rolling Stones (musicien / anglais) _____

6. Les Renault (voiture / bon) _____

7. Christine et Florence (amie / vrai) _____

8. M. Dupont (professeur / intéressant) _____

Test 6. Autres structures. Decide which of the four options suggested correctly completes each sentence. Circle the corresponding letter.

● Voici _____ voiture française.

   a. un   (b.) une   c. le   d. l'

1. Émile est un _____ étudiant.

   a. timide   b. intelligent   c. mauvais   d. canadien

2. Regarde la voiture rouge. _____ est rapide.

   a. C'   b. Il   c. Elle   d. Voici

3. Tu es un copain _____.

   a. bon   b. grand   c. vrai   d. sympathique

4. _____ Philippe.

   a. Il y a   b. C'est   c. Il est   d. Elle est

5. _____ parle français à Québec, n'est-ce pas?

   a. On   b. Les gens   c. Les Canadiens   d. Tu

6. Combien d'étudiants est-ce que (qu') _____ dans la classe?

   a. c'est   b. ils sont   c. il est   d. il y a

7. Mlle Leblanc n'a pas _____ voiture.

   a. un   b. une   c. de   d. d'

8. Est-ce que tu veux _____

   a. joue au ping-pong?   b. regardez la télé?   c. rester ici?   d. visites le musée avec moi?

9. Est-ce que tu veux dîner chez _____?

   a. tu   b. je   c. il   d. nous

10. En général, les jeunes Français aiment _____ cinéma.

   a. un   b. le   c. au   d. *(no word needed)*

Partie B. Verbes

Test 7. Les verbes en *-er*: Complete the sentences below with the appropriate present-tense forms of the verbs in the box. Be logical in your choice of verbs. *[1–A]*

danser   dîner   étudier   habiter   inviter   visiter

1. Nous _____ dans *(in)* un appartement.

2. Je _____ la cathédrale.

3. À quelle heure est-ce que tu _____ au restaurant?

4. Vous _____ la médecine, n'est ce-pas?

5. À la discothèque, François _____ avec Denise.

6. Alain et Jacqueline _____ des amis à dîner.

Test 8. Les verbes *être, avoir, et aller*. Complete each set of sentences with the appropriate present-tense forms of **être, avoir,** and **aller,** in that order. *[2–A; 4–A; 6–C]*

1. Nous _____ étudiants. Nous _____ une classe à une heure.

   Après *(afterward)*, nous _____ passer à la bibliothèque.

2. Tu _____ athlétique *(athletic)*. Tu _____ une raquette de

   tennis. Tu _____ jouer au tennis avec un copain.

3. Nancy et Janet _____ américaines. Elles _____ un cousin à

   Paris. Elles _____ à Paris en octobre.

4. Vous _____ français. Vous _____ des camarades

   sympathiques. Vous _____ souvent au café avec eux.

Test 9. Verbes. Fill in the blanks with French verbs that correspond to the English words in parentheses. Be sure to use the appropriate present-tense form and construction for each verb.

● *(plays)* Jacques __*joue au*__ football.

1. *(plays)* Sylvie _____ tennis.

2. *(plays)* Jacques _____ piano.

3. *(listens to)* Paul _____ un CD.

4. *(looks at)* Marie _____ Pierre.

5. *(phones)* Thomas _____ Michèle.

6. *(thinks of)* Antoine _____ Sophie.

7. *(enters)* Albert _____ sa chambre.

8. *(spends)* Gisèle _____ deux mois à Québec.

Partie C. Vocabulaire

Test 10. Qu'est-ce que c'est? Identify each object by writing the corresponding noun with its appropriate indefinite article (**un, une**).

1. _____

2. _____

3. _____

4. _____

5. _____

6. _____

7. _____

8. _____

Test 11. Les contraires. Write the adjectives that have the opposite meaning of those given below. *[5–B]*

1. bon ≠ _____

4. célibataire ≠ _____

2. faible ≠ _____

5. blond ≠ _____

3. lent ≠ _____

6. heureux ≠ _____

Test 12. Logique! For each item, select the option that logically completes the sentence. Circle the corresponding letter.

1. Thomas est mon *(my)* camarade de chambre. Il _____ avec moi.

   a. habite   b. est d'accord   c. visite   d. marche

2. Ça va _____!

   a. bon   b. mauvais   c. petit   d. mal

3. Le répondeur ne _____ pas.

   a. travaille   b. marche   c. va   d. rentre

4. Je vais à la piscine parce que j'aime _____.

   a. chanter   b. voyager   c. marcher   d. nager

5. Le professeur est heureux parce qu'il a des étudiants _____.

   a. désagréables   b. brillants   c. célibataires   d. mauvais

6. Je n'ai pas de _____. Quelle heure est-il?

   a. cahier   b. magnétoscope   c. montre   d. lecteur de CD

7. Écoute _____ là-bas! Qu'est-ce que c'est?

   a. la musique   b. le jeune homme   c. la femme   d. une copine

8. J'aime beaucoup Béatrice. C'est une fille _____.

   a. triste   b. sympathique   c. faible   d. pénible

Problèmes d'argent

4

Leçon 10   Le budget de Martin

1.   Combien? Give the prices of the following items by filling in the blanks with the corresponding numbers. *[Section A, p. 136]*

●

1.

2.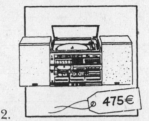

3.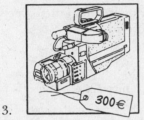

4.

5.

● La mobylette coûte ___*neuf cents*___ euros.

1. La bicyclette coûte _____ euros.

2. La chaîne-stéréo coûte _____ euros.

3. La caméra coûte _____ euros.

4. La voiture coûte _____ euros.

5. La maison coûte _____ euros.

2. Activités. Describe what the following people are doing by filling in the blanks with the appropriate forms of the verbs in the box. Be logical! *[Section B, p. 138]*

| employer | envoyer | nettoyer | payer |

● Mme Dulac ___*envoie*___ une lettre à un client.

1. Les touristes _____ l'hôtel avec des chèques de voyage.

2. Je _____ l'appartement.

3. Nous _____ un télégramme à Daniel.

4. Cette entreprise *(firm)* _____ des étudiants pendant *(during)* les vacances.

5. M. Durand _____ le garage.

6. Est-ce que vous _____ le restaurant avec une carte de crédit?

7. Est-ce que tu _____ un dictionnaire?

8. Je _____ le loyer de l'appartement le premier octobre.

3. À qui est-ce? Read what the following people do. Use this information to decide to whom the objects belong. Use the expression **être à.** *[Section C, p. 140]*

Annette joue au tennis.   **Je suis photographe.**
Tu étudies les maths.   **Éric écoute des CD.**
Nous regardons la télé.   **Les étudiants voyagent à bicyclette.**
Mme Moreau voyage en voiture.   **Vous prenez** *(take)* **des notes.**

● Le téléviseur ___*est à nous*___ .

1. Le lecteur de compact disques _____.

2. La voiture _____.

3. L'appareil-photo _____.

4. Le stylo _____.

5. La raquette _____.

6. Le livre d'algèbre _____.

7. Les vélos _____.

4. Emprunts *(Borrowed items).* Sometimes we use things that belong to other people. Express this by completing the sentences according to the model. *[Section D, p. 141]*

● Jean a une raquette. Paul joue au tennis avec ___*la raquette de Jean*___ .

1. Marc a un vélo. Hélène utilise _____.

2. Sylvie a un ordinateur. Christian utilise _____.

3. Le professeur a des livres. Nous regardons _____.

4. Isabelle a une mobylette. Brigitte emploie souvent _____.

5. Les étudiants anglais ont des cassettes. Vous écoutez _____.

6. Les voisins ont une voiture. J'utilise _____.

7. Le copain de Janine prépare un budget. J'étudie _____.

5. Les relations familiales. Express the family relationships that exist among the people in the family tree below. *[Section D, p. 141 and Vocabulary, p. 144]*

● Alain Vasseur _____*est le frère de*_____ Jacques Vasseur.

1. Robert _____ Alain Vasseur.

2. Jacques Vasseur _____ Éliane.

3. Monique Vasseur _____ Suzanne.

4. Robert _____ Suzanne.

5. Suzanne _____ Robert.

6. Éliane _____ Suzanne.

7. Robert _____ Éliane.

8. Robert et Suzanne _____ M. Dumas.

9. Mme Dumas _____ M. Dumas.

10. Jacques Vasseur _____ Monique Vasseur.

6. À l'aéroport. The following students are going to spend a year in France. They have come to the airport with friends and family. Complete the sentences with the appropriate possessive adjectives. *[Section E, p. 142]*

● Tu arrives avec ___*ta*___ cousine.

1. Claire arrive avec _____ frère et _____ ami Charles.

2. Tu arrives avec _____ ami Marc et _____ parents.

3. Jacques arrive avec _____ oncle et _____ tante.

4. Robert arrive avec _____ parents et _____ frère.

5. Suzanne arrive avec _____ père, _____ ami Georges et _____ amie Lili.

6. Henry et Roger arrivent avec _____ amies et _____ sœur.

7. Sylvia et Barbara arrivent avec _____ amies et _____ frère.

8. Nous arrivons avec _____ amis et _____ professeur de français.

9. Vous arrivez avec _____ amies et _____ cousine Donna.

Communication

Imagine that you are in France. Caroline wants to know more about you and your life in the United States. Answer her questions.

1. Est-ce que tu vas travailler pendant *(during)* les vacances? Combien d'argent est-ce que tu vas gagner? _____

   _____

2. Combient sont les frais de scolarité à ton université? _____

   _____

3. Est-ce que tu habites chez tes parents? Si non *(If not)*, combien paies-tu par mois pour ton logement? _____

   _____

4. As-tu une voiture? Combien te coûte-t-elle? Si tu n'as pas de voiture, est-ce que tu empruntes *(borrow)* la voiture de tes parents? Est-ce que tu empruntes la voiture de tes copains?

   _____

   _____

5. Est-ce que tu prépares un budget? Quelles sont tes dépenses régulières?

   _____

   _____

6. As-tu des dettes à payer pour tes études? _____

   _____

Vocabulaire

Les finances personnelles

l'argent   money

le budget   budget

le logement   housing

les loisirs   leisure-time activities

le loyer   rent

un prix   price

un projet   plan

un repas   meal

les transports   transportation

une bourse   scholarship

une dépense   expense

une dette   debt

les frais de scolarité   tuition

les vacances   vacation

Verbes

coûter   to cost

dépenser   to spend

employer   to employ, to hire, to use

envoyer   to send

gagner   to earn, to win

nettoyer   to clean

payer   to pay, to pay for

Expressions

par jour   per day

par semaine   per week

par mois   per month

Combien?   How much?

Combien de + noun   How many? How much?

Les nombres de 100 à l'infini

cent mille   100,000

cent un   1,001

cent   100

deux cent un   201

deux cents   200

deux mille   2,000

dix mille   10,000

douze cents (= mille deux cents)   1,200

mille 1,000

un million 1,000,000

onze cent 1,100

deux millions 2,000,000

La famille et les relations personnelles

la famille family

les parents parents

  le mari husband

  le père father

  le beau-père stepfather

les enfants children

  un enfant child

  le fils son

  le frère brother

  le demi-frère halfbrother

les grands-parents grandparents

  le grand-père grandfather

les petits-enfants grandchildren

  le petit-fils grandson

les parents relatives

  l'oncle uncle

  le cousin cousin

les voisins neighbors

  le voisin neighbor

la femme wife

la mère mother

la belle-mère stepmother

une enfant child

la fille daughter

la sœur sister

la demi-sœur halfsister

la grand-mère grandmother

la petite-fille granddaughter

la tante aunt

la cousine cousin

la voisine neighbor

Expression pour la conversation

peut-être maybe

Leçon 11   C'est une affaire, non?

1.   Quels vêtements? Read what the following people are going to do. Then describe what they are wearing for these occasions. Give the colors of the items of clothing.

1.   André va jouer au tennis. Il porte _____

_____

2.   Claire va danser dans une discothèque très élégante. Elle porte _____

_____

3.   Tu vas skier. Tu portes _____

_____

4.   Je vais à la plage. Je porte _____

_____

5.   M. Thomas a un rendez-vous professionnel avec le président d'IBM. Il porte _____

_____

2.   Activités. Complete the sentences below with the appropriate present-tense forms of the verbs in the box. Be logical! *[Section A, p. 150]*

acheter   amener   célébrer   espérer   posséder   préférer   répéter

● Pauline ___*achète*___ une robe à Mod'Shop.

1.   Mlle Lasalle est riche. Elle _____ une Rolls Royce.

2.   Tu _____ une amie au concert.

3.   Jacques et Pierre _____ des chaussures chez Bally.

4.   Le professeur _____ toujours la même *(same)* question!

5.   Nous étudions beaucoup. Nous _____ avoir un «A» à l'examen.

6.   M. et Mme Lamblet _____ leur anniversaire de mariage le 24 juillet.

7.   J'aime le cinéma, mais je _____ le théâtre!

3. La publicité. Imagine that you are working in a French department store. Advertise the following products by indicating their qualities. Use the appropriate form of the demonstrative adjective and the suggested descriptive adjective. *[Section C, p. 153]*

● les cravates / cher   *Ces cravates sont chères.*

1. les chaussures / noir _____

2. le livre / intéressant _____

3. l'anorak / bleu _____

4. les raquettes de tennis / bon _____

5. l'appareil-photo / excellent _____

6. la veste / élégant _____

7. les chaussettes / petit _____

4. Dialogues. Complete the following dialogues according to the model. *[Sections B, C, pp. 152, 153]*

● —_Quel tee-shirt_ est-ce que tu préfères?
  —Je _préfère ce tee-shirt-ci_ .

1. —_____est-ce que Pauline va acheter?

  —Elle _____.

2. —_____est-ce que tu achètes?

  —J' _____.

3. —_____est-ce que Patrick va porter?

—Il _____.

4. —_____est-ce que vous préférez?

—Nous _____.

5. Comparaisons. Read the descriptions below. On the basis of the information, make comparisons using the appropriate present-tense form of **être** and the adjectives in parentheses. *[Section D, p. 154]*

● La robe bleue coûte 150 euros. La robe rouge coûte 200 euros.

(cher) La robe bleue ___*est moins chère que*___ la robe rouge.

1. L'imperméable coûte 250 euros. Le costume coûte 250 euros.

(cher) L'imperméable _____ le costume.

2. La Ferrari roule *(goes)* à 200 kilomètres à l'heure. L'Alfa Roméo roule à 180 kilomètres à l'heure.

(rapide) La Ferrari _____ l'Alfa Roméo.

3. M. Simon a 500.000 euros. Mme Dumas a un million d'euros.

(riche) M. Simon _____ Mme Dumas.

4. Les Yankees jouent bien. Les Red Sox jouent mal.

(bon) Les Yankees _____ les Red Sox.

5. Jacqueline a dix-huit ans *(is 18 years old)*. Sa cousine a dix-huit ans aussi.

(jeune) Jacqueline _____ sa cousine.

6. À l'examen de français, Robert a un «A». Paul a un «C».

(bon) En français, Robert _____ Paul.

6. À votre avis *(In your opinion)*. Compare the following people and things. Express your own opinions. *[Section D, p. 154]*

● les jeunes / leurs parents (idéaliste?)

  Les jeunes sont plus (moins, aussi) idéalistes que leurs parents.

1. les Américaines / les Françaises (élégant?)

   _____

2. les Américains / les Français (individualiste?)

   _____

3. les femmes / les hommes (indépendant?)

   _____

4. les voitures américaines / les voitures japonaises (économique?)

   _____

5. la cuisine française / la cuisine américaine (bon?)

   _____

Communication

Andrée, a French friend, is asking you a few questions about American clothing and cars. Answer her questions.

1. Quels vêtements portes-tu quand tu vas à une fête? (Indique *[Give]* aussi leur couleur, s'il te plaît.)

   _____

   _____

2. Quels vêtements est-ce que tu vas acheter pour cet été?

   _____

   _____

3. Dans quel magasin achètes-tu tes vêtements? Pourquoi est-ce que tu préfères ce magasin?
   (Est-ce que les vêtements sont moins chers? plus élégants? de meilleure qualité?)

   _____

   _____

4. De quelle couleur est la voiture de tes voisins? Et la voiture de tes parents? Est-ce que la voiture de tes parents est plus grande que la voiture de tes voisins?

   _____

   _____

   _____

Vocabulaire

Les vêtements

un anorak parka

des bas stockings

des baskets high-tops

un chapeau hat

un chemisier blouse

un costume man's suit

un imperméable raincoat

un jean jeans

un tee-shirt tee shirt

un maillot (*m*) **de bain** swimsuit

un manteau coat

un pantalon pants

un pull sweater

un pull-over sweater

un short shorts

des souliers shoes

des souliers à talon high heels

un tailleur woman's suit

des tennis tennis shoes, sneakers

un vêtement piece of clothing

des bottes boots

des chaussettes socks

des chaussures shoes

une chemise shirt

une cravate tie

une jupe skirt

des lunettes glasses

des lunettes de soleil sunglasses

une veste jacket

Adjectifs de couleur

blanc (blanche) white

bleu blue

gris gray

jaune yellow

marron (*inv.*) brown

noir black

orange (*inv.*) orange

rose pink

rouge red

vert green

violet (violette) purple

Autres adjectifs

cher (chère) expensive
bon marché *(inv.)* cheap, inexpensive
meilleur better

Comparatif des adjectifs

plus... que more . . . than
moins... que less . . . than
aussi... que as . . . as

Adjectifs interrogatifs

quel (quelle) which, what

Adjectifs démonstratifs

ce, cet (cette), ces this, that, those

Verbes

acheter to buy
amener to bring, to take along
célébrer to celebrate
chercher to look for
considérer to consider
espérer to hope
porter to wear
préférer to prefer
répéter to repeat

Expression pour la conversation

Eh bien... Well . . .

Leçon 12   Le rêve et la réalité

1.   Attention! Read what the people below are doing during French class and say whether or not they are paying attention. Use the expression **faire attention** in affirmative or negative sentences. *[Section A, p. 160]*

● André parle à Caroline.   *Il ne fait pas attention.*

1. Je pose *(ask)* une question au professeur. _____

2. Alice regarde sa montre. _____

3. Vous êtes attentifs. _____

4. Ces étudiants regardent par la fenêtre *(out the window).* _____

5. Nous écoutons le professeur. _____

6. Tu penses à tes copines. _____

2.   Qu'est-ce qu'ils font? Read what the following people are doing. Describe their activities by using an expression with the appropriate present-tense form of the verb **faire.** (If necessary, review these expressions on page 160 of your textbook.) *[Section A, p. 160]*

● Jacqueline joue au tennis.

Elle fait un match.

1. Vous ne dépensez pas votre argent.

_____

2. Les étudiants préparent les leçons.

_____

3. Je nettoie ma chambre.

_____

4. Tu marches dans la campagne *(country).*

_____

5. Nous nettoyons les assiettes *(plates).*

_____

6. M. Broussard n'est pas chez lui. Il est au Japon.

_____

Workbook: Lesson 12   **83**

3. Où est-ce? Indicate where one place or thing is in relation to the other.

● Le magasin de sport est ___*dans*___ la rue de la République.

1. La voiture est _____ hôtel de France.

2. L'hôtel de France est _____ café des Artistes et le cinéma Vox.

3. Le restaurant «Chez Jean» est _____ magasin de sport.

4. Le parking est _____ bibliothèque municipale.

5. La bibliothèque municipale est _____ magasin de sport.

6. Le café des Artistes est _____ hôtel de France.

4. Descriptions. Complete the sentences below with the appropriate forms of the adjectives in parentheses.
[Section B, p. 166]

1. (nouveau) M. Thibaud va moderniser son bureau. Il va acheter un _____

   ordinateur et une _____ imprimante.

2. (vieux) M. Bertrand aime les choses anciennes. Il y a beaucoup de _____

   livres dans son _____ appartement.

3. (beau) Jacques va aller à une entrevue *(interview)* professionnelle très importante. Il va porter une

   _____ cravate et un _____ costume.

4. (beau) Mlle Dupont est toujours très élégante. Aujourd'hui, elle porte un _____

   manteau gris et de _____ chaussures noires.

5. (nouveau) Nous allons redécorer notre maison. Nous allons mettre une _____

   table et de _____ fauteuils dans notre _____ salon.

6. (vieux) Oh là là, notre appartement est très ancien! Il y a de _____ meubles: un

   _____ sofa dans le salon et de _____ chaises dans la cuisine.

5. Les Oscars. Below are several categories of people or things. Indicate who or what in your opinion is the best in each category. Use the superlative form of the italicized adjectives. *[Section C, p. 167]*

● un acteur *intelligent*   **L'acteur le plus intelligent est [Anthony Hopkins].**

● une *bonne* saison   **La meilleure saison est [le printemps].**

1. un(e) comédien(ne) *drôle* _____

2. un professeur *intéressant* _____

3. un *bon* film _____

4. une *jolie* ville _____

5. des voitures *confortables* _____

6. un *bon* restaurant _____

6. Quel temps fait-il? For each of the following scenes, write three sentences to describe the weather. Your sentences may be affirmative or negative. *[Section D, p. 169]*

1. _____

_____

_____

2. _____

_____

3. _____

_____

Communication

Martin wants to know about your home. Answer his questions.

1. Est-ce que tes parents louent ou est-ce qu'ils possèdent la maison (l'appartement) où ils habitent?

   _____

   _____

2. Combien de pièces est-ce qu'il y a dans ta maison?

   _____

   _____

3. Quelle est la plus grande pièce de la maison? Quelle est la plus petite pièce?

   _____

   _____

4. Est-ce que la cuisine est moderne? Est-ce qu'elle est grande? De quelle couleur est-elle?

   _____

   _____

   _____

5. Combien de chambres y a-t-il? Est-ce que chaque *(each)* chambre a un cabinet de toilette?

   _____

   _____

   _____

6. Quels meubles est-ce qu'il y a dans ta chambre?

   _____

   _____

   _____

7. Quels meubles est-ce qu'il y a dans le salon?

   _____

   _____

   _____

8. Qui habite à côté de chez toi?

   _____

   _____

   _____

Vocabulaire

Expressions avec faire

faire   to do, to make

faire attention à   to pay attention to

faire des économies   to save money

faire la vaisselle   to do/wash the dishes

faire le ménage   to do the housecleaning

faire les devoirs   to do homework

faire un match (de)   to play a game (of)

faire un voyage   to go on/take a trip

faire une promenade   to take/go for a ride/walk

Le logement

un appartement   apartment

un bureau   office

un cabinet de toilette   bathroom

un garage   garage

le jardin   garden

un salon   formal living room

un studio   studio apartment

les WC   bathroom, toilet(s)

une chambre   bedroom

une cuisine   cooking; kitchen

une fenêtre   window

une pièce   room (of a house)

une porte   door

une résidence   dormitory

une salle à manger   dining room

une salle de bains   bathroom

une salle de séjour   living room

les toilettes   toilets

Les meubles   furniture

   un bureau   a desk

   un fauteuil   armchair

   un lit   bed

   un sofa   sofa

une chaise   chair

une lampe   lamp

une table   table

   une table de nuit   night table

un(e) camarade de chambre   roommate

Verbes

chercher   to look for

louer   to rent

trouver   to find

Prépositions de lieu

à côté de   next to

à droite de   to the right of

à gauche de   to the left of

dans   in

derrière   behind

devant   in front of

en   in

en face de   across from, opposite

entre   between

loin de   far from

par   through, by

près de   near

sous   under

sur   on

Les saisons

le printemps   spring

l'été   summer

l'automne   fall, autumn

l'hiver   winter

au printemps   in spring

en été   in summer

en automne   in the fall

en hiver   in the winter

Le temps

Quelle température fait-il?   What's the temperature?

Il fait 18 degrés.   It's 18 degrees.

Quel temps fait-il?   What is the weather?

Aujourd'hui

il fait bon   it's nice (out)

il fait beau   it is beautiful

il fait mauvais   the weather is bad

il fait chaud   it is warm, hot

il fait froid   it is cold

il fait du vent   it is windy

il fait un temps épouvantable   the weather is awful

il neige   it's snowing

il pleut   it's raining

Demain

il va faire beau   it's going to be nice

il va neiger   it's going to snow

il va pleuvoir   it's going to rain

Expressions

alors?   so?

alors   therefore, then, so

avoir le temps (de)   to have time (to)

pendant   during

si   if

VIVRE EN FRANCE   La vie à Paris

Vocabulaire

L'argent

un billet bill (currency)

un business business

un centime cent

un chèque check

un euro euro

un franc franc

la caisse cash register

une carte de crédit credit card

la monnaie change

une pièce coin

en espèces in cash

Le métro

un billet / ticket ticket

un carnet book of tickets

le guichet ticket window

le plan map

une carte orange pass

une correspondance

la direction

Verbes

changer à change at

descendre à get off at

prendre la correspondance take the connecting line

prendre la direction de take the direction of

Activité

Prenons le métro. Look at the metro map on the next page. Write out directions from the first stop indicated to the second.

Châtelet les Halles / Père Lachaise
Il faut prendre la direction Porte de Clignancourt. Il faut changer à Strasbourg St. Denis, direction Galliéni, et descendre à Père Lachaise.

1. Musée d'Orsay / Place d'Italie

   _____

   _____

2. Gare de Lyon / St. Michel

   _____

   _____

3. Nation / Gare de l'Est

   _____

   _____

4. Gambetta / Arts et métiers

   _____

   _____

5. Pont de l'Alma / Port Royal

   _____

   _____

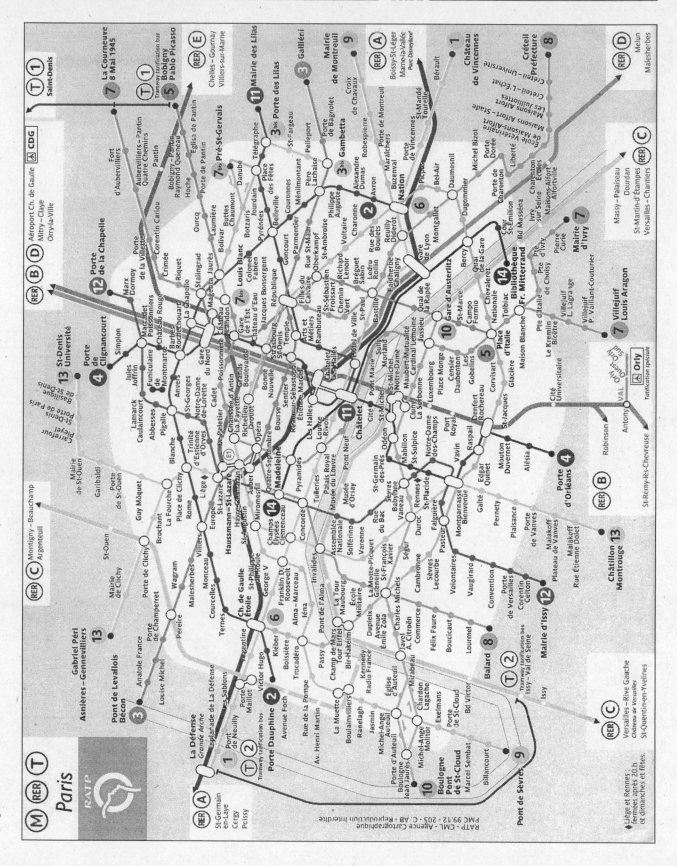

Chez les Français

5

Leçon 13   Ma vision du bonheur

1. Pourquoi? Read about the following people. Explain their activities by completing the sentences below with an expression using the appropriate present-tense form of **avoir.** *[Section A, p. 180]*

● Tu achètes une limonade.

Tu ___*as soif.*___

1. Il est une heure et demie du matin. J'ai envie d'aller au lit.

   J' _____

2. Nous allons au restaurant.

   Nous _____

3. Paul célèbre son anniversaire. Maintenant il peut *(can)* voter.

   Il _____

4. Jacqueline regarde le thermomètre. Il fait 30° C. Jacqueline ouvre *(opens)* la fenêtre.

   Elle _____

5. Vous allez dans la cuisine et vous faites des sandwiches.

   Vous _____

6. Alain pense que New York est la capitale des États-Unis *(des USA).*

   Il _____

7. Il fait moins dix degrés (–10° C). Je n'ai pas mon manteau. Je veux rentrer chez moi.

   J' _____

2. Activités. Read about the following people. Then complete the sentences with the appropriate present-tense forms of the verbs in the box. *[Section B, p. 183]*

| choisir | finir | grossir | maigrir | réfléchir | réussir |

● Janine va au supermarché. Elle ___*choisit*___ des oranges pour le pique-nique.

1. Robert et Pierre vont dans un magasin de disques. Ils _____ un nouveau CD pour l'anniversaire de leur sœur.

2. M. Lebeau mange *(eats)* beaucoup et il ne fait pas d'exercice. Voilà pourquoi il

   _____!

3. Quand est-ce que les employés _____ leur travail? À cinq heures ou à six heures?

4. Vous êtes d'excellents étudiants. Vous _____ toujours à vos examens.

5. Vous faites des erreurs *(mistakes)* dans vos exercices. C'est parce que vous ne

   _____ pas.

6. Moi, au contraire *(on the contrary)*, je nage, je joue au tennis, je fais de l'exercice et je fais attention

   aux calories. Voilà pourquoi je _____.

3. D'autres activités. *(Other activities).* Read about the following people. Then complete the sentences with the appropriate present-tense forms of the verbs in the box. *[Section C, p. 184]*

| attendre | entendre | perdre | rendre | répondre | vendre |

● Marc est au café. Il ___*attend*___ ses amis.

1. Les touristes sont à l'aéroport. Ils _____ leur avion.

2. Aujourd'hui, vous ne jouez pas bien. Vous _____ tous *(all)* vos matchs!

3. J'utilise mon ordinateur. Je _____ à la lettre de mon oncle.

4. Ma tante a un magasin de vêtements. Elle _____ des jupes et des robes.

5. Répétez votre question à M. Thibaud. Il est vieux. Il n'_____ pas très bien.

6. Janine et à Québec. Elle _____ visite à ses cousins canadiens.

7. Les étudiants vont à la bibliothèque. Là, ils _____ les livres dont *(which)* ils n'ont pas besoin.

4. Des conseils *(Advice.)* Tell your roommate to do the following things. Complete the sentences with the **tu** form of the imperative. *[Section D, p. 186]*

● (aller)   ___*Va*___ à la bibliothèque!

1. (étudier)   _____ tes leçons!

2. (nettoyer)   _____ l'appartement!

3. (finir)   _____ tes devoirs avant *(before)* le week-end!

4. (faire)   _____ des économies pour les vacances!

5. (répondre)   _____ à la lettre de ton cousin!

6. (être)   _____ patient(e) avec tes amis!

7. (avoir)   _____ le courage de tes opinions!

8. (choisir)   _____ tes classes pour le semestre prochain *(next)*!

5. Le club de théâtre. You are coaching several French students for the school play. Tell them what to do and what not to do, using the affirmative or negative **vous** forms of the imperative of the verbs in parentheses. **Soyez logique!** *[Section D, p. 186]*

● (parler)   ___*Parlez*___ distinctement!

● (être)   ___*Ne soyez pas*___ timides!

1. (rester)   _____ calmes!

2. (faire)   _____ attention à votre prononciation!

3. (réfléchir)   _____ à votre texte!

4. (répéter)   _____ le dialogue!

5. (répondre)   _____ à vos partenaires *(partners)*!

6. (perdre)   _____ votre concentration!

7. (être)   _____ nerveux *(nervous)*!

8. (avoir)   _____ peur!

Communication

A. Le week-end. Imagine that some of your French friends are visiting you this weekend. Suggest things to do using the **nous** form of the imperative in affirmative or negative sentences. You may want to use some of the verbs from the box.

aller faire visiter jouer acheter rendre visite
choisir dîner organiser inviter regarder rentrer

- *Ne restons pas à la maison.*
  Dînons au restaurant.
  Choisissons un restaurant italien.

_____

_____

_____

_____

_____

B. Économies *(Savings)*. Your French friend Michel wants to put aside money to pay for a trip to the United States. Advise him about what to do and what not to do using the **tu** form of the imperative in affirmative or negative sentences. You may want to use some of the verbs from the box.

aller faire attendre vendre dépenser
travailler payer utiliser choisir acheter

- *Fais des économies.*
  N'achète pas de vêtements chers.

_____

_____

_____

_____

_____

Vocabulaire

Expressions avec avoir

avoir... ans   to be . . . (years old)

avoir besoin de   to need; to have to

avoir chaud / froid   to be hot (warm) / cold

avoir envie de   to want, to feel like

avoir faim / soif   to be hungry / thirsty

avoir l'intention de   to intend, to plan

avoir peur (de)   to be afraid (of)

avoir raison / tort   to be right / wrong

avoir sommeil   to be sleepy

Verbes

attendre   to wait (for)

choisir   to choose, select

entendre   to hear

finir   to finish, end

grossir   to gain weight (to get fat)

maigrir   to lose weight (to get thin)

perdre   to lose

   perdre (son) temps   to waste (one's) time

réfléchir (à)   to think (about)

rendre   to give back

   rendre visite (à)   to visit (someone)

répondre (à)   to answer

réussir   to be successful

réussir (à)   to pass (an exam)

vendre   to sell

Leçon 14   Un mois à Paris

1.   Le week-end. Describe what the following people did last weekend by completing the sentences below with the appropriate passé composé forms of the verbs suggested by the illustrations. Use the same verb in each of the two sentences. *[Section A, p. 192]*

1.   Louis _____ à la bibliothèque.

Tu _____ chez toi.

2.   André et Monique _____ avec leurs amis.

Vous _____ dans un restaurant chinois.

3.   Vous _____ à la piscine.

J'_____ à la plage.

4.   Nous _____ un match de football.

Cécile _____ une comédie.

5.   Catherine et Robert _____ au tennis.

On _____ au tennis avec nos amis.

2. Oui ou non? Describe what the following people did, using the first expression in parentheses. Then say whether or not they did the second thing. Use the passé composé in both sentences. *[Sections A, B, pp. 192, 195]*

● travailler / perdre son temps? Paul *a travaillé. Il n'a pas perdu son temps.*

1. visiter Berlin / rendre visite à nos amis français?

Nous _____

_____

2. étudier / rendre visite à leur oncle?

Hélène et Suzanne _____

_____

3. (maigrir / grossir?)

Tu _____

_____

4. voyager / attendre le train

J' _____

_____

5. manger beaucoup de spaghetti / maigrir?

Philippe _____

_____

6. gagner le match / perdre?

Vous _____

_____

3. En vacances. You want to know whether the people in parentheses did certain things during the vacation. Ask the appropriate questions, using the passé composé with **est-ce que.** *[Section C, p. 196]*

● (tu) visiter Paris? *Est-ce que tu as visité Paris?*

1. (tu) voyager en voiture

_____

2. (vous) rendre visite à vos grands-parents?

_____

3. (Suzanne) maigrir?

_____

4. (ces étudiants) travailler?

_____

4. **Précisions** *(Additional details)*. Read what the following people have done. Then request additional details by asking inverted questions in the passé composé. Use the interrogative expression in parentheses and the appropriate subject pronoun. *[Section C, p. 196]*

● Janine a acheté une robe. (dans quel magasin?)

Dans quel magasin a-t-elle acheté une robe?

1. Robert et Paul ont dîné au restaurant. (avec qui?)

   _____

2. Monique a téléphoné. (pourquoi?)

   _____

3. Philippe a vendu sa mobylette. (à qui?)

   _____

4. Élisabeth et Louise ont nagé. (où?)

   _____

5. Les étudiants ont rendu les livres. (quand?)

   _____

5. **Le mois dernier.** Say whether or not you did the following things during the past month. Use the passé composé. *[Section D, p. 200]*

● faire un voyage?   *Oui, j'ai fait un voyage.*

   ou: *Non, je n'ai pas fait de voyage.*

1. avoir une aventure extraordinaire?

   _____

2. être invité(e) chez des amis?

   _____

3. être malade *(sick)?*

   _____

4. avoir un accident?

   _____

5. faire des économies?

   _____

6. faire une promenade à bicyclette?

   _____

6. Zut alors! *(Too bad!)* Several bad things happened yesterday. Explain what the following people did or did not do by putting the verbs in parentheses into the appropriate forms of the affirmative or negative passé composé. *[Sections B, D, pp. 195, 200]*

- (perdre) Cécile ___*a perdu*___ son passeport.
- (réussir) Tu ___*n'as pas réussi à*___ ton examen.

1. (gagner) Nous _____ le match de basket.

2. (être) Ces enfants _____ très timides avec leurs camarades.

3. (faire) Caroline _____ des erreurs dans sa dictée.

4. (répondre) Je _____ à l'invitation de Mme Delvaux.

5. (avoir) M. Bellamy _____ un accident avec sa nouvelle voiture.

Communication

Your friend Stéphanie is asking you a few questions about past events and your recent activities. Answer both questions with at least two sentences each. (Do *not* use the verb **aller** in your answers.)

1. Est-ce que tu as voyagé l'été dernier? À qui as-tu rendu visite?

   _____

   _____

2. Est-ce que tu as travaillé pendant les vacances? Qu'est-ce que tu as fait?

   _____

   _____

3. As-tu invité des amis récemment *(recently)*? Qu'est-ce que vous avez fait?

   _____

   _____

4. Quand est-ce que tu as célébré ton anniversaire? Comment?

   _____

   _____

5. Quel temps a-t-il fait l'hiver dernier? Quel temps a-t-il fait l'été dernier? Quel temps a-t-il fait hier?

   _____

   _____

Vocabulaire

Noms qui expriment le temps

un an year		**une année** year	
un anniversaire birthday		**une date** date	
un jour day		**une journée** (whole) day	
un mois month		**une saison** season	
un week-end weekend		**une semaine** week	

un matin morning   **une nuit** night

un après-midi afternoon   **une soirée** (whole) evening

un soir evening

Adjectifs

premier (première) first

prochain next

dernier last

Expressions

avant before

après after

pendant during

Maintenant	Avant	Après
aujourd'hui	**hier** yesterday	**demain**
ce matin	**avant-hier** the day before yesterday	**après-demain** the day after tomorrow
cet après-midi	**hier matin**	**demain matin**
ce soir	**hier après-midi**	**demain après-midi**
	hier soir	**demain soir**
mardi	**mardi dernier**	**mardi prochain**
le 8 janvier	**le 8 janvier dernier**	**le 8 janvier prochain**
en mars	**en mars dernier**	**en mars prochain**
cette semaine	**la semaine dernière**	**la semaine prochaine**
ce week-end	**le week-end dernier**	**le week-end prochain**
ce mois-ci	**le mois dernier**	**le mois prochain**
cet été	**l'été dernier**	**l'été prochain**
cette année	**l'année dernière**	**l'année prochaine**

Expression pour la conversation

vraiment? really?

Leçon 15   Séjour en France

1.   Activités. Read about the following people and say what they do. Complete the sentences with the appropriate form of a verb from the box. *[Section A, p. 205]*

```
dormir   partir   sentir   sortir
```

●   Anne va au restaurant. Elle ____*sort*____ avec ses amies.

1.   Nous allons à Nice demain matin. Nous _____ à huit heures.

2.   Non merci, je n'ai pas besoin de somnifères *(sleeping pills)*. Je _____ très bien.

3.   Il y a des roses dans le jardin. Est-ce que vous _____ leur odeur *(fragrance)*?

4.   Hélène et Marie ne vont pas travailler ce soir. Elles _____ avec des étudiants anglais!

5.   Je vais aller en vacances à Fort-de-France. Je _____ le 2 juillet.

6.   Je n'ai pas étudié. Je _____ que je vais avoir une mauvaise note *(grade)*.

7.   Cet enfant a des cauchemars *(nightmares)*. Il _____ mal.

2.   Hier soir. Read about the weekend activities of the following people and say whether or not they stayed home. Use the passé composé of the verb **rester** in affirmative or negative sentences. *[Section B, p. 207]*

●   Claire a étudié.   ***Elle est restée chez elle.***

1.   J'ai fait la vaisselle. _____

2.   Alice a fait un voyage. _____

3.   Nous avons nettoyé notre appartement. _____

4.   Jean-Pierre et Claude ont fait leurs devoirs. _____

5.   Tu as retrouvé tes amis au café. _____

6.   Chantal et Solange ont dîné au restaurant. _____

7.   M. Vallon a fait le ménage. _____

8.   Vous avez rendu visite à vos amis. _____

3. Questions et réponses. Complete the sentences below with the appropriate passé composé form of a verb from the box. Be logical! *[Section B, p. 207]*

arriver descendre entrer monter mourir naître partir rester sortir tomber

● —Éveline est martiniquaise?

   —Oui, elle ___*est née*___ à Fort-de-France.

1. —Luc et René sont français?

   —Oui, ils _____ à Lyon.

2. —Ton grand-père est vivant *(alive)*?

   —Non, il _____ d'un cancer l'année dernière.

3. —Claudine a habité en Italie?

   —Oui, elle _____ trois ans à Rome.

4. —Ta sœur a eu un accident cet été?

   —Oui, elle _____ de bicyclette.

5. —Tes cousins sont chez toi?

   —Oui, ils _____ hier après-midi.

6. —Les touristes ont visité la Tour Eiffel?

   —Oui, ils _____ au deuxième étage *(second landing)*.

7. —Florence et Christine sont chez elles?

   —Non, elles _____ avec des amis.

8. —Mme Florent a quitté son bureau?

   —Oui, elle _____ à cinq heures.

9. —Les touristes anglais sont encore *(still)* dans le train?

   —Non, ils _____ du train à Lyon.

10. —Les cambrioleurs *(burglars)* sont passés par la porte?

   —Non, ils _____ dans mon appartement par la fenêtre.

4. En vacances. Say what the following people did during their vacation by completing the sentences with the passé composé of the verbs in parentheses. Be careful with the use of **être** or **avoir,** as appropriate.

1. (aller)   Lucienne _____ à Paris.

   (visiter)   Elle _____ le musée d'Orsay.

2. (faire)   Jean-Louis _____ la connaissance d'une étudiante italienne.

   (sortir)   Il _____ avec elle.

3. (avoir) Mes cousins _____ un accident d'auto.

(rester) Ils _____ une semaine à l'hôpital.

4. (descendre) Nous _____ sur la Côte d'Azur (*French Riviera*).

(voyager) Nous _____ en train.

5. (quitter) Tu _____ l'université.

(partir) Tu _____ pour l'Australie.

5. **Dates de naissance** (*Birth dates*). Give the birth dates of the following people. *[Section C, p. 211]*

1. Je suis né(e) _____.

2. Mon père est né _____.

3. Ma mère est née _____.

4. Mon meilleur ami est né _____.

5. Ma meilleure amie est née _____.

6. **Quand?** Say when you did the following things, using the passé composé and the expression **il y a**. *[Section D, p. 212]*

● téléphoner à mon cousin?

J'ai téléphoné à mon cousin il y a deux jours (il y a trois semaines...).

1. rendre visite à mes parents?

_____

2. aller au cinéma?

_____

3. nager?

_____

4. envoyer une lettre à mon copain?

_____

5. nettoyer ma chambre?

_____

7. La belle vie *(The good life)*. Hélène writes to Marc about her current stay in France. Marc, who spent some time there a year ago, replies that he did the same things. *[Section E, p. 212]*

Hélène: Marc:

● Je sors beaucoup.   *Moi aussi, je suis beaucoup sorti.*

1. J'étudie peu.   Moi aussi, _____

2. Je nage beaucoup.   Moi aussi, _____

3. Je vais souvent au cinéma.   Moi aussi, _____

4. Je dors trop.   Moi aussi, _____

5. Je joue bien au tennis.   Moi aussi, _____

6. Je voyage très souvent.   Moi aussi, _____

7. Je reste rarement chez moi.   Moi aussi, _____

8. J'aime vraiment mon voyage.   Moi aussi, _____

Communication

Describe a recent trip (real or imagined) by answering the following questions.

1. Où es-tu allé(e)? Comment as-tu voyagé? Avec qui?

_____

_____

_____

2. Quand es-tu arrivé(e) là-bas? Combien de temps es-tu resté(e)? Où est-ce que tu es resté(e)?

_____

_____

_____

3. Qui as-tu rencontré? À qui as-tu rendu visite?

_____

_____

_____

4. Qu'est-ce que tu as fait pendant le voyage?

_____

_____

_____

5. Quel cadeau *(gift)* est-ce que tu as acheté pour tes parents ou tes amis?

_____

_____

6. Quand es-tu rentré(e) chez toi?

_____

Vocabulaire

Les vacances

un endroit   place

le journal (pl. **les journaux**)   newspaper

le séjour   stay

le soleil   sun

le voyage   trip

la campagne   country, countryside

la mer   sea

la montagne   mountain

les vacances   vacation

une valise   suitcase

Verbes

dormir   sleep

faire la connaissance de   to meet for the first time

faire les valises   to pack

faire un séjour   to reside, to spend time

oublier   to forget

quitter   to leave

rencontrer   to meet

sentir   to smell; to feel

Verbes conjugués avec être

aller   to go

arriver   to arrive

descendre   to go down, to get off; to stop (at a place)

entrer   to enter, to come in

monter   to go up, to climb; to get on

mourir   to die

naître   to be born

partir   to leave

passer   to pass, to go by

rentrer   to go back, to get back

rester   to stay, to remain

retourner   to return, to go back

sortir   to go out

   sortir avec   to go out with, to date

tomber   to fall

Adverbes

assez   enough

beaucoup   much

bien   well

déjà   already

mal   badly

ne... jamais   never

ne... pas encore   not yet

peu   little

presque   almost

rarement   rarely

souvent   often

trop   too much

vraiment   really

Vivre en France À l'hôtel

Vocabulaire

À l'hôtel

l'air conditionné air conditioning

un chèque de voyage traveler's check

un hôtel de grande luxe luxury hotel

le parking parking lot, parking space

le service tip

une auberge inn

une auberge de jeunesse youth hostel

une douche shower

une pension boarding house

la vue view

Adjectifs

inclus included

compris included

Combien de temps

du 2 au 7 août from August 2 to 7

jusqu'à mardi until Tuesday

jusqu'au 10 juillet until July 10

Expressions

Vous désirez? May I help you?

une chambre à une personne (hotel) room for one person

une chambre à deux lits (hotel) room with two beds

une chambre avec salle de bains (hotel) room with bathroom

  avec cuisinette with a kitchenette

  avec ascenseur with an elevator

une chambre pour (non)-fumeurs (hotel) room for (non)smokers

Quel est le prix de... ? How much does . . . cost?

Activité

Look at the following entries from the *Guide Michelin* for hotels in Lille. Check the table that gives the meaning of the codes, and answer the questions according to the information contained in them.

(From Michelin Guide Rouge © 2000)

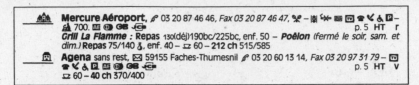

Mercure Aéroport, ☎ 03 20 87 46 46, Fax 03 20 87 46 47, ☵ – 🗐 ⚞ 🖵 ☎ ⚑ 🖳 –
⚑ 700. ⒶⒺ ① 🅶🅱 ⋶ᴄᴇ   p. 5 HT r
Grill La Flamme : **Repas** 130(déj)190bc/225bc, enf. 50 – **Poêlon** *(fermé le soir, sam. et
dim.)* **Repas** 75/140 ♦, enf. 40 – ⌷ 60 – **212 ch** 515/585

Agena sans rest, ⌧ 59155 Faches-Thumesnil ☎ 03 20 60 13 14, Fax 03 20 97 31 79 – 🖵
☎ ⚑ 🖳 ⒶⒺ ① 🅶🅱 ⋶ᴄᴇ   p. 5 HT V
⌷ 60 – **40 ch** 370/400

Catégories _____

⛫⛫⛫	XXXXX	*Grand luxe et tradition*
⛫⛫	XXXX	*Grand confort*
⛫	XXX	*Très confortable*
⛫	XX	*De bon confort*
⛫	X	*Assez confortable*
⚘		*Simple mais convenable*
Ⓜ		*Dans sa catégorie, hôtel d'équipement moderne*
sans rest.		*L'hôtel n'a pas de restaurant*
	avec ch.	*Le restaurant possède des chambres*

Agrément et tranquillité _____

⛫⛫⛫ à ⚘	*Hôtels agréables*
XXXXX à X	*Restaurants agréables*
« Parc fleuri »	*Élément particulièrement agréable*
🕊	*Hôtel très tranquille ou isolé et tranquille*
🕊	*Hôtel tranquille*
⩿ mer	*Vue exceptionnelle*
⩿	*Vue intéressante ou étendue.*

L'installation

30 ch	*Nombre de chambres*
🛗	*Ascenseur*
▦	*Air conditionné (dans tout ou partie de l'établissement)*
🖵	*Télévision dans la chambre*
☵	*Chambres réservées aux non-fumeurs*
☎	*Téléphone dans la chambre, direct avec l'extérieur*
⚑	*Prise Modem-Minitel dans la chambre*
♿	*Chambres accessibles aux handicapés physiques*
🍽	*Repas servis au jardin ou en terrasse*
🏋	*Salle de remise en forme*
🏊 🏊	*Piscine : de plein air ou couverte*
🏖 🌳	*Plage aménagée – Jardin de repos*
🎾	*Tennis à l'hôtel*
⚑ 25 à 150	*Salles de conférences : capacité des salles*
🚗	*Garage dans l'hôtel (généralement payant)*
🅿	*Parking réservé à la clientèle*
🅿	*Parking clos réservé à la clientèle*
🐕	*Accès interdit aux chiens (dans tout ou partie de l'établissement)*
mai-oct.	*Période d'ouverture, communiquée par l'hôtelier*
saisonnier	*Ouverture probable en saison mais dates non précisées. En l'absence de mention, l'établissement est ouvert toute l'année.*

Mercure Lille Aéroport

    1. Est-ce que c'est un hôtel de grand luxe ou très confortable?

    _____

    2. Combien de chambres y a-t-il dans l'hôtel?

    _____

    3. Est-ce qu'il y a une piscine en plein air?

    _____

Agena

    1. Est-ce qu'il y a un restaurant dans l'hôtel?

    _____

    2. Combien coûte une chambre (en francs)? Combien environ coûte-t-elle en euros?

    _____

    3. Quel est le numéro de fax?

    _____

Pourquoi la France? 6

Leçon 16   Pourquoi la France?

1.   Activités. Complete the following sentences with the appropriate forms of the verbs in the box. Note that in items 1 to 4 the verbs are in the present tense, and in items 5 to 8 the verbs are in the passé composé. *[Section A, p. 232]*

> **venir   devenir   revenir**

Présent

1. J'ai des billets *(tickets)* pour le concert.

    Est-ce que vous _____ avec nous?

2. Quand est-ce que tu vas à Paris?

    Quand est-ce que tu _____?

3. Nous étudions à l'Alliance française.

    Vraiment, nous _____ très compétents en français.

4. Patrick et Denis sont sortis hier soir.

    Ils _____ au cinéma avec nous.

Passé composé

5. Albert n'aime pas attendre.

    Il _____ très impatient quand ses amis ne sont pas à l'heure *(on time)*.

6. Ma cousine a gagné le gros lot *(grand prize)* à la loterie.

    Elle _____ millionnaire!

7. François est allé en France cet été.

    Il _____ avec des cadeaux pour ses copains.

8. Christine et Claire ont étudié l'espagnol à l'université.

    Après l'université, elles _____ professeurs d'espagnol.

2. D'où viennent-ils? The following people are coming back from certain places. Express this by using the appropriate forms of the present tense of **revenir.** Then say what they have just done, using the construction **venir de** + infinitive. Use your imagination, but be logical! *[Sections A, B, pp. 232, 234]*

● Robert ___*revient*___ de la plage.   *Il vient de nager.*

ou: *Il vient de faire une promenade.*

ou: *Il vient de jouer au Frisbee.*

1. Anne et Sophie _____ du café.

_____

2. Tu _____ d'un magasin de vêtements.

_____

3. Les étudiants _____ de la bibliothèque.

_____

4. Nous _____ de la discothèque.

_____

3. Un peu de géographie? Locate these twelve countries by continent: **Allemagne, Algérie, Canada, Chine, Vietnam, États-Unis, France, Japon, Luxembourg, Maroc, Sénégal, Venezuela.** Do not forget the definite articles. *[Section C, p. 235]*

1. _____ sont des pays d'Amérique.

2. _____ sont des pays d'Afrique.

3. La Chine, _____ sont des pays d'Asie.

4. _____ sont des pays d'Europe.

4. Quel pays? Answer the following questions in the affirmative, replacing the name of the city with the name of the country or state in which it is located. Be sure to use the appropriate prepositions. *[Section D, p. 238]*

● Jacques revient de Tokyo, n'est-ce pas?

Oui, il *revient du Japon.*

1. Claudine passe l'été à Casablanca, n'est-ce pas?

Oui, elle _____.

2. Tu rentres de Dakar, n'est-ce pas?

Oui, je _____.

3. Joséphine étudie à Genève, n'est-ce pas?

Oui, elle _____.

4. Ces touristes reviennent de Montréal, n'est-ce pas?

Oui, ils _____.

5. Vous arrivez de Madrid, n'est-ce pas?

Oui, nous _____.

5. Depuis combien de temps? Say for how long the following people have been doing certain things. In parentheses you will note the time at which the activities began and the time at which the statement is being made. Calculate the elapsed time, as in the model. *[Section E, p. 239]*

● Sophie / attendre Jacques / minutes (10h00 → 10h25)

Sophie attend Jacques depuis 25 minutes.

1. tu / téléphoner / minutes (8h00 → 8h45)

_____

2. vous / étudier à la bibliothèque / heures (5h00 → 8h00)

_____

3. je / avoir la grippe *(flu)* / jours (lundi → vendredi)

_____

4. nous / jouons au tennis / mois (septembre → janvier)

_____

5. M. Rimbaud / habiter à Nancy / ans (1980 → 1990)

_____

6. Depuis quand? Say since when you have been doing the following things. Use the present tense and **depuis.** *[Section E, p. 239]*

● étudier le français

  J'étudie le français depuis septembre (janvier...).

1. jouer au tennis

   _____

2. aller à cette université

   _____

3. habiter dans cette ville

   _____

4. faire mes devoirs

   _____

Communication

Michèle, a French friend, has spent her summer on a trip around the world. Ask her eight questions about her trip, focusing especially on the countries she visited. You may want to use some of the verbs in the box. Put your questions in the passé composé.

aller partir rester arriver quitter visiter
voyager acheter faire rencontrer trouver

● *As-tu visité le Japon?*
● *Comment as-tu voyagé en Chine?*

_____

_____

_____

_____

_____

_____

_____

_____

Vocabulaire

Le monde

un état   state
les gens   people
le monde   world
un pays   country

une capitale   capital
une langue   language
une nationalité   nationality
une ville   city, town

Pays et nationalités

l'Allemagne	allemand
l'Angleterre	anglais
la Belgique	belge
le Brésil	brésilien (brésilienne)
le Canada	canadien (canadienne)
la Chine	chinois
l'Égypte	égyptien (égyptienne)
l'Espagne	espagnol
les États-Unis	américain
la France	français
la Grèce	grec (grecque)
l'Irlande	irlandais
l'Italie	italien (italienne)
le Japon	japonais
le Mexique	mexicain
le Portugal	portugais
la Russie	russe
la Suisse	suisse

Verbes

devenir   to become
revenir   to come back
venir   to come
   venir de (+ *infinitif*)   to have just (+ *past participle*)

Directions

le nord   north
l'est   east
le sud   south
l'ouest   west

Expression

depuis   for, since

Leçon 17   Pour garder la ligne

1.   Activités. Explain what the following people do or did by filling in the blanks with the appropriate forms of the verbs in the box. Note that in items 1 to 3 the verbs are in the present tense, and in items 4 to 6 the verbs are in the passé composé. *[Section A, p. 244]*

> **apprendre   comprendre   prendre**

Présent.

1.   À l'université, Thomas _____ le japonais.

Ses amis _____ l'italien.

2.   Est-ce que tu _____ pourquoi le professeur est fâché (*angry*)?

Moi, je ne _____ pas!

3.   Comment allez-vous à Madrid? Est-ce que vous _____ l'avion?

Nous, nous _____ le train.

Passé composé

4.   Charles est allé à Berne et il _____ l'allemand.

Moi, je suis allé(e) à Genève et j' _____ le français.

5.   Est-ce que vous _____ quand le guide a parlé des cérémonies de mariage?

Nous, nous _____!

6.   Est-ce que tu _____ des photos pendant les dernières vacances?

Moi, j' _____ beaucoup de photos.

2. Le menu. For each course, say which of the two possibilities you will have. (If you are uncertain of gender, check the Vocabulaire sections on page 247 and 248 of your textbook; **quiche** *[f.].) [Section B, p. 245]*

MENU

① *Saucisson ou Melon*

. . . .

② *Quiche ou Thon*

. . . .

③ *Poulet ou Pâtes*

. . . .

④ *Salade*
ou
Fromage

. . . .

⑤ *Glace ou Gâteau*

. . . .

⑥ *Vin ou Eau minérale*

⑦ *Thé ou café*

1. _____

2. _____

3. _____

4. _____

5. _____

6. _____

7. _____

3. Au régime *(On a diet).* The following people are on a special diet that excludes milk products. However, they can eat or drink anything that does not contain milk. Say whether or not they will select the following items. *[Sections A–C, pp. 244–249]*

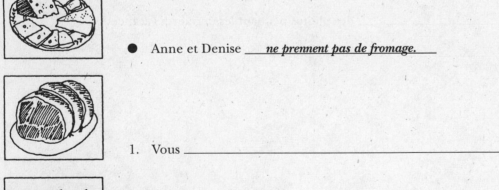

● Anne et Denise ___*ne prennent pas de fromage.*___

1. Vous _____

2. Tu _____

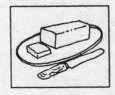

3. Jacques _____

4. Je _____

5. Nous _____

6. Mme Delogne _____

4. À la fête. Complete the following conversation, overheard at a party, with the appropriate forms of the present tense of the verb **boire**. *[Section D, p. 250]*

—_____-vous de la bière?

—Non, merci, je ne _____ pas de bière.

—Et vos amis?

—Annie _____ du café et Thérèse et François _____ de la limonade.

—Nous, nous _____ du vin.

5. Qu'est-ce qu'ils font? Read about the following people and say what each one does. Complete the sentences using the appropriate form of the present tense of **faire** and one of the expressions in the box. *[Section E, p. 252]*

| la photo   le français   le camping   le théâtre |
| l'espagnol   la gymnastique   les maths |

● Vous voulez maigrir.   Vous _*faites de la gymnastique.*_

1. Anne et Gisèle ont l'intention d'être ingénieurs. Elles _____

2. Nous aimons beaucoup la nature. Pendant les vacances, nous _____

3. Martin a un nouvel appareil-photo. Il _____

4. Les étudiants vont à l'Alliance française. Ils _____

5. Ma cousine va passer un an au Mexique. C'est pourquoi elle _____

6. Je voudrais être acteur. À l'université, je _____

6. Chez le médecin. M. Legros, a 60-year-old businessman, is quite overweight. He asks his doctor whether he can do the following things. Write out the doctor's answers, using the affirmative or negative imperative. Use the **vous** form to address the patient. *[Sections A–E, pp. 244–252]*

● faire du sport?   *Oui, faites du sport.*

● boire de la bière?   *Non, ne buvez pas de bière!*

1. faire du ski? _____

2. boire du vin? _____

3. boire de l'eau minérale? _____

4. manger du yaourt? _____

5. manger de la glace? _____

6. prendre de la crème avec le café? _____

7. manger des pâtes? _____

8. prendre du thé? _____

Communication

Your friend Christine wants to get to know you better. She is asking you about your eating preferences and extracurricular activities. Answer her questions.

1. Est-ce qu'il y a des choses que tu ne manges pas? Quoi? _____

_____

2. En général, qu'est-ce que tu manges au petit déjeuner *(breakfast)?* Qu'est-ce que tu bois?

_____

3. En général, qu'est-ce que tu bois quand tu es à la cafétéria de ton université? Et quand tu vas à

une fête? _____

_____

4. Comment est-ce que tu restes en forme *(shape)?* Est-ce que tu fais du jogging? de la gymnastique? Où et quand? Quelles sont tes autres activités sportives?

_____

_____

5. Est-ce que tu as déjà fait du camping? Où, quand et avec qui? _____

_____

6. Est-ce que tu fais du théâtre maintenant? Est-ce que tu as déjà fait du théâtre? Si oui, quels rôles est-ce que tu as joué? _____

_____

Vocabulaire

Le menu

les hors d'œuvre   appetizers
  le jambon   ham
  le saucisson   salami

le poisson   fish
  le saumon   salmon   **la sole**   sole
  le thon   tuna

la viande   meat
  le bœuf   beef
  le porc   pork
  le poulet   chicken
  le rosbif   roast beef

le fromage   cheese   **la salade**   salad

le dessert   dessert
  le gâteau   cake   **la crème**   custard
  le yaourt   yogurt   **la glace**   ice cream
                     la tarte   pie

la boisson   drink
  le café   coffee   **la bière**   beer
  le jus d'orange   orange juice **l'eau**   water
  le lait   milk   **l'eau minérale**   mineral water
  le thé   tea   **la limonade**   lemon soda
  le vin   wine

d'autres produits   (other products)
  le beurre   butter   **la confiture**   jam
  un œuf   egg   **la crème**   cream
  le pain   bread   **la mayonnaise**   mayonnaise
  le poivre   pepper   **la moutarde**   mustard
  le riz   rice   **les pâtes**   pasta
  le sel   salt
  le sucre   sugar

Verbes

apprendre to learn

boire to drink

comprendre understand

manger to eat

prendre to take, take along; to take (transportation); to have something to eat or drink

Expressions pour la conversation

en effet as a matter of fact, indeed

après tout after all

Leçon 18 Bon appétit!

1. Les vêtements. Say what the following people wear in the indicated situations. Use the verb **mettre** and the appropriate items of clothing. (You may refer to the Vocabulaire on page 148 [Leçon 11] of your textbook.) Note that in items 1 to 4 the verbs are in the present tense, in items 5 and 6 the verbs are in the passé composé. *[Section A, p. 258]*

Présent

1. Mes amis vont au concert. Ils _____

2. Quand il pleut, nous _____

3. Quand il fait froid, je _____

4. Tu vas à la plage. Tu _____

Passé composé

5. Jacques a joué au tennis. Il _____

6. Vous avez fait du ski. Vous _____

_____

2. Préférences personnelles. Say whether or not you like the following dishes or drinks. Then say whether you often have them. Use the suggested verbs. *[Section B, p. 260]*

● bière (boire) *J'aime la bière. Je bois souvent de la bière.*

 ou: *Je n'aime pas la bière. Je ne bois pas (souvent) de bière.*

1. riz (manger) _____

2. lait (boire) _____

3. vin (acheter) _____

4. pain (manger) _____

5. glace (prendre) _____

6. eau minérale (commander) _____

3. Au restaurant français. The following remarks were heard in a French restaurant. Complete them with the appropriate definite, indefinite, or partitive articles. (If you do not remember the genders of the nouns, check the Vocabulaire on pages 247, 250, and 264 of your textbook.) *[Section B, p. 260]*

1. Est-ce que vous prenez _____ vin ou _____ bière avec votre repas?

2. J'aime beaucoup _____ poisson. Je vais commander _____ sole!

3. Aimez-vous _____ roquefort *(m.)*? C'est _____ excellent fromage français.

4. S'il vous plaît, est-ce que vous pouvez *(can)* passer _____ moutarde et _____ sel?

5. Est-ce qu'il y a _____ mayonnaise dans _____ salade?

6. Regarde _____ gâteau sur la table! C'est _____ tarte au chocolat.

7. Comme dessert, je vais prendre _____ pomme et Caroline va prendre _____ poire.

8. _____ café est servi. Allez-vous prendre _____ sucre?

4. À l'université. Answer the following questions affirmatively or negatively, using **beaucoup** or **beaucoup de**, as appropriate. *[Section C, p. 264]*

● Vous étudiez?   *Oui, j'étudie beaucoup.*

    ou: *Non, je n'étudie pas beaucoup.*

● Vous faites du sport?   *Oui, je fais beaucoup de sport.*

    ou: *Non, je ne fais pas beaucoup de sport.*

1. Vous travaillez? _____

2. Vous avez des examens? _____

3. Il y a des étudiants français à votre université? _____

4. Vous faites du jogging? _____

5. Les étudiants ont des vacances? _____

6. Vous voyagez? _____

NOM _____   DATE _____

5. Des plaintes! *(Complaints!)* Robert is always complaining about his life. Express his complaints in affirmative or negative sentences using an expression of quantity. *[Section C, p. 264]*

- travailler   *Je travaille trop.*
- avoir de l'argent   *Je n'ai pas assez d'argent.*

1. dépenser de l'argent _____

2. gagner de l'argent _____

3. avoir des loisirs _____

4. fumer _____

5. faire des économies _____

6. maigrir _____

6. Comparaisons. Compare the following people using the expressions in parentheses and the appropriate comparative constructions. *[Section C, p. 264]*

- Philippe commande un verre *(glass)* d'eau minérale. Charles commande une bouteille *(bottle)*.

    (boire de l'eau minérale)   *__Philippe commande moins d'eau minérale que Charles.__*

1. Roland joue au tennis et fait du jogging. Henri joue seulement *(only)* au tennis.

    (faire du sport) _____

2. M. Martin gagne 2.000 euros par mois. Son frère gagne aussi 2.000 euros.

    (gagner de l'argent) _____

3. Marthe achète une robe et deux pantalons. Sylvie achète seulement une robe.

    (acheter des vêtements) _____

4. Jacques a 10 euros. Isabelle a 20 euros.

    (avoir de l'argent) _____

Communication

Your friend Alexandre wants to know more about your eating habits. Answer his questions.

1. Est-ce que tu aimes le café noir? Si non, qu'est-ce que tu mets dans ton café?

   _____

   _____

2. Est-ce que tu manges des toasts au petit déjeuner? Qu'est-ce que tu mets dessus *(on them)*?

   _____

   _____

3. Est-ce que tu manges souvent des fruits? Quels fruits préfères-tu?

   _____

   _____

4. À quelle heure est-ce que tu prends tes différents repas? _____

   _____

5. Quel est ton repas favori? Pourquoi? _____

   _____

   _____

6. Est-ce que tu aimes la cuisine de la cafétéria de ton université? Pourquoi ou pourquoi pas?

   _____

   _____

7. Quelles boissons est-ce qu'on sert à la cafétéria de ton université?

   _____

   _____

8. Quand tu es invité(e) à un pique-nique, est-ce que tu apportes quelque chose? Quoi?

   _____

   _____

9. Est-ce que tu as fait des courses récemment *(recently)*? Où? Qu'est-ce que tu as acheté?

   _____

   _____

Vocabulaire

Les repas

un petit déjeuner breakfast

un déjeuner lunch, noon meal

un dîner supper, dinner

un serveur (-euse) waiter, waitress

un repas meal

les fruits (m.) fruits

  un pamplemousse grapefruit

les légumes (m.) vegetables

  des haricots beans

  des petits pois peas

une cantine school cafeteria

la cuisine cooking, cuisine

la ligne figure, waistline

une banane banana

une cerise cherry

une fraise strawberry

une orange orange

une pomme apple

une poire pear

une carotte carrot

des frites French fries

une pomme de terre potato

une tomate tomato

Verbes

amener to bring (people)

apporter to bring (things)

commander to order

déjeuner to have lunch

dîner to have dinner

fumer to smoke

garder to keep

mettre to put, to place

préparer to prepare, to make (food)

servir to serve

Expressions

être au régime to be on a diet

faire les courses to go shopping

faire la cuisine to cook, to do the cooking

Adverbes et expressions de quantité

combien... ? how much?

combien de... ? how much? (how many?)

assez enough

assez de enough

beaucoup much, very much, a lot

beaucoup de much (many), very much (very many), a lot of, lots of

beaucoup trop much too much

beaucoup trop de much too much of (far too many of)

peu little, not much

peu de little (few), not much (not many)

un peu a little

un peu de some, a little (bit of)

trop too much

trop de too much (too many)

Pour les comparaisons

autant de as much (as many)

moins de less

plus de more

Expressions pour la conversation

C'est vrai! It's true!

  Ça, c'est vrai! That's true! That's right!

Ce n'est pas vrai! That's not true!

C'est faux! That's wrong! That's false!

C'est possible! It's possible!

Évidemment! Of course! Obviously!

VIVRE EN FRANCE   Au café

Vocabulaire

Au café

un croque-monsieur   grilled ham and cheese sandwich

un citron pressé   fresh lemonade

un jus de raisin   grape juice

un sandwich   sandwich

un thé nature   plain tea

l'addition   bill

une bière pression   draft beer

la consommation   food or beverage

une omelette   omelet

Expressions

Donnez-moi...   Give me . . .

quelque chose de léger   something light

Activité

You are in the Café Chez Colette on the outskirts of Paris. Look at the menu and choose what you'd like. Then call the waiter and order your food. Write out your dialogue below.

Chez Colette

menu à 35 euros

Hors d'œuvre

melon
ou salade de concombres   ou saucisson
ou salade de tomates   ou œufs mayonnaise
ou salade de thon   ou jambon d'Auvergne

Plat principal

steak au poivre
ou lapin farci   ou poulet rôti
ou côtelette de porc   ou filet de sole

Légumes

pommes frites
ou haricots verts   ou petits pois

Salade verte ou Fromage

Dessert

glace
ou yaourt   ou fruit
ou crème caramel   ou tarte aux pommes

Boisson

vin rouge   ou vin blanc
ou bière pression   ou eau minérale

Service 15% compris

_____

_____

_____

_____

_____

_____

_____

_____

_____

_____

Révision 2:   Leçons 10–18

By completing this series of short tests, you will be able to check your progress in French. Correct your work using the Answer Key at the back of the *Cahier d'activités*. If you make any mistakes on these tests, you may want to review the lesson sections indicated in brackets.

Partie A. Structures

Test 1. Les adjectifs possessifs. Complete the following sentences with the possessive adjectives that correspond to the subject of each sentence. *[10–E]*

● Nous allons rendre visite à ____*notre*____ tante Caroline.

1. Quand as-tu acheté _____ auto?

2. Je ne trouve pas _____ cravate.

3. Est-ce que tu vas mettre _____ chaussures noires?

4. Ces étudiants n'écoutent pas _____ professeur.

5. Quand est-ce que vous allez vendre _____ voiture?

6. François et Thomas vont en vacances avec _____ parents.

7. Danielle va téléphoner à _____ amie Catherine.

8. Nous invitons _____ amis au restaurant.

9. Est-ce que vous êtes toujours d'accord avec _____ copains?

10. Gérard écoute _____ cassettes.

Test 2. L'article partitif: formes et emplois. Complete the following sentences with the noun in parentheses. Be sure to use the correct forms of the definite or partitive articles, as appropriate. *[17–B; 18–B]*

● (le poisson, la sole)   J'aime beaucoup ___*le poisson.*___ Je mange souvent ___*de la sole.*___

1. (le pain, la confiture) Où est _____? Où est _____?

2. (l'eau minérale, le jus d'orange) J'ai acheté _____ parce que je n'aime pas

   _____.

3. (les pâtes, la salade) Si tu veux maigrir, ne mange pas _____! Mange

   _____!

4. (le sucre, la crème) Est-ce que tu prends _____ et _____

   dans ton café?

5. (le vin, la bière) Marc achète _____ parce qu'il n'aime pas

   _____.

6. (l'ambition, le courage) Jacques a _____, mais il n'a pas

   _____.

7. (le lait, la limonade) Dans le réfrigérateur, il y a _____ et

   _____.

8. (le champagne, le vin) Ne bois pas _____! _____ n'est pas

   bon pour toi!

Test 3. Les articles et les prépositions avec les pays. Complete the following sentences with the appropriate articles or prepositions. *[16–C, D]*

1. Quel pays préfères-tu? _____ France, _____ Espagne ou _____ Portugal?

2. Julien ne travaille pas _____ États-Unis. Il travaille _____ Canada.

3. Mon père revient _____ Japon le 8 octobre. En novembre, il va aller _____ Mexique et

   _____ Argentine.

Test 4. Autres structures. Decide which of the four suggested options correctly completes the sentence. Circle the corresponding letter.

● _____ travaillent en France.

   a. Je   b. Tu   ⓒ Ils   d. Vous

1. Regarde cette voiture bleue. Elle est _____ ma cousine Jeannette.

   a. à   b. de   c. avec   d. *(no word needed)*

2. Christophe n'est pas là. Il _____ partir.

   a. est   b. va   c. vient   d. vient de

3. François a un _____ appareil-photo.

   a. nouveau b. vieux c. bel d. japonaise

4. Nous habitons dans cette maison _____ 1980.

   a. depuis b. pour c. pendant d. il y a

5. Nous sommes allés au Portugal _____ deux ans.

   a. depuis b. pour c. avant d. il y a

6. Marc n'étudie pas l'italien. Il _____ de l'espagnol.

   a. apprend b. fait c. étudie d. a une classe

7. C'est l'anorak _____ Véronique, n'est-ce pas?

   a. a b. de c. son d. leur

8. Est-ce que tu vas acheter _____ veste-ci?

   a. la b. une c. sa d. cette

9. Jean-Claude a une _____ copine.

   a. vieil b. nouvelle c. nouveau d. nouvel

Partie B. Verbes

Test 5. Le présent des verbes comme *payer, acheter* **et** *préférer;* **le présent des verbes réguliers en** *-ir* **et** *-re.*
Read the following sentences carefully. Then fill in the blanks with the appropriate present-tense forms of the verbs in the box. Be logical. *[10–B; 11–A; 13–B, C]*

| acheter amener attendre célébrer envoyer |
| finir posséder répondre réussir vendre |

1. Les vacances commencent en juin et _____ en septembre.

2. Hélène est au café. Elle _____ son copain Yvon.

3. Je travaille dans une boutique. Je _____ des CD.

4. Julien est à la poste. Il _____ une lettre à sa cousine.

5. Ma tante est très riche. Elle _____ un yacht.

6. Nous _____ à nos examens parce que nous étudions beaucoup.

7. Où va le taxi? Il _____ les touristes à la Tour Eiffel.

8. Tu es dans un magasin de vêtements. Tu _____ des chemises.

9. Pourquoi est-ce que vous ne _____ pas à ma question?

10. Charlotte _____ son anniversaire le 21 janvier.

Test 6. Le présent des verbes irréguliers. Read the following sentences carefully. Then fill in the blanks with the appropriate present-tense forms of the verbs in the box. Be logical. *[12–A; 15–A; 16–A; 17–A; 17–D; 18–A]*

apprendre boire comprendre faire
mettre partir revenir sortir venir

1. Qu'est-ce que vous _____ le week-end prochain? Nous, nous allons à la campagne.

2. Je _____ un pull parce que j'ai froid.

3. Qu'est-ce que vous _____? Du thé ou de la bière?

4. Mes amis ne _____ pas ta question. Répète, s'il te plaît!

5. Michel et Claudine sont en vacances au Sénégal. Ils _____ chez eux le 12 septembre.

6. Tu _____ à la fête que *(that)* j'organise pour mon anniversaire, n'est-ce pas?

7. Chloé et Stéphanie étudient à l'Institut Linguistique. Elles _____ l'italien.

8. À quelle heure _____ le train de Bordeaux?

9. Ce soir, je ne reste pas chez moi. Je _____ avec mes copains.

Test 7. Le passé composé avec *avoir*: verbes réguliers. Complete the following sentences with the appropriate passé composé forms of the verbs in parentheses. (Note that these verbs are in the affirmative in the odd-numbered items, and in the negative in the even-numbered items.) *[14–A, B]*

1. (jouer)   Oui, mes cousins _____ au tennis avec moi.

2. (parler)   Non, je _____ à Xavier.

3. (téléphoner)   Oui, Jacques _____ à Isabelle.

4. (visiter)   Non, nous _____ Québec.

5. (acheter)   Vous _____ une Renault, n'est-ce pas?

6. (perdre)   Non, je _____ mon temps ce matin.

7. (rendre)   Bien sûr, nous _____ visite à nos amis hier.

8. (finir)   Non, les étudiants _____ l'examen.

9. (maigrir)   Oui, tu _____ un peu!

10. (vendre)   Non, Philippe _____ sa mini-chaîne.

Test 8. Les participes passés irréguliers. Complete the following sentences with the appropriate passé composé forms of the verbs in parentheses. Note that these verbs have irregular past participles. *[14–D; 15–A; 17–A, D; 18–A]*

1. (mettre) Jean-François _____ une cassette de rap.

2. (être) Paul _____ au cinéma avec des copains.

3. (avoir) François _____ un accident de ski.

4. (faire) Antoine _____ une promenade en auto.

5. (prendre) Charles _____ les disques de Jeanne.

6. (boire) Alexis _____ du champagne pour son anniversaire.

7. (apprendre) Alice _____ quelque chose d'intéressant.

8. (dormir) Béatrice _____ dix heures.

9. (servir) Olivier _____ du café à ses amis.

Test 9. *Être ou avoir?* Complete the following sentences with the appropriate passé composé forms of the verbs in parentheses. Be careful, as some of the verbs are conjugated with **avoir** and others with **être**. *[15–B; 16–A]*

1. (étudier, devenir) Alice et Anne _____ l'espagnol.

   Elles _____ professeurs.

2. (sortir, aller) Pierre et Jacques _____ avec des copains.

   Ils _____ au café.

3. (visiter, aller) Valérie _____ Québec.

   Après, elle _____ à Montréal.

4. (inviter, venir) J' _____ Jacques.

   Il _____ chez moi après le dîner.

5. (voyager, arriver) Simon et toi, vous _____ en train.

   Vous _____ jeudi soir.

6. (aller, rentrer) Nous _____ au cinéma.

   Nous _____ à dix heures.

Workbook: Review 2 **139**

Test 10. Verbes et expressions verbales. Complete the following sentences with the French equivalent of the English expression in italics. Be sure to use the appropriate construction.

1. Catherine *goes out* with her friends. Catherine _____ avec ses amis.

2. Danièle *is waiting for* the bus. Danièle _____ le bus.

3. Alain *is cleaning* his room. Alain _____ sa chambre.

4. Jacques *is getting fat*. Jacques _____ .

5. Philippe *is doing* the dishes. Philippe _____ la vaisselle.

6. Jacques *is going shopping*. Jacques _____ .

7. Philippe *is cooking* this morning. Philippe _____ ce matin.

8. Albert *meets* his friends in a café. Albert _____ ses amis dans un café.

9. Sylvie *is visiting* a friend. Sylvie _____ une amie.

10. Paul *is setting* the table. Paul _____ la table.

11. Claudine *orders* ice cream. Claudine _____ de la glace.

12. The waiter *brings* the menu. Le serveur _____ le menu.

13. Virginie *is having lunch* with Paul. Virginie _____ avec Paul.

14. Mme Dulac *is renting* a car. Mme Dulac _____ une voiture.

15. Colette *is wearing* a new robe. Colette _____ une nouvelle robe.

16. Cécile *forgets* the date of the exam. Cécile _____ la date de l'examen.

17. Brigitte *looks for* her books. Brigitte _____ ses livres.

18. Jean-François *finds* the books. Jean-François _____ les livres.

Partie C. Vocabulaire

Test 11. Qu'est-ce que c'est? Identify the following objects by writing the appropriate noun and the corresponding indefinite article: **un, une,** or **des.**

1. _____

2. _____

3. _____

4. _____

5. _____

6. _____

7. _____

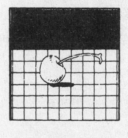

8. _____

9. _____

10. _____

11. _____

12. _____

Test 12. Logique! Among the four options, select the one that completes the sentence logically. Circle the corresponding letter.

1. Roland prépare le repas dans _____.

   a. la cuisine   b. le salon   c. le garage   d. la chambre

2. Est-ce que tu vas mettre _____ sur ton pain?

   a. une pomme   b. des frites   c. du riz   d. de la confiture

3. Quels légumes vas-tu prendre? Vas-tu prendre _____?

   a. des fraises   b. des oranges   c. des pommes de terre   d. de la tarte

4. J'adore nager. C'est pourquoi je passe souvent les vacances _____.

   a. à la mer   b. à la montagne   c. avec mes valises   d. en voyage

5. As-tu fait _____ de Pierre? C'est mon cousin.

   a. attention   b. le ménage   c. les valises   d. la connaissance

6. Prends ton imperméable! Il va _____.

   a. pleuvoir   b. grossir   c. tomber   d. faire beau

7. À quelle heure prenez-vous _____?

   a. la salle à manger   b. le petit déjeuner   c. la salle de séjour   d. de saucisson

8. L'année _____, nous sommes allés au Japon.

   a. dernière   b. prochaine   c. première   d. future

9. Dans le salon il y a des _____ modernes.

   a. boissons   b. meubles   c. lits   d. déjeuners

10. Clémentine est végétarienne. Elle ne mange pas de _____.

    a. pain   b. poulet   c. gâteau   d. petits pois

11. Sortez _____ cette porte.

    a. entre   b. dans   c. pour   d. par

12. En général, il fait _____ en Floride.

    a. faim   b. sommeil   c. chaud   d. froid

Aperçu culturel
La France et ses régions

A. 1. Pouvez-vous nommer deux époques historiques qui ont laissé beaucoup de traces [monuments] dans cette région du sud de la France?

_____

_____

_____

_____

2. Dans quelle ville peut-on assister à un célèbre festival de théâtre?

_____

3. Quelle région française a été le site de nombreux conflits entre les Français et les Allemands?

_____

_____

4. Quelle ville d'Alsace peut être considérée comme un centre européen important? Pourquoi?

_____

_____

5. Nommez *(Name)* un personnage historique important de la Normandie. [Qu'est-ce qu'il a fait?]

_____

_____

6. Quel autre événement important du 20ᵉ siécle a eu lieu (*took place*) en Normandie?

_____

_____

7. Quel est le quartier intellectuel à Paris?

_____

_____

8. Nommez quelques exemples d'architecture non-traditionnelle à Paris.

_____

_____

B. Comparez la ville de Paris avec une ville américaine que vous connaissez bien. Est-ce que cette ville a des quartiers divers? Est-ce qu'il y a un centre artistique et intellectuel? Est-ce que vous pouvez remarquer quelques différences générales entre Paris et les villes américaines?

_____

_____

_____

_____

_____

_____

_____

À l'Université

7

Leçon 19   La course aux diplômes

1.   Oui ou non? Read about the following people and say what they do or do not do. Fill in the blanks with the appropriate affirmative or negative forms of **suivre.** Use the present tense in items 1 to 6 and the passé composé in items 7 and 8. *[Section A, p. 279]*

Présent

1. Tu veux être avocat. Tu _____ des cours de droit.

2. Nous étudions le français. Nous _____ le cours d'italien.

3. Catherine est très élégante. Elle _____ la mode *(fashion)*.

4. Paul et André sont des enfants modèles. Ils _____ les mauvais exemples.

5. J'adore les sports. Je _____ les matchs de football à la télé.

6. Vous maigrissez. Vous _____ un régime, n'est-ce pas?

Passé composé

7. Vous n'avez pas compris. Vous _____ l'explication du professeur.

8. Ces filles sont interprètes. Elles _____ des cours de russe et d'allemand.

2. Désirs et possibilités. Say what the following people *want* to do by completing the first sentence in each pair with the appropriate form of the present tense of **vouloir.** Then say whether or not they *can* do other things by completing the second sentence with the appropriate affirmative or negative form of the present tense of **pouvoir.** Be logical! *[Section B, p. 280]*

● Vous ___*voulez*___ obtenir votre diplôme, n'est-ce pas?

  Alors, vous ___*ne pouvez pas*___ rater tous vos examens.

1. Nous _____ voyager en France.

   Nous _____ prendre le train ou louer une voiture.

2. Ces touristes _____ aller à Versailles?

   Très bien! Ils _____ prendre le bus ou le train?

3. Yves _____ gagner de l'argent cet été.

   Il _____ partir en vacances avec ses copains.

4. Tu _____ apprendre le japonais.

   Tu _____ suivre les cours de l'Alliance française.

5. Vous _____ aller dans ce restaurant végétarien?

   D'accord, mais vous _____ commander de poulet.

6. Je _____ finir mes devoirs.

   Je _____ aller au café avec vous.

3. Pour réussir à l'examen. The following students want to do well on the final exam. Say what they should do and what they should not do. Complete the sentences with the appropriate affirmative or negative forms of the present tense of the verb **devoir.** *[Section C, p. 282]*

● Ces étudiants ___*doivent*___ faire des progrès.

1. On _____ venir aux cours.

2. Vous _____ arriver à l'heure *(on time)* pour l'examen.

3. Tu _____ apprendre tes leçons.

4. Je _____ dormir en classe.

5. Nous _____ faire nos devoirs.

6. Vous _____ être absents.

4. Non! Read what the following people are doing. Tell them *not* to do these things, using the expression **il ne faut pas.** *[Section D, p. 284]*

● Alain perd son temps.   *Il ne faut pas perdre son temps.*

1. Vous avez peur. _____

2. Tu es impatient. _____

3. Tu fumes en classe. _____

4. Jacques et Paul grossissent. _____

5. Janine écoute les mauvais étudiants. _____

5. Qu'est-ce qu'il faut faire? Say what one should or should not do to achieve the following objectives. Use the constructions **il faut** and **il ne faut pas** plus an expression of your choice. *[Section D, p. 284]*

● Pour maigrir, *il ne faut pas manger trop. Il faut faire du sport.*

1. Pour faire des progrès en français,

_____

2. Pour être populaire,

_____

3. Pour avoir une profession intéressante,

_____

4. Pour être utile dans la société d'aujourd'hui,

_____

Workbook: Lesson 19 **147**

6. Une classe de français très difficile. Complete the following description of a French class with an appropriate indefinite expression from the box. *[Vocabulaire, p. 286]*

| tous les | toutes les | tout le monde | chaque | un autre | plusieurs | de nombreux |

● Nous avons classe ___*tous les*___ jours à dix heures.

1. Dans la classe, il n'y a pas d'exception: _____ doit parler francais.

2. _____ étudiant doit apporter son cahier.

3. Le professeur est très exigeant *(demanding)*. Il donne *(gives)* _____ devoirs!

4. Nous allons avoir un examen lundi et _____ examen vendredi prochain.

5. Nous devons écrire *(write)* _____ compositions par semaine.

6. Heureusement *(Fortunately)*, _____ classes ne sont pas comme ça *(like that)*.

Communication

Your friend Christine asks you about university life and your future plans. Answer her.

1. Combien de cours est-ce que tu suis? Est-ce que ces cours sont difficiles? _____

    _____

2. Combien d'heures de préparation est-ce que tu dois faire pour chaque cours de français?

    _____

    _____

3. Qu'est-ce que tu dois faire ce soir avant et après le dîner? _____

    _____

4. Qu'est-ce que tu dois faire ce week-end? _____

    _____

5. Qu'est-ce que tu dois faire pour être reçu(e) à tes examens? _____

    _____

6. Qu'est-ce que tu peux faire avec ton diplôme? _____

    _____

7. Qu'est-ce que tu veux faire après l'université? _____

    _____

8. Est-ce que tu veux enseigner? Pourquoi ou pourquoi pas? _____

Vocabulaire

Les études

un conseil   (piece of) advice
un cours   course, class
un devoir   (written) assignment
un diplôme   diploma, degree

une classe   class
des études   studies
une note   grade
des notes   (lecture) notes

Adjectifs

difficile   difficult, hard
facile   easy, simple
gratuit   free
inutile   useless
seul   alone, only
utile   useful

Verbes

commencer (par)   to begin (by, with)
devoir   must, to have to, to be supposed to
enseigner   to teach
être reçu à un examen   to pass an exam
faire des études   to study, to go to school
faire des progrès   to make progress, to improve
il faut   one must, one has to, it is necessary to
obtenir   to obtain, to get
passer un examen   to take an exam
préparer un examen   to prepare / study for an exam
rater un examen   to flunk / fail an exam
réussir (à)   to succeed, to be successful (in), to pass (an exam)
suivre un cours   to take a class

Adverbes

ensemble   together
seulement   only
vite   fast

Préposition

pour + infinitive   (in order) to

Workbook: Vocabulary 19   **149**

Expressions indéfinies de quantité

autre   other

  l'autre   the other

  les autres   the other

  un(e) autre   another

certain   certain

  un(e) certain(e)   a certain, a particular

  certain(e)s   certain, some

chaque   each, every

plusieurs   several

quelques   some, a few

de nombreux (-euses)   many, numerous

tout   all, everything

  tout le (toute la)   all the, the whole

  tous les (toutes les)   all (the), every

  tout le monde   everybody

NOM _____   DATE _____

Leçon 20   Pas de panique!

1. Les spectacles. Say what the following people are seeing today or saw yesterday. Complete the sentences with the appropriate forms of **voir** in the present tense (items 1 to 6) and the passé composé (items 7 and 8). *[Section A, p. 291]*

Présent

1. Je _____ un western.

2. Janine et Michel _____ une comédie.

3. Mon oncle _____ une exposition *(exhibit).*

4. Vous _____ un film de science-fiction.

5. Tu _____ un opéra.

6. Nous _____ un film américain.

Passé composè

7. Hier, Charlotte _____ un très bon film.

8. Hier, nous _____ un film italien.

2. L'intrus *(The intruder).* In each sentence the underlined direct object pronoun may refer to three of the four items, **a, b, c,** and **d.** The one to which it cannot refer is the intruder. Circle it! *[Section C, p. 293]*

● Oui, je <u>la</u> connais bien.

a. Julie   b. cette université   c. ta cousine   d. Paul

1. Je <u>le</u> reconnais sur cette photo.

a. Philippe   b. ton cousin   c. Mme Dumont   d. le frère de Jacqueline

2. Non, nous ne <u>les</u> connaissons pas.

a. tes copains   b. cet étudiant   c. vos frères   d. Paul et Jérôme

3. Quand est-ce que vous <u>le</u> visitez?

a. le musée   b. ma région   c. ce village   d. le musée du Louvre

4. Quand est-ce que tu <u>les</u> fais?

a. tes devoirs   b. les courses   c. la vaisselle   d. les valises

5. Nous <u>la</u> louons.

a. votre maison   b. cet appartement   c. l'auto de Sylvie   d. la chambre de Thomas

Workbook: Lesson 20   **151**

3. Questions personnelles. Answer the following questions in complete sentences. Use a direct object pronoun in your answer. Your replies may be affirmative or negative. *[Sections B, C, pp. 292, 293]*

1. Connaissez-vous les parents de votre meilleur(e) ami(e)? _____

2. Est-ce que vos parents connaissent vos copains? _____

3. Connaissez-vous le (la) président(e) de votre université? _____

4. Nettoyez-vous souvent votre chambre? _____

5. Chez vous, aidez-vous vos parents? _____

6. Achetez-vous le journal chaque jour *(every day)?* _____

7. Regardez-vous souvent la télé? _____

8. À la télé, regardez-vous les programmes de sport? _____

9. Étudiez-vous les sciences? _____

4. Relations personnelles. Describe your relationships with the people below, using some of the verbs in the box in affirmative or negative sentences. Use direct object pronouns. *[Section C, p. 293]*

aider   aimer   respecter   admirer   comprendre   écouter   inviter   trouver   connaître

1. votre meilleur ami _____

2. votre cousine _____

3. votre mère _____

4. votre père _____

5. vos camarades de classe _____

6. le président _____

7. vos voisins _____

5. Oui ou non? Read how certain people feel or act toward others. On the basis of this information, make affirmative or negative sentences. Use direct object pronouns. *[Section C, p. 293]*

● Marc aime Caroline. (trouver intéressante)

   Il la trouve intéressante.

1. Paul déteste Luc. (trouver sympathique)

   _____

2. Nous invitons souvent nos voisins. (connaître bien)

   _____

3. Je n'ai pas de sympathie pour les gens snobs. (comprendre)

_____

4. Les étudiants admirent le professeur. (écouter)

_____

5. Daniel pense souvent à Catherine. (oublier)

_____

6. François est égoïste avec ses amis. (aider)

_____

6. Ce soir. Do you intend to do the following things tonight? Answer in the affirmative or the negative. Use object pronouns. *[Section D, p. 298]*

● Allez-vous aider votre mère?   *Oui, je vais l'aider. (Non, je ne vais pas l'aider.)*

1. Voulez-vous écouter vos CD? _____

2. Allez-vous inviter votre meilleure amie? _____

3. Allez-vous acheter le journal? _____

4. Devez-vous faire vos devoirs? _____

5. Devez-vous nettoyer votre chambre? _____

6. Allez-vous regarder la télévision? _____

7. Le cancre *(The poor student).* Last night Bernard did everything except study. Indicate this as you answer the following questions in the affirmative or in the negative in the passé composé.

● Bernard a invité sa copine?   *Oui, il l'a invitée.*

1. Bernard a préparé ses cours? _____

2. Il a appris sa leçon d'anglais? _____

3. Il a fini ses devoirs? _____

4. Il a écouté ses cassettes? _____

5. Il a mis la télé? _____

6. Il a étudié la grammaire? _____

Communication

Jean-Paul wants to know more about your relationships with different people. Answer his questions.

1. Qui est ton (ta) camarade de chambre? Est-ce que tu l'aides avec ses devoirs? Quelles choses est-ce que tu fais pour lui (elle)?

   _____

   _____

   _____

2. Est-ce que tu as de bonnes relations avec tes professeurs? Est-ce que tu les respectes? En général, comment les trouves-tu?

   _____

   _____

   _____

3. Est-ce que tu as des voisins sympathiques? Est-ce que tu les vois souvent? Est-ce que tu les invites chez toi? À quelle occasion?

   _____

   _____

   _____

4. À l'université, qui est ton (ta) meilleur(e) ami(e)? Depuis combien de temps est-ce que tu le (la) connais? Où et quand est-ce que tu l'as rencontré(e)?

   _____

   _____

   _____

5. Où habitent tes cousins? Est-ce que tu les vois souvent? Quand est-ce que tu les as vus pour la dernière fois *(time)*? Quand est-ce que tu vas les voir?

   _____

   _____

   _____

Vocabulaire

Les études supérieures

Les études littéraires, artistiques, scientifiques

les beaux arts   (fine arts)
  l'architecture (f.)
  la peinture
  la sculpture
les lettres (f.)   (humanities)
  l'histoire (f.)
  les langues
  la littérature
  la philosophie
les sciences
  la biologie
  la chimie
  les mathématiques (f.)
  la physique
les sciences humaines et sociales
  l'anthropologie (f.)
  la psychologie
  les sciences économiques
  les sciences politiques

Les études professionnelles

le droit   law
les études commerciales
  l'administration (f.) des affaires   business administration
  la gestion   management
  le marketing
  la publicité   advertising
les études d'ingénieur   engineering
  l'électronique (f.)
  l'informatique (f.)   computer science
la médecine
la pharmacie

Verbes

aider   to help

aimer   to like

attendre   to wait for

chercher   to look for, to get

connaître   to know, to be acquainted with, to meet *(passé composé)*

écouter   to listen to

reconnaître   to recognize

regarder   to look at, to watch

trouver   to find

voir   to see

Expression pour la conversation

(Mais) si!   (Why) yes!

Leçon 21   Un contestataire

1.   À la bibliothèque. The following students are at the library. Those on the left write while those on the right read. Express this by completing the sentences below with the appropriate forms of the verbs **écrire** and **lire** in the present tense (items 1 to 4) and the passé composé (item 5). *[Section A, p. 304]*

écrire

lire

● Gilles __*écrit*__ à sa copine.   Élodie __*lit*__ le journal.

1.   J'_____ une lettre.   Ces étudiants _____ un roman.

2.   Nous _____ dans nos cahiers.   Je _____ un e-mail.

3.   À qui _____-vous?   Qu'est-ce que nous _____?

4.   Mes amis _____ à leurs copains.   Ces filles _____ *l'Express*.

5.   Hier, tu _____ à ton grand-père.   Hier, vous _____ *le Figaro*.

2.   Des excuses. Nobody wants to study today. Give each person's excuse. Use the construction **dire que,** as in the model. *[Sections A, B, pp. 304, 306]*

● Paul / devoir aider ses parents

   Paul dit qu'il doit aider ses parents.

1.   tu / avoir la grippe *(flu)*

   _____

2.   nous / avoir une entrevue professionnelle

   _____

3.   vous / devoir allez chez le dentiste

   _____

4.   Jean / être fatigué

   _____

5.   Je / être malade *(sick)*

   _____

6.   mes amis / aller chez le médecin

   _____

Workbook: Lesson 21   **157**

3. **Rapports personnels.** Say whether or not you do certain things for the people below. Use the expressions in parentheses and the appropriate indirect object pronouns. Your sentences may be affirmative or negative. *[Section C, p. 307]*

● votre meilleur ami (téléphoner)   *Oui, je lui téléphone.*

                       ou: *Non, je ne lui téléphone pas.*

1. votre meilleure amie (raconter tout)

     _____

2. votre professeur (demander des conseils)

     _____

3. vos copains (écrire pendant les vacances)

     _____

4. votre camarade de chambre (parler de vos problèmes)

     _____

5. vos parents (dire toujours la vérité)

     _____

4. **Bons et mauvais rapports.** Describe the relationships between the following people. Complete the sentences below with the appropriate direct object (**le, la, l', les**) or indirect object (**lui, leur**) pronouns. *[Section C, p. 307]*

● Voici Sylvie. Paul ___*la*___ connaît bien. Il ___*lui*___ téléphone souvent.

1. Voici mes amis. Je _____ aime bien, mais je ne _____ comprends pas toujours.

2. Voici Brigitte. Marc _____ écrit souvent. Il _____ envoie des poèmes.

3. Voici Didier. Pierre _____ rend visite. Il _____ rend ses cassettes.

4. Voici Aline et Monique. Nous allons _____ écrire par courrier électronique. Nous allons

     _____ demander si elles veulent aller au restaurant ce week-end.

5. Voici Philippe et Marc. Je _____ téléphone parce que je veux _____ dire quelque chose.

6. Voici Paul. Je _____ déteste. Je ne _____ parle jamais.

5. Merci! Read what the following people need or want to do. Say what their friends are doing for them. Use the verb in parentheses and the appropriate object pronoun. Use the present tense in sentences 1 to 4 and the passé composé in sentences 5 to 8. *[Section D, p. 310]*

● J'ai soif.   Jacqueline ___*m'invite*___ au café. (inviter)

● Nous avons parlé à Annie.   Elle ___*nous a dit*___ la vérité. (dire)

Présent

1. Nous avons besoin d'argent. Nos amis _____ 60 euros. (prêter)

2. Tu es seul ce week-end. Nous _____. (rendre visite)

3. Je ne connais pas cette ville. Mes amis _____ la ville. (montrer)

4. Vous ne comprenez pas la question. Le professeur _____. (aider)

Passé composé

5. J'ai célébré mon anniversaire. Mes parents _____ au restaurant. (inviter)

6. Tu as organisé une surprise-partie. Je _____ mes CD. (prêter)

7. Nous avons écrit à Sandrine. Elle _____. (répondre)

8. Anne a le courrier électronique. Je _____ un e-mail hier. (envoyer)

6. Au bureau de tourisme. You are in charge of a tourist office in France. Your assistant asks you if he should do certain things. Answer him in the affirmative or in the negative using the appropriate object pronouns. *[Section E, p. 312]*

Votre assistant	Vous
● J'aide cette étudiante?	Oui, *aidez-la!*
● Je prête ce guide?	Non, *ne le prêtez pas!*

1. Je téléphone à M. Leblanc.   Non, _____

2. Je parle à cette personne?   Non, _____

3. Je réponds à ces personnes?   Oui, _____

4. J'envoie cet e-mail?   Non, _____

5. J'écris à ce client japonais? Oui, _____

6. J'aide ce touriste?   Oui, _____

7. **Oui ou non?** You (and your friends) are in the situations described below. Ask a French friend to do certain things for you and to not do others. Study the model and be logical! *[Section E, p. 312]*

● Je veux t'écrire. (donner / ton adresse? ton numéro de téléphone?)

   Donne-moi ton adresse. Ne me donne pas ton numéro de téléphone.

1. J'ai envie de dormir ce soir. (téléphoner /après dix heures? demain matin?)

   _____

   _____

2. Nous sommes végétariens. (servir / de la viande? des légumes?)

   _____

   _____

3. Je ne suis pas chez moi ce week-end. (rendre visite / lundi? samedi?)

   _____

   _____

4. Nous avons besoin d'argent. (donner / des conseils? 100 euros?)

   _____

Communication

Isabelle wants to know more about your relationships with other people. Answer her.

1. Quand est l'anniversaire de ton (ta) meilleur(e) ami(e)? Qu'est-ce que tu vas lui donner? Qu'est-ce que tu lui as donné l'année dernière? Qu'est-ce qu'il (elle) t'a donné pour ton anniversaire?

   _____

   _____

   _____

2. En général, est-ce que tu prêtes tes affaires *(things)* à tes copains? Qu'est-ce que tu leur prêtes et qu'est-ce que tu ne leur prêtes pas? Et eux, qu'est-ce qu'ils te prêtent?

   _____

   _____

   _____

3. Quand tu voyages, est-ce que tu écris à tes parents? Qu'est-ce que tu leur envoies? Est-ce que tu leur achètes des cadeaux? Qu'est-ce que tu leur as acheté récemment *(recently)*?

   _____

   _____

   _____

Vocabulaire

La lecture

un **article**   article

le **courrier électronique**   e-mail

un **e-mail**   e-mail message

un **écrivain**   writer

un **magazine**   magazine

un **mensonge**   lie

un **mot**   word

un **poème**   poem

un **roman**   novel

un **roman policier**   detective novel

une **(petite) annonce**   (classified) ad

une **bande dessinée**   comic strip

une **carte postale**   (post)card

une **histoire**   story

la **lecture**   reading

une **lettre**   letter

une **nouvelle**   (piece of) news, news item

les **nouvelles**   (the) news

une **phrase**   sentence

une **revue**   (illustrated) magazine

Verbes

décrire   to describe

demander   to ask (for)

dire   to tell

donner   to give

écrire   to write

envoyer   to send

montrer   to show

parler   to speak

poser une question   to ask a question

prêter   to lend, loan

raconter   to tell (about)

rendre   to give back

rendre visite   to visit (someone)

répondre   to answer

téléphoner   to phone

vouloir dire   to mean

VIVRE EN FRANCE Le courrier

Vocabulaire

À la poste

un aérogramme aerogram
le courrier mail
un paquet package
un télégramme telegram
un timbre (postage) stamp

la poste restante general delivery
une télécarte phone card

Comment envoyer une lettre

par avion airmail
en exprès special delivery
en recommandé registered

Comment écrire à des amis

(Mon) cher, (ma) chère... Dear . . .
Amicalement
Amitiés
Bien à toi
Affectueusement
Je t'embrasse

Activité

Write a letter to a real or imaginary French friend, describing your university studies. Tell him or her about your favorite courses and about your professors. Then, say what you hope to do with your degree, and what you need to do in order to attain your goals. Start and end the letter as would be done when corresponding in French.

Aperçu culturel
Culture et loisirs

A. 1. Que se passe-t-il *(what happens)* le premier jour de l'été en France?

_____

_____

_____

2. Quel est le genre musical préféré des Français?

_____

3. Nommez trois chanteurs populaires en France.

_____

4. Qu'est-ce que c'est que la Cité de la musique?

_____

_____

5. Qu'est-ce qui caractérise les pièces de Molière?

_____

_____

_____

6. Nommez deux films français.

_____

7. À quoi s'intéresse la nouvelle génération de réalisateurs français?

_____

_____

8. Quel est le sport le plus populaire en France?

_____

9. Quel grand événement sportif a lieu chaque année en juillet?

_____

10. Citez deux autres sports populaires en France et deux autres sports pratiqués en France.

_____

B. À votre avis, à quel genre de film est-ce que le public américain s'intéresse le plus? Comparez un film français et un film américain que vous avez vus. En quoi sont-ils semblables *(similar)*? En quoi sont-ils différents?

_____

_____

_____

_____

_____

_____

Hier et aujourd'hui

8

Leçon 22 La vie urbaine: pour ou contre?

1. Leurs talents. Lisez la description des personnes suivantes. Ensuite décrivez leurs talents ou leur manque *(lack)* de talent. Pour cela, utilisez la construction **savoir** + infinitif dans des phrases affirmatives ou négatives. Soyez logique! *[Section A, p. 334]*

● Tu nages très mal.   *Tu ne sais pas nager.*

1. Mes amis jouent du saxophone. _____

2. Nous parlons français. _____

3. Je ne joue pas au bridge. _____

4. Charles chante mal. _____

5. Hélène danse bien. _____

6. Vous faites bien la cuisine. _____

2. Dans notre quartier. Complétez les phrases suivantes avec la forme appropriée de **connaître** ou de **savoir** au présent. *[Sections A, B, pp. 334, 335]*

1. Vous _____ où est le cinéma, mais est-ce que vous _____ à

quelle heure est le film?

2. Je _____ mes voisins, mais je ne _____ pas leurs parents.

3. Nous _____ M. Monnier, mais nous ne _____ pas où il

travaille.

4. Est-ce que tu _____ ce restaurant? Est-ce que tu _____ si la

cuisine est bonne?

5. Mes amis _____ Véronique Lacroix, mais ils ne _____ pas

l'immeuble où elle habite.

Workbook: Lesson 22 **167**

3. **Opinions personnelles.** Donnez votre opinion sur les personnes et les choses suivantes selon le modèle. *[Section C, p. 337]*

- Québec / une ville / être très moderne

  Québec est une ville qui (n')est (pas) très moderne.

1. Boston et San Francisco / des villes / être très agréables

   _____

2. les Américains / des gens / être idéalistes

   _____

3. le président / un homme / avoir beaucoup d'idées

   _____

4. les cambrioleurs / des gens/ gagner bien leur vie

   _____

5. les Mercedes / des voitures / consommer *(to consume)* beaucoup d'essence *(gas)*

   _____

4. **Oui ou non?** Répondez affirmativement ou négativement aux questions suivantes. Vous pouvez utiliser un adverbe dans vos réponses. *[Section D, p. 339]*

- Vous aimez Chicago?   ***Oui,*** c'est une ville ***que j'aime beaucoup.***

  ou: ***Non,*** c'est une ville ***que je n'aime pas beaucoup.***

1. Vous connaissez Montréal? _____, c'est une ville _____

2. Vous admirez le président? _____, c'est un homme _____

3. Vous respectez les écologistes? _____, ce sont des personnes _____

4. Vous lisez *Time* magazine? _____, c'est un magazine _____

5. Vous parlez espagnol? _____, c'est une langue _____

6. Vous invitez vos voisins? _____, ce sont des gens _____

5. *Qui* ou *que?* Complétez les phrases avec le pronom relatif approprié. *[Sections C, D, pp. 337, 339]*

- Voici un livre...

  qui est extraordinaire.

  que j'aime beaucoup.

1. Où est le magazine...

   _____ j'ai acheté?

   _____ tu as lu?

   _____ parle des élections?

   _____ montre des photos extraordinaires?

   _____ vous avez trouvé sur la table?

2. Invitez-vous les gens...

   _____ sont amusants?

   _____ vont à l'université avec vous?

   _____ vous trouvez sympathiques?

   _____ vous invitent?

   _____ vous n'aimez pas?

3. Qui est le garçon...

_____ a téléphoné?

_____ tu attends?

_____ t'a prêté sa voiture?

_____ passe dans la rue?

_____ tu invites chez toi?

4. Voilà des CD...

_____ viennent de France.

_____ j'écoute souvent.

_____ mes parents ont achetés.

_____ coûtent deux euros.

_____ sont extraordinaires.

6. **À Paris.** Les personnes suivantes sont à Paris. Dites ce qu'elles font en complétant les phrases avec **qui** ou **que (qu')**. *[Sections C, D, pp. 337, 339]*

1. Mlle Simonin habite dans un appartement _____ a une belle vue *(view)* sur la Tour Eiffel.

   Mes cousins habitent dans un studio _____ ils louent pour 1.000 euros par mois.

2. Nous travaillons dans un quartier _____ est très commerçant *(commercial)*. M. Moreau travaille

   dans une usine _____ est située dans la banlieue.

3. Ces étudiants vont à un cours _____ ils suivent depuis septembre. Je suis le cours d'un professeur

   _____ je trouve très intéressant.

4. Nous déjeunons dans un restaurant _____ sert des spécialités vietnamiennes. Les touristes dînent

   dans un restaurant _____ le Guide Michelin recommande.

7. **C'est évident!** *(It's obvious!)* Lisez la description des personnes suivantes. Ensuite, faites des phrases en utilisant les verbes entre parenthèses et l'expression négative **(ne... rien** ou **ne... personne)** qui convient. *[Section E, p. 341]*

● Paul est très timide. (parler à) *Il ne parle à personne.*

1. Je n'ai pas soif. (boire) _____

2. Ce week-end, nous devons étudier (inviter) _____

3. Tu fais des économies. (acheter) _____

4. Sylvie est une nouvelle étudiante. (connaître) _____

5. Éric a une excellente mémoire. (oublier) _____

6. Ces étudiants sont très égoïstes. (aider) _____

7. Anne n'a pas faim. (manger) _____

8. Non! Le week-end dernier, les personnes suivantes n'ont rien fait de spécial. Exprimez cela dans des phrases négatives en utilisant le passé composé des verbes entre parenthèses. *[Section E, p. 341]*

- (apprendre)   Je *n'ai rien appris.*
- (sortir avec)   Mon frère *n'est sorti avec personne.*

1. (faire) Nous _____

2. (rencontrer) Vous _____

3. (lire) Isabelle _____

4. (inviter) Tu _____

5. (téléphoner) Patrick _____

6. (faire la connaissance de) Pierre _____

Communication

Élisabeth, une amie française, demande votre opinion sur certains sujets. Répondez-lui en utilisant, si possible, des phrases avec **qui** et **que**.

- Est-ce que tu connais San Francisco? Que penses-tu de cette ville?

  Je ne connais pas San Francisco.
  C'est une ville que je n'ai jamais visitée, mais que j'aimerais beaucoup visiter.
  C'est une ville qui a beaucoup de charme.

1. Est-ce que tu connais La Nouvelle-Orléans? Que penses-tu cette ville?

   _____

   _____

   _____

2. Est-ce que tu lis *People* magazine? Que penses-tu de ce magazine?

   _____

   _____

   _____

3. Est-ce que tu aimes les films de Steven Spielberg? Que penses-tu de ses films?

   _____

   _____

   _____

4. Est-ce que tu écoutes souvent Céline Dion? Que penses-tu de cette chanteuse?

   _____

   _____

   _____

Vocabulaire

La ville

un bâtiment building
un boulevard boulevard
le bruit noise
un bureau (des bureaux) office
un centre commercial mall
le centre center
un habitant inhabitant
un immeuble apartment building
un parc park
un problème problem
un quartier district, area, neighborhood

une avenue avenue
la banlieue suburbs
la circulation traffic
la criminalité crime
la pollution pollution
une rue street
une usine factory
la vie life
une ville city

Adjectifs

agréable pleasant, nice
ancien (ancienne) old
propre clean

désagréable unpleasant
moderne modern, new
sale dirty

Verbes

gagner sa vie to earn one's living
savoir to know, to know how to

Expressions

à la campagne in the country
en ville in the city, downtown

Expressions pour la conversation

à mon avis in my opinion
au contraire on the contrary
au moins at least
contre against
d'après according to
pour for
selon according to

Leçon 23   La télévision: un bien ou un mal?

1.   La bonne vie (*The good life*). Informez-vous sur les personnes suivantes et dites comment elles vivent. Utilisez l'expression **vivre bien** dans des phrases affirmatives ou négatives au présent (phrases 1 à 4) et au passé composé (phrases 5 et 6). [*Section A, p. 347*]

Présent

1.   Mme Richard est millionnaire. Elle _____

2.   Nous habitons dans une chambre d'étudiant minuscule. Nous _____

3.   Tu manges trop et tu ne fais pas d'exercice. Tu _____

4.   J'ai un très bon salaire. Je _____

Passé composé

5.   Mes grands-parents ont gagné un million à la loterie. Ils _____

6.   M. Bénier a trop travaillé et il n'a pas gagné d'argent. Il _____

2.   Non! Informez-vous sur les personnes suivantes. Complétez les phrases en utilisant le présent des verbes entre parenthèses et une des expressions suivantes. [*Section B, p. 348*]

> ne ... jamais   ne ... plus   ne ... pas encore

● Vous êtes très égoïstes.

   (aider) Vous ____*n' aidez jamais*____ vos amis.

1.   Mme Rémi est retraitée (*retired*).

   (travailler) Elle _____.

2.   Ce bébé (*baby*) a dix mois.

   (parler) Il _____.

3.   Maurice est végétarien.

   (manger) Il _____ de viande.

4.   Je ne peux pas voter.

   (avoir) Je _____ dix-huit ans.

5.   Nous avons déménagé (*moved*).

   (habiter) Nous _____ ici.

3. C'est faux! Dites que les personnes suivantes n'ont jamais fait les choses dont *(of which)* elles sont accusées. Utilisez le passé composé des expressions entre parenthèses. *[Section B, p. 348]*

● (écrire cette lettre)   *Je n'ai jamais écrit cette lettre!*

1. (prendre le caméscope de Mélanie) Bruno _____

2. (partir sans payer) Nous _____

3. (sortir avec la copine de Georges) Henri _____

4. (dire des mensonges) Vous _____

4. Les jobs. Quand ils étaient à l'université, certains étudiants avaient un job et travaillaient. D'autres ne travaillaient pas. Expliquez cela. *[Section C, p. 350]*

● Frédéric (non)   *Il n'avait pas de job. Il ne travaillait pas.*

● Hélène (oui)   *Elle avait un job. Elle travaillait dans une boutique.*

1. Gérard et Louis (oui) _____ dans un garage.

2. Dominique (oui) _____ dans un cinéma.

3. Je (non) _____

4. Vous (non) _____

5. Nous (oui) _____ dans un café.

6. Tu (non) _____

5. Hier à midi. Dites où les personnes suivantes étaient hier à midi. Pour cela, mettez l'imparfait du verbe **être** dans le premier blanc. Dites aussi ce que faisaient ces personnes. Pour cela, mettez l'imparfait du verbe entre parenthèses dans le second blanc. *[Section C, p. 350]*

● Anne et Paul ___*étaient*___ au centre commercial. Ils ___*achetaient*___ des CD. (acheter)

1. Olivier _____ au lit. Il _____ son petit déjeuner. (finir)

2. J'_____ au café. J'_____ un ami. (attendre)

3. Monique _____ dans un magasin. Elle _____ une veste. (choisir)

4. Mes cousins _____ chez moi. Ils me _____ visite. (rendre)

5. Nous _____ au restaurant. Nous _____. (dîner)

6. Tu _____ à la poste. Tu _____ une lettre. (envoyer)

6. En 1900. Voici certaines caractéristiques de la période actuelle. Dites si, oui ou non, ces caractéristiques existaient en 1900. Utilisez l'imparfait. *[Section C, p. 350]*

Maintenant   En 1900

● Les gens regardent la télévision.   *Les gens re regardaient pas la télévision.*

1. La pollution est un problème sérieux.   _____

2. Les femmes peuvent voter.   _____

3. Les appartements ont l'air conditionné. _____

4. Les gens ne travaillent pas le samedi.   _____

5. On voyage en avion.   _____

6. Les gens ont des voitures.   _____

7. On va au cinéma.   _____

7. Une fois n'est pas coutume. *(Once does not make a habit.)* Dites ce que faisaient habituellement les personnes suivantes pendant les vacances et ce qu'elles ont fait un jour particulier. Utilisez les verbes entre parenthèses. *[Section D, p. 352]*

● (dormir) Généralement, je ___*dormais*___ jusqu'à *(until)* huit heures.

Une fois, ___*j'ai dormi*___ jusqu'à midi.

1. (aller) Le samedi, tu _____ dans une discothèque.

Un samedi, _____ au cinéma.

2. (téléphoner) Le dimanche, Paul _____ à ses parents.

Un dimanche _____ à un copain.

3. (dîner) D'habitude, Caroline _____ chez elle.

Un soir, _____ au restaurant.

4. (jouer) Le matin, nous _____ au tennis.

Un matin, _____ au volley.

5. (faire) Le week-end, nous _____ du camping.

Un week-end, _____ un voyage en Italie.

6. (sortir) En général, Jacqueline _____ avec Pierre.

Une ou deux fois, _____ avec Jean-Pierre.

7. (retrouver) Habituellement, vous _____ vos amis à la plage.

Plusieurs fois, _____ vos amis au café.

8.   À Paris. Des amis parlent de leur séjour à Paris. Complétez les phrases suivantes avec le passé composé ou l'imparfait des verbes entre parenthèses. *[Section D, p. 352]*

1.   (suivre) Tous les matins, nous _____ des cours à l'Alliance française.

2.   (prendre) D'habitude, je _____ mon petit déjeuner chez moi.

3.   (déjeuner) Généralement, je _____ dans un petit café au Quartier latin.

4.   (rencontrer) Un jour, Pierre _____ un ami d'université dans la rue.

5.   (dîner) Pour son anniversaire, Robert _____ chez «Taillevent».

6.   (aller) Le samedi soir, vous _____ au cinéma.

7.   (faire) Un samedi après-midi, Élisabeth _____ une promenade à Versailles.

8.   (communiquer) Chaque soir, je _____ avec ma famille par courrier électronique.

Communication

Alain vous pose des questions sur votre vie lorsque *(when)* vous étiez à l'école secondaire. Répondez-lui.

1.   Où habitais-tu? _____

2.   À quelle école allais-tu? Qu'est-ce que tu étudiais?

_____

_____

3.   Regardais-tu souvent la télé? Quel était ton programme favori?

_____

_____

4.   Quels magazines lisais-tu? _____

_____

5.   Qui était ton (ta) meilleur(e) ami(e)? Qu'est-ce que vous faisiez ensemble?

_____

_____

6.   Sortais-tu le week-end? Où allais-tu avec tes copains? Qu'est-ce que vous faisiez?

_____

_____

7.   Qu'est-ce que tu faisais pendant les vacances? _____

_____

Vocabulaire

La télévision

un dessin animé   cartoon
un documentaire   documentary
un feuilleton   TV series
un film   movie
des jeux télévisés   TV game shows
un programme   program
un spectacle   show

une chaîne   channel
une émission   show, program
les informations   news
la météo   weather forecast
les nouvelles   news
la publicité   commercials
les variétés   variety shows

Adjectifs

favori (favorite)   favorite
préféré   favorite

Expression

à la télé   on TV

Expressions de temps

Description d'événements spécifiques
lundi   (on) Monday
un lundi   one Monday
un jour   one day
le 3 juin   on June 3
une fois   once
deux fois   twice
plusieurs fois   several times

Description de conditions et d'actions habituelles
le lundi   (on) Mondays
tous les lundis   every Monday
chaque jour   every day
tous les jours   every day
d'habitude   usually
habituellement   usually
autrefois   in the past, formerly

Description d'événements spécifiques ou d'actions habituelles

déjà   already

encore   still, again

longtemps   for a long time

parfois   sometimes

quelquefois   sometimes, a few times

rarement   rarely, seldom

souvent   often

de temps en temps   from time to time, once in a while

tout le temps   all the time

ne... jamais   never, not ever

ne... pas encore   not yet

ne... plus   no longer, not anymore

Expressions interrogatives

Combien de temps...?   How much time . . . ?

Combien de fois...?   How many times . . . ?

Leçon 24 Un cambriolage

1. La soucoupe volante *(The flying saucer)*. Imaginez qu'une soucoupe volante a atterri *(landed)* hier dans votre quartier. Dites ce que chacun faisait au moment de l'atterrissage *(landing)*. Utilisez l'imparfait. *[Section B, p. 364]*

● (dîner) Mes amis *dînaient.*

1. (étudier) Hervé _____

2. (dormir) Nous _____

3. (lire le journal) Vous _____

4. (jouer aux cartes) Tu _____

5. (faire une promenade) Paul _____

6. (finir une lettre) Je _____

7. (rendre visite à un ami) Nous _____

8. (faire la vaisselle) Martine _____

9. (attendre votre frère) Vous _____

2. Pourquoi? Expliquez pourquoi les personnes suivantes ont fait certaines choses. Utilisez l'imparfait et le passé composé selon le modèle. *[Sections A, C, pp. 361, 367]*

● Nicolas / aller au restaurant / avoir faim

  Nicolas est allé au restaurant parce qu'il avait faim.

1. ma sœur / vendre sa voiture / avoir besoin d'argent

  _____

2. vous / mettre un manteau / avoir froid

  _____

3. Mélanie / rester chez elle / être malade

  _____

4. mes cousins / aller en Espagne / vouloir apprendre l'espagnol

  _____

5. nous / aller au café / avoir soif

  _____

6. tu / prendre de l'aspirine / avoir une migraine terrible

  _____

3. **Un événement.** Complétez les phrases suivantes avec l'imparfait ou le passé composé des verbes entre parenthèses. *[Sections A, C, pp. 361, 367]*

1. (être) C'_____ le week-end dernier.

2. (être) Il _____ deux heures de l'après-midi.

3. (faire) Il _____ beau.

4. (avoir) Je n'_____ rien à faire.

5. (sortir) Je _____ de chez moi.

6. (faire) Je (J') _____ une promenade sur les Champs-Élysées.

7. (passer) Comme je _____ près de l'Arc de Triomphe, (remarquer / regarder)
   je (j') _____ des gens qui _____ en l'air.

8. (regarder) Moi, je (j') _____ aussi.

9. (voir / faire) Je (J') _____ un jeune homme qui _____
   l'escalade *(scaling)* de l'Arc de Triomphe.

10. (porter) Il _____ un grand drapeau *(flag)* blanc.

11. (arriver / arrêter) La police _____ et elle _____ le jeune
    homme.

12. (demander / faire) Un journaliste _____ au jeune homme ce qu'il *(what he)*
    _____.

13. (répondre / vouloir) Le jeune homme _____ qu'il _____
    protester contre le développement des armes nucléaires.

4. **Le premier jour à l'université.** Décrivez votre premier jour à l'université. Pour cela, répondez aux questions suivantes. *[Sections A–C, pp. 361–367]*

1. Quel jour était-ce? _____

2. Quel temps faisait-il? _____

3. Quel âge aviez-vous? _____

4. Est-ce que vos parents étaient avec vous? _____

5. Est-ce que vous étiez un peu nerveux (nerveuse)? _____

6. Qui avez-vous rencontré? _____

7. À qui est-ce que vous avez parlé? _____

8. Qu'est-ce que vous avez fait l'après-midi? _____

9. Qu'est-ce que vous avez fait le soir? _____

5. C'est arrivé hier. Complétez les phrases suivantes avec l'imparfait ou le passé composé des verbes entre parenthèses. *[Section C, p. 367]*

● (aller / arrêter)   Cet automobiliste ___*allait*___ à 150 kilomètres à l'heure quand la police l'___*a arrêté*___ .

1. (étudier / sortir) Renée _____ pendant deux heures et ensuite, elle

   _____ avec une copine.

2. (voir / aller) Nous _____ des étudiants qui _____ à une

   manifestation *(demonstration)*.

3. (passer / faire) Mon copain Pierre _____ chez moi pendant que je

   _____ les courses.

4. (travailler / dormir) Personne n'a entendu le téléphone: mon frère _____ dans

   le jardin et moi, je _____ .

5. (téléphoner / déjeuner) Ton oncle _____ pendant que tu

   _____ au restaurant.

6. (être / entrer) Pendant qu'ils _____ au restaurant, un cambrioleur

   _____ chez les Mercier.

6. Et avant? Lisez ce que les personnes suivantes ont fait. Dites ce qu'elles avaient fait avant. Utilisez le plus-que-parfait du verbe en italique. *[Section D, p. 370]*

● Ce matin, tu *as rencontré* Claudine.

   Hier, tu ___*avais rencontré*___ sa cousine.

1. Cet après-midi, nous *avons visité* le musée d'Orsay.

   Hier, nous _____ le Centre Pompidou.

2. Cette année, les étudiants *ont suivi* un cours d'histoire.

   L'année d'avant, ils _____ un cours de philosophie.

3. Ce semestre-ci, j'*ai étudié* l'espagnol.

   C'était facile parce que le semestre d'avant j'_____ le français.

4. Dimanche, Sophie *est sortie* avec son copain.

   Samedi, elle _____ avec sa camarade de chambre.

5. En 1992, nous *sommes allés* au Mexique.

   En 1991, nous _____ au Chili.

6. L'été passé, Colette et Joëlle *ont visité* le pont du Gard.

   Elles n'_____ pas _____ ce lieu auparavant *(before)*.

Communication

Hier vous avez été témoin d'un cambriolage. La police vous pose des questions.

1. Quelle heure était-il?

   _____

2. Quel temps faisait-il?

   _____

3. Comment est-ce que le cambrioleur est sorti de la maison? Par la porte ou par la fenêtre?

   _____

4. Quels vêtements portait-il?

   _____

5. À qui a-t-il passé le sac *(bag)*?

   _____

6. Pouvez-vous décrire cette personne?

   _____

7. Comment les cambrioleurs sont-ils partis?

   _____

8. Avez-vous remarqué d'autres choses?

   _____

Vocabulaire

Événements

un accident   accident
un cambriolage   burglary
un cambrioleur   burglar
un événement   event
un fait   fact
un lieu   site, place
un siècle   century
un témoin   witness

une époque   period, epoch, time
une histoire   story
une scène   scene

Verbes

arriver   happen
assister (à)   to attend, to go to; to be present at
avoir lieu   to take place
expliquer   to explain
raconter   to tell
remarquer   to notice

Expressions

d'abord   first, at first
enfin   finally, at last
ensuite   after, then
finalement   finally
pendant   during, for
pendant que   while
puis   then
soudain   suddenly
tout à coup   suddenly, all of a sudden
tout de suite   immediately

VIVRE EN FRANCE **Les sorties**

Vocabulaire

Les sorties

un concert
les films
    un drame psychologique
    un film d'aventure
    un film policier *(detective)*
    un film de science-fiction
    un western
un récital
un spectacle de variétés
une comédie
une conférence
une exposition
une salle de théâtre

L'invitation

Comment accepter
D'accord!
C'est d'accord!
Avec plaisir!   With pleasure!
Volontiers!   Gladly!
Je veux bien!
C'est entendu!   *(agreed)*

Comment refuser poliment
Je regrette, mais...
Je suis désolé(e), mais...
Tu es gentil(le), mais...
Je te remercie *(thank you),* mais...
Je dois...
Je suis occupé(e) *(busy).*
Je ne suis pas libre.
J'ai d'autres projets.
Je n'ai pas le temps.

Activité

Vous allez visiter la Cité des sciences et de l'industrie à La Villette. Écrivez un e-mail à votre ami Henri, dans lequel vous l'invitez à une des expositions détaillées sur la brochure. Proposez le lieu et l'heure du rendez-vous, en regardant la carte du parc.

Send	New Mail	Reply	Forward

To:
From:
Subject:
Cc:
Bcc:
_____

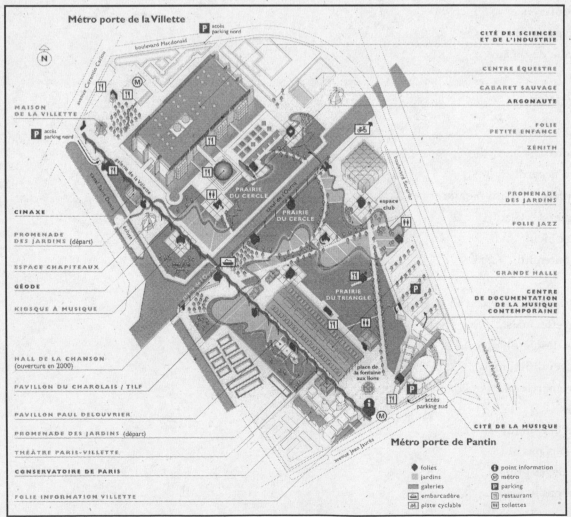

Images de la vie

9

Leçon 25   Vive les loisirs!

1. Dans la course *(In the running)*. Informez-vous sur les personnes suivantes et dites si oui ou non elles courent. Faites des phrases affirmatives ou négatives en utilisant le verbe **courir** au présent (phrases 1 à 4), à l'imparfait (phrases 5 et 6) et au passé composé (phrases 7 et 8). *[Section A, p. 384]*

Présent

1. Tu n'as pas d'énergie. Tu _____

2. Vous faites du jogging. Vous _____

3. Claire et Sophie font un marathon. Elles _____

4. Aujourd'hui, je suis malade. Je _____

Imparfait

5. Quand ma sœur était à l'université, elle faisait beaucoup de sport. Elle _____

6. Nous détestions le sport. Nous _____

Passé composé

7. M. Brissac a voulu attraper *(to catch)* le bus. Il _____

8. Vous êtes arrivé(e) très en retard *(late)* en classe. Vous _____

2. Oui ou non? Répondez au questionnaire suivant en utilisant le pronom **y** dans des phrases affirmatives ou négatives. *[Section B, p. 385]*

● Allez-vous souvent chez vos amis?   *Oui, j'y vais souvent.*

ou: *Non, je n'y vais pas souvent.*

1. Allez-vous souvent au cinéma? _____

2. Dînez-vous souvent à la cafétéria de l'université? _____

3. Avez-vous dîné au restaurant samedi soir? _____

4. Passez-vous vos week-ends chez vos parents? _____

5. Habitez-vous sur le campus? _____

6. Jouez-vous souvent au tennis? _____

7. Êtes-vous allé(e) en Italie? _____

8. Allez-vous aller au Canada cet été? _____

3. Des conseils. Voici certaines situations. Dites à un(e) ami(e) comment réagir *(to react)*. Pour cela, faites des phrases affirmatives ou négatives en utilisant l'impératif des verbes entre parenthèses et le pronom qui convient (**y, lui** ou **leur**). *[Section B, p. 385]*

● Ce film est extraordinaire. (aller)   *Vas-y!*

● Tes amis dorment. (téléphoner)   *Ne leur téléphone pas!*

1. Cette remarque est absurde. (répondre) _____

2. Cette conférence *(lecture)* est stupide. (assister) _____

3. Ton cousin célèbre son anniversaire. (écrire) _____

4. Jacques est à l'hôpital. (rendre visite) _____

5. Tes amis attendent ta réponse. (répondre) _____

6. Cette question est importante. (répondre) _____

4. Les loisirs. Complétez les dialogues en utilisant les illustrations. Notez que le verbe est au passé composé dans les dialogues 3 et 4. *[Section C, p. 386]*

● Est-ce que Catherine _____*fait du patinage?*_____

Oui, elle _____*en fait*_____ tous les jours.

Présent

1. —Est-ce que Victor _____?

—Non, il _____ souvent.

2. Où est-ce que vous _____?

Nous _____ sur le lac d'Annecy.

Passé composé

3. Est-ce que vous _____ l'été dernier?

Non, nous _____ .

4. Est-ce que tes copains _____ pendant les vacances?

Oui, ils _____ plusieurs fois.

5. Au régime. Les personnes suivantes suivent un régime très strict pour maigrir. Répondez affirmativement ou négativement aux questions suivantes en utilisant le pronom **en.** Soyez logique! [Section C, p. 386]

● Paul et André mangent des fruits?   *Oui, ils en mangent.*

1. Brigitte boit de la bière? _____

2. Ces étudiants font du sport? _____

3. M. Richard mange du pain? _____

4. Philippe a fait du jogging? _____

5. Mme Dulac a commandé des pâtes? _____

6. Anne a mis du sucre dans son café? _____

6. Les statistiques. Un employé du Bureau National des Statistiques vous pose les questions suivantes. Utilisez le pronom **en** dans vos réponses. [Section D, p. 390]

1. Combien de frères avez-vous? _____

2. Combien de sœurs avez-vous? _____

3. Combien de voitures ont vos parents? _____

4. Combien de téléviseurs avez-vous chez vous? _____

5. Avez-vous une minichaîne? _____

6. Avez-vous un appareil-photo? _____

7. En quelles quantités? Répondez aux questions suivantes affirmativement ou négativement. Utilisez le pronom **en** et une expression de quantité comme **beaucoup, assez, trop.** [Section D, p. 390]

1. Faites-vous des progrès en français? _____

2. Gagnez-vous de l'argent en été? _____

3. Faites-vous du volley? _____

4. Mangez-vous de la viande? _____

5. Avez-vous des loisirs? _____

Communication

Dominique vous pose des questions sur vos loisirs. Répondez-lui.

1. Est-ce que tu fais du jogging régulièrement *(regularly)*? Combien de kilomètres est-ce que tu cours par semaine?

   _____
   _____
   _____

2. As-tu un vélo? Est-ce que tu l'utilises souvent? En été, est-ce que tu fais souvent des promenades à bicyclette? Où vas-tu?

   _____
   _____
   _____

3. Quels sports pratiques-tu en été? Est-ce que tu as déjà fait du roller? Où est-ce que tu en as fait?

   _____
   _____
   _____

4. Aimes-tu la musique? Est-ce que tu as une chaîne-stéréo? As-tu beaucoup de CD? Combien de disques ou de cassettes as-tu? Où est-ce que tu les achètes?

   _____
   _____
   _____

5. Est-ce que tu vas souvent au cinéma? Avec qui est-ce que tu y es allé(e) récemment *(recently)*?

   _____
   _____
   _____

Vocabulaire

La santé, les sports et les loisirs

un loisir   leisure-time activity
un rhume   cold (illness)
un sport   sport
le temps libre   free time

la forme   shape
la grippe   flu
une maladie   illness
la santé   health

sports et loisirs   sports and leisure activities
  l'alpinisme   mountaineering
  le camping   camping
  le jogging   jogging
  le patinage   skating
  le roller   roller-blading
  le ski   skiing
  le ski nautique   water skiing

  la gymnastique   gymnastics
  la lecture   reading
  la marche à pied   walking, biking
  la natation   swimming
  la planche à voile   windsurfing
  la voile   skating

Adjectifs

bien portant   healthy
en forme   in shape
fatigué   tired
gros (grosse)   fat
malade   sick
mince   slim

Verbes et expressions

avoir l'air (+ *adjectif*)   to seem, to look
courir   to run
être en bonne santé   to be in good health
être en forme   to be in good shape
être en mauvaise santé   to be in poor health
faire de l'exercice   to exercise
pratiquer   to be active in (a sport)

Leçon 26   Pauvre Michel!

1.   L'anatomie. Dites avec quelle partie du corps on fait les choses suivantes. *[Section A, p. 397]*

● regarder   *On regarde avec les yeux.*

1. courir _____

2. parler _____

3. jouer de la guitare _____

4. mâcher *(to chew)* du chewing-gum _____

5. jouer au football _____

6. sentir les odeurs _____

7. écouter _____

8. jouer au volley _____

2.   Le repos *(Rest).* Lisez ce que font les personnes suivantes le week-end. D'après vous, est-ce que ces personnes se reposent ou non? Exprimez votre opinion en utilisant le verbe réfléchi **se reposer** dans des phrases affirmatives ou négatives. *[Section B, p. 400]*

1. Nous travaillons. _____

2. Ces étudiants nettoient leur appartement. _____

3. Je fais une promenade à la campagne. _____

4. Je prends un bain chaud. _____

5. Tu dors. _____

6. Vous regardez la télé. _____

7. Alain et Hélène écoutent de la musique. _____

8. Gérard répare sa voiture. _____

9. Mlle Charrier va au bureau. _____

3. Les activités de la journée. Dites ce que font les personnes suivantes en utilisant les verbes pronominaux suggérés par les illustrations. (Si vous avez besoin d'aide dans le choix de ces verbes, consultez votre livre à la page 400.) *[Section B, p. 400]*

1. Tu _____

2. Je _____

3. Nous _____

4. M. Frontenac _____

5. Je _____

6. Éric et Sylvie _____ dans la rue.

7. Vous _____

8. André _____

4. Quel pronom? Lisez les phrases suivantes et complétez-les avec le pronom réfléchi ou le pronom complément d'objet entre parenthèses. *[Section B, p. 400]*

● (te, le) Voici le pain. Peux-tu __*le*__ couper?

● (s', lui) Alice aime les films. Son cousin __*lui*__ achète des vidéocassettes pour son anniversaire.

1. (se, le) Henri aime la marche à pied. Il _____ promène souvent.

2. (se, le) Paul a un camarade de chambre qui dort trop. Il doit _____ réveiller tous les matins.

3. (me, le) Mon chien *(dog)* a besoin d'exercice. Je _____ promène après le dîner.

4. (s', l') Michelle adore la lecture *(reading)*. Elle _____ achète souvent des romans policiers.

5. (se, la) Guy est secrètement amoureux *(in love)* de Chloé. Il _____ regarde souvent en classe.

6. (se, la) M. Richard a une nouvelle voiture. Il _____ lave souvent.

5. Quand? Les personnes suivantes ne font pas certaines choses. Dites quand elles vont les faire. *[Section C, p. 404]*

● Mlle Mathieu ne se repose pas. ___*Elle va se reposer*___ ce week-end.

1. Les étudiants ne se lèvent pas. _____ à midi.

2. Nous ne nous promenons pas. _____ ce soir.

3. Henri ne se couche pas. _____ à onze heures.

4. Vous ne vous lavez pas les mains. _____ avant le dîner.

5. Je ne me brosse pas les dents. _____ après le déjeuner.

6. Tu ne te rases pas. _____ avant le petit déjeuner.

6. Activités. Dites ce que les personnes suivantes font ou ont fait. Pour cela, utilisez les verbes suivants au présent dans les phrases 1 à 4 et au passé composé dans les phrases 5 à 8. Soyez logique dans votre choix de verbes! *[Section D, p. 406]*

découvrir offrir ouvrir souffrir

Présent

1. Quand je vais chez le dentiste, je _____ toujours un peu!

2. Tu _____ du champagne à tes amis.

3. Les étudiants _____ leurs livres à la page 125.

4. Le professeur _____ des erreurs dans les devoirs de ses étudiants.

Passé composé

5. Hier, nous _____ la fenêtre parce que nous avions chaud.

6. Claude _____ un CD à Martine pour son anniversaire.

7. Mme Masson _____ quand son mari est mort.

8. Ces médecins _____ un nouveau vaccin.

Communication

Caroline, une amie française, vous pose des questions sur vos habitudes personnelles. Répondez à ses questions.

1. À quelle heure est-ce que tu te lèves les jours de classe? À quelle heure est-ce que tu te lèves le dimanche?

   _____

   _____

2. À quelle heure est-ce que tu te couches quand tu as un examen? À quelle heure est-ce que tu te couches le samedi soir?

   _____

   _____

3. Avec quelle marque *(brand)* de savon est-ce que tu te laves? Préfères-tu prendre une douche ou un bain?

   _____

   _____

4. Est-ce que tu aimes la nature? Est-ce que tu aimes te promener dans la campagne? Est-ce que tu te promènes souvent en ville? Où vas-tu?

   _____

   _____

5. Est-ce que tu as parfois mal à la tête quand tu étudies trop? Qu'est-ce que tu fais dans ce cas *(case)*?

   _____

   _____

6. Est-ce que tu te reposes un peu pendant la journée? Quand? Qu'est-ce que tu fais? Est-ce que tu vas te reposer cet été? Qu'est-ce que tu vas faire?

   _____

   _____

Vocabulaire

Les parties du corps

la tête   head
   les cheveux   hair
   le cou   neck
   le nez   nose
   l'oeil (les yeux)   eye(s)

la bouche   mouth
les dents   teeth
la figure   face (Also: **le visage**)
la gorge   throat
l'oreille   ear

le corps   body
   le cœur   heart
   le doigt   finger
   le dos   back
   le genou (les genoux)   knee
   le pied   foot
   le ventre   stomach

la jambe   leg
la main   hand

Adjectifs

court   short
long (longue)   long
prêt   ready

Expressions

avoir mal à (+ *part of the body*)   to have a . . . ache, to have (a) sore . . .
avoir mal au cœur   to have an upset stomach
jusqu'à   until, up to
tard   late
tôt   early

Quelques occupations de la journée

du dentifrice   toothpaste
un peigne   comb
un rasoir   razor
du savon   soap

une brosse   brush
une brosse à dents   toothbrush

Verbes

découvrir to discover

offrir to give, to offer

ouvrir to open

prendre un bain to take a bath

prendre une douche to take a shower

se brosser to brush

se coucher to go to bed

s'habiller to get dressed, to dress

se laver to wash

se lever to get up

se peigner to comb one's hair

se promener to go for a walk

se raser to shave

se reposer to rest

se réveiller to wake up

souffrir to suffer

NOM _____   DATE _____

Leçon 27   Un rendez-vous

1.   Activités. Informez-vous sur les personnes suivantes et complétez les phrases avec la forme qui convient d'un des verbes suivants. Soyez logique dans votre choix de verbe! *[Section A, p. 410]*

s'amuser   s'appeler   s'arrêter   s'asseoir   se dépêcher   s'excuser   s'intéresser
se mettre en colère   s'occuper   se préparer   se souvenir   se tromper

● Nous étudions beaucoup. Nous ___*nous préparons*___ pour l'examen.

1. Ces étudiants ne sont pas sérieux. Ils _____ toujours en classe.

2. J'ai une excellente mémoire. Je _____ de tout.

3. Vous êtes poli(e). Vous _____ quand vous avez tort.

4. M. Péret ne veut pas rater *(to miss)* son bus. Il _____.

5. Nous sommes fatigués. Nous _____ sur le sofa.

6. Mme Simon est ingénieur *(engineer)*. Elle _____ de la construction d'une nouvelle machine.

7. Vous êtes la fille de M. Rousset. Vous _____ Sylvaine Rousset, n'est-ce pas?

8. Paul lit un livre sur le bouddhisme. Il _____ à la philosophie asiatique.

9. Mon petit frère collectionne les timbres *(stamps)*. Il _____ à la philatélie.

10. M. Maupin est absolument furieux. Il _____ quand son fils ne lui dit pas la vérité.

11. Nous avons très soif. Nous _____ dans un café.

12. Monique a fait une erreur dans le problème de chimie. C'est curieux parce qu'en général, elle ne _____ jamais!

2. **Expression personnelle.** Parlez de vous-même. Pour cela, utilisez les verbes suivants dans des phrases affirmatives ou négatives de votre choix. *[Section A, p. 410]*

● (s'intéresser à)   *Je m'intéresse à la musique. Je ne m'intéresse pas aux sports.*

1. (s'intéresser à) _____

   _____

2. (se souvenir de) _____

   _____

3. (s'occuper de) _____

   _____

4. (s'entendre bien avec) _____

   _____

5. (se disputer avec) _____

   _____

3. **Encouragements.** Imaginez que vous avez un ami très impatient. Encouragez cet ami à changer d'attitude. Utilisez l'impératif à la forme affirmative ou négative. Suivez les modèles. *[Section B, p. 413]*

Le problème de votre ami:	**Vous l'encouragez:**
● Il ne se repose pas.	*Repose-toi!*
● Il s'impatiente.	*Ne t'impatiente pas!*

1. Il ne s'amuse pas.   _____

2. Il s'énerve.   _____

3. Il se préoccupe inutilement *(without cause)*. _____

4. Il ne s'entend pas avec ses parents. _____

5. Il se dispute avec ses amis.   _____

6. Il se met en colère.   _____

4. **Des conseils.** Analysez les situations suivantes et dites aux personnes suivantes de faire ou de ne pas faire les choses entre parenthèses. *[Section B, p. 413]*

● Tu es malade. (se lever)   *Ne te lève pas!*

● Nous avons tort. (s'excuser)   *Excusez-vous!*

1. Vous êtes fatigués. (se reposer) _____

2. Vous êtes fatigués. (s'asseoir) _____

3. Tu as un examen important. (s'énerver) _____

4. Vous devez finir vos devoirs. (s'amuser) _____

5. Nous ne sommes pas prêts. (se dépêcher) _____

6. Vous avez sommeil. (se coucher) _____

5. L'amitié? Notre attitude envers *(toward)* certaines personnes dépend des sentiments que nous avons pour elles. Exprimez cela en complétant les phrases suivantes avec les verbes entre parenthèses dans des phrases affirmatives ou négatives. Soyez logique! *[Section C, p. 415]*

● Jacques et Caroline sont en retard.

(se dépêcher) Ils ____*se dépêchent*____ .

1. Christophe et moi, nous sommes d'excellents amis.

(s'entendre) Nous _____ bien.

(se disputer) Nous _____ .

2. Liliane et Roland sont de bons voisins.

(se connaître) Ils _____ bien.

(s'inviter) Ils _____ souvent.

3. Jacqueline et toi, vous n'êtes jamais d'accord!

(se comprendre) Vous _____ .

(se parler) Vous _____ .

6. Samedi. Dites ce que les personnes suivantes ont fait samedi. Utilisez le passé composé. *[Section D, p. 416]*

● Mes cousins n'ont rien fait.

(se reposer) ____*Ils se sont reposés*____ .

1. Tu es allée à une fête.

(s'amuser) _____ .

2. Vous êtes allés à la campagne.

(se promener) _____ .

3. Catherine a dormi.

(se reposer) _____ .

4. Élisabeth a eu un problème avec sa sœur.

(se disputer) _____ avec elle.

5. Ces étudiants ont dansé toute la nuit.

(se coucher) _____ tard *(late)*.

6. Je suis resté(e) à la bibliothèque.

(se préparer) _____ pour l'examen de lundi.

7. Gisèle et Denise sont allées à un bal masqué *(costume party)*.

(s'habiller) _____ d'une manière très originale.

8. Mes copines ont pris le train à sept heures du matin.

(se lever) _____ tôt *(early)*.

7. **Pauvre Francine!** Francine n'a pas eu de chance hier. Dites ce qu'elle a fait et ce qu'elle n'a pas fait. Utilisez les verbes entre parenthèses dans des phrases affirmatives ou négatives. Soyez logique! *[Section D, p. 416]*

● (se disputer)   Francine ___*s'est disputée*___ avec sa camarade de chambre.

● (se tromper)   Elle ___*s'est trompée*___ dans l'examen de biologie.

1. (se lever) Elle n'a pas entendu son réveil *(alarm clock)*, et elle _____
   à l'heure *(on time)*.

2. (se dépêcher) Elle _____ et elle a raté *(missed)* son bus.

3. (se souvenir) Elle _____ d'un rendez-vous.

4. (s'impatienter) Elle a attendu ses copines qui ne sont pas venues et elle

   _____.

5. (s'amuser) Elle est sortie avec un garçon stupide et elle _____.

6. (se coucher) Finalement elle est rentrée chez elle et elle _____ parce
   qu'elle avait mal à la tête.

Communication

Jean-François vous pose des questions sur votre manière de vivre *(way of life)*. Répondez à ses questions.

1. Est-ce que tu t'entends bien avec tes frères et sœurs? Est-ce que tu te disputes parfois avec eux?
   Quand est-ce que tu t'es disputé(e) avec eux pour la dernière fois? Pour quelle raison *(cause)*?

   _____

   _____

   _____

2. En général, est-ce que tu es patient(e) ou impatient(e)? Quelle était la dernière fois que tu t'es
   impatienté(e)? Pourquoi?

   _____

   _____

   _____

3. À quelle heure est-ce que tu t'es levé(e) ce matin? Qu'est-ce que tu as fait ensuite?

   _____

   _____

4. Quand est-ce que tu es sorti(e) avec tes copains? Où est-ce que vous vous êtes retrouvés? Qu'est-ce
   que vous avez fait ensuite? Est-ce que vous vous êtes amusés?

   _____

   _____

   _____

   _____

Vocabulaire

Entre amis

un rendez-vous   date, appointment

une fête   (informal) party

une rencontre   meeting (of people)

une réunion   meeting (organized)

une soirée   (formal) party

Verbes

avoir rendez-vous   to have a date, an appointment

donner rendez-vous à   to make a date with, to arrange to meet

s'amuser   to have fun

s'appeler   to be called

s'approcher (de)   to come close (to)

s'arrêter   to stop

s'asseoir   to sit down

se dépêcher   to hurry

se disputer (avec)   to argue, to quarrel (with)

s'énerver   to get nervous, upset

s'entendre bien (avec)   to get along (with)

s'excuser   to apologize

s'impatienter   to get/grow impatient

s'intéresser (à)   to get interested (in)

se mettre en colère   to get angry

s'occuper (de)   to take care (of), to be busy (with)

se préoccuper (de)   to be / get concerned (about), to worry

se préparer   to get ready

se rencontrer   to meet (for the first time)

se rendre compte (de)   to realize

se retrouver   to meet (again)

se souvenir (de)   to remember

se tromper   to be mistaken, to make a mistake

VIVRE EN FRANCE Le sport et la santé

Vocabulaire

Le sport et les loisirs

les activités activities

faire de l'aérobic to do aerobics
faire de la culture physique to do body building
faire de la planche à neige to go snowboarding
faire de la planche à voile to go windsurfing
faire de la voile to go sailing
faire des promenades to go for walks
faire des randonnées to go hiking, on hikes
faire du camping to go camping
faire du jogging to go jogging
faire du ski to go skiing
faire du ski de fond to go cross-country skiing
faire du yoga to do yoga
lever des poids to lift weights
nager / se baigner to swim
prendre des bains de soleil to sunbathe
se bronzer to get a tan
s'entraîner to train

quelques sports

jouer...

au basket
au foot
au golf
au tennis
au volley

faire...

de l'athlétisme track and field
de l'aviron crew
du bateau boating
du deltaplane hang-gliding
du judo
du karaté
du vélo

de l'équitation horseback riding
de la moto
de la plongée sous-marine scuba diving

Expressions

à cheval   on horseback
à pied   on foot
à vélo   on bicycle

les endroits   places
  à la campagne   in the countryside
  à la mer   by the sea
  à la montagne   in the mountains
  à la plage   on the beach
  à la piscine   at the swimming pool
  à la salle de gymnastique   at the gym club
  au stade   at the stadium

La santé

un cachet   tablet
un coton-tige   cotton swab
l'estomac   stomach
un pansement   bandage
le poignet   wrist
du sparadrap   adhesive tape

une bande Velpeau   Ace bandage
la cheville   ankle
des gouttes   drops
une migraine   migraine
la mononucléose   mononucleosis
une pastille   lozenge

Expressions

Comment te sens-tu?   How do you feel?
Je me sens...   I feel
  déprimé(e)   depressed
Qu'est-ce que tu as?   What's wrong? What do you have?
J'ai mal à...   I'm sick in . . .
Qu'est-ce qui t'est arrivé?   What happened to you?
Je me suis fait mal *(hurt myself)* **à...**
Je me suis cassé *(broke)* **le (la, les)...**
Je me suis coupé(e) *(cut)* **à...**
Je me suis foulé *(sprained)* **le (la, les)...**

Activité

Choisissez sur les photos ci-dessous le sport qui vous intéresse le plus. Expliquez pourquoi et décrivez le sport en question: Est-ce que c'est un sport que vous pratiquez? Est-ce que c'est un sport dangereux? Est-ce que c'est un sport qui est bon pour la santé? Dans quelles régions du monde est-ce qu'on pratique ce sport?

_____

_____

_____

_____

_____

_____

_____

_____

_____

_____

_____

_____

Revision 3:   Leçons 19–27

By completing this series of short tests, you will be able to check your progress in French. Correct your work using the Answer Key at the back of the *Cahier d'activités*. If you make any mistakes on these tests, you may want to review the lesson sections indicated in brackets.

Partie A. Structures

Test 1. Les pronoms compléments d'objet direct. Rewrite the following sentences, replacing the underlined expression with the appropriate direct object pronoun. *[20–C, D, E]*

● Philippe regarde Carole.　　　　*Philippe la regarde.*

1. Jacques regarde le menu. _____

2. Nous invitons Christine et Alain. _____

3. J'aide ma sœur. _____

4. Nous écoutons nos CD. _____

5. Jean n'a pas aidé sa sœur. _____

6. Je ne veux pas cette cassette. _____

7. Je ne connais pas vos parents. _____

8. Invite Anne. _____

9. N'invite pas Thomas et Aline. _____

10. J'ai écouté tes disques. _____

11. François regarde l'amie de Pierre. _____

12. Nous allons regarder la télé. _____

Test 2. Quel pronom? Complete the answers to the questions below by filling in the blanks with one of the following pronouns. *[20–C; 21–C; 25–B, C]*

┌─────────────────────────────┐
│ le la les lui leur en y │
└─────────────────────────────┘

1. Tu connais ce restaurant?

   Oui, je _____ connais bien.

2. Faites-vous de l'italien?

   Oui, nous _____ faisons.

3. Tu téléphones aux cousins de Christophe?

   Oui, je _____ téléphone.

4. Vous pensez à ce problème?

   Oui, nous _____ pensons.

5. André boit du jus d'orange?

   Oui, il _____ boit.

6. Vous avez besoin de ce livre?

   Oui, nous _____ avons besoin.

7. Tu regardes les photos de Monique?

   Oui, je _____ regarde.

8. Tu as parlé à Florence?

   Oui, je _____ ai parlé.

9. Vous dînez souvent dans cette cafétéria?

   Oui, nous _____ dînons souvent.

10. Tu mets ta nouvelle veste?

   Oui, je _____ mets.

Test 3. *Qui* ou *que*? Complete the following sentences with **qui** or **que**. *[22–C, D]*

1. J'ai un ami _____ parle japonais.

2. Michel a une moto _____ marche bien.

3. Qui est la fille _____ tu regardes?

4. Le livre _____ j'ai acheté n'est pas très intéressant.

5. Les CD _____ tu écoutes sont des CD _____ viennent de France.

6. Les étudiants _____ je vais inviter sont des étudiants _____ tu connais.

Test 4. Les constructions négatives. Answer the following questions in the negative. *[22–E; 23–B]*

1. Tu as entendu quelque chose? _____

2. Éric est déjà parti? _____

3. Tu as fait quelque chose ce week-end? _____

4. Quelqu'un a téléphoné? _____

5. Quelque chose est arrivé? _____

6. Tu habites encore à Paris? _____

Partie B. Verbes

Test 5. Le présent des verbes irréguliers. Complete the sentences below with the appropriate present-tense forms of the verbs in the box. Be logical. *[19–A, B, C; 20–A, B; 21–A; 25–A; 26–D]*

| connaître courir devoir dire écrire |
| livre ouvrir pouvoir suivre voir |

1. François _____ la fenêtre.

2. Je _____ un cours de français à l'Université de Tours.

3. À qui _____-vous cette lettre?

4. Anne et Christine ne _____ pas voyager à l'étranger. Elles n'ont pas de passeport.

5. Nous _____ ton cousin. Il habite à Montréal, n'est-ce pas?

6. Quel journal est-ce que tes parents _____?

7. Est-ce que vous _____ la vérité?

8. Nous _____ un bon film à la télé.

9. Annick _____ dix kilomètres tous les jours.

10. Je ne peux pas venir ce soir, je _____ rester chez moi.

Test 6. Le passé composé des verbes irréguliers. Complete the sentences below with the passé composé of the verbs in parentheses. *[19–A, B, C; 20–A, B; 21–A; 22–A; 23–A; 25–A; 26–D]*

1. (devoir) À la douane *(customs)* nous _____ montrer nos passeports.

2. (vivre) Maurice _____ un an au Mexique.

3. (savoir) Comment est-ce que tu _____ cela?

4. (ouvrir) Qui _____ cette lettre?

5. (vouloir) Pourquoi est-ce que tu _____ partir?

6. (lire) Est-ce que vous _____ le journal ce matin?

7. (pouvoir) Est-ce que tu _____ réparer ton vélo?

8. (courir) Hier après-midi, Xavier _____ plus de vingt kilomètres.

9. (connaître) Quand est-ce que tu _____ mon cousin?

10. (voir) Hier, j'_____ le nouveau film de Depardieu.

Test 7. La forme de l'imparfait. Complete the following sentences with the appropriate imperfect forms of the verbs in parentheses. *[23–C]*

1. (habiter) J'_____ avec mes parents. Nous _____ dans un grand appartement.

2. (voir) Le samedi, je _____ mes grands-parents. Le dimanche, Charlotte _____ ses cousins.

3. (rendre) Tu _____ visite à tes parents. Mes amis _____ visite à leur tante.

4. (être) Vous _____ timide. Moi, je n'_____ pas patient avec vous.

5. (faire) Nous _____ du sport. Mes cousines _____ du ski.

6. (avoir) J'_____ un vélomoteur. Nous _____ une moto.

7. (apprendre) J'_____ l'anglais. Mon frère _____ le japonais.

8. (boire) Mes amis _____ de la bière. Qu'est-ce que tu _____?

9. (finir) Vous _____ votre travail à cinq heures. Mon frère _____ à six heures.

10. (lire) Tu _____ des romans policiers. Vous _____ des livres d'aventure.

Test 8. L'emploi de l'imparfait. Complete the following sentences with the appropriate imperfect or passé composé forms of the verbs in parentheses. *[23–C, D; 24–A, B, C]*

1. (être, arriver) Il _____ deux heures quand Pierre _____.

2. (parler) Quand Solange était à Paris, elle _____ très bien français.

3. (parler) Hier, Thomas _____ au professeur de français.

4. (jouer) Marc est fatigué parce qu'il _____ au basket pendant deux heures.

5. (jouer) Maintenant je ne joue pas très bien au tennis, mais avant, je _____ très bien.

6. (être, avoir) Hier, la visibilité _____ très mauvaise et mon frère _____ un accident.

7. (être, rencontrer) Hier, quand j'_____ au café, je (j') _____ une amie américaine.

8. (prendre, jouer) Cet après-midi, nous _____ des photos des jeunes Français qui _____ au football dans la rue.

9. (visiter) Paul _____ Québec en 1998.

10. (aller, faire) Paul _____ à la plage parce qu'il _____ beau.

11. (entrer, jouer) Quand le professeur _____, les élèves _____ aux cartes.

12. (rester, avoir) Dimanche, Éric _____ chez lui parce qu'il _____ mal à l'estomac.

Test 9. La forme des verbes réfléchis. Fill in the first blank with the appropriate present-tense form of the reflexive verb in parentheses. Fill in the second blank with the passé composé. Make the sentences affirmative or negative as indicated. *[26–B; 27–D]*

	Aujourd'hui	**Hier**
1.	(se lever)	
	Non, vous _____ tôt.	Oui, vous _____ tôt.
2.	(se laver)	
	Oui, je _____.	Oui, je _____ aussi.
3.	(se raser)	
	Non, Michel _____.	Oui, il _____.
4.	(se lever)	
	Oui, Anne _____ tard.	Non, elle _____ tard.
5.	(se promener)	
	Oui, nous _____.	Non, nous _____.
6.	(s'arrêter)	
	Oui, ces étudiants _____ au café.	Non, ils _____ à la bibliothèque.
7.	(s'amuser)	
	Oui, Anne et Sophie _____.	Non, elles _____.

Test 10. Quelques verbes pronominaux (présent, infinitif, impératif). Fill in the blanks with the appropriate verbs. *[26–B, C; 27–B]*

1. Paul *wakes up* at seven.   Paul _____ à sept heures.

2. Pierre, *get up!*   Pierre, _____ !

3. Thérèse *gets up* at eight.   Thérèse _____ à huit heures.

4. We *are getting dressed.*   Nous _____.

5. My father *is shaving.*   Mon père _____.

6. I want *to rest.*   Je veux _____.

7. You can't *remember* that story.   Tu ne peux pas _____ de cette histoire.

8. We like *to go for walks.*   Nous aimons _____.

9. Henri *goes to bed* late.   Henri _____ tard.

10. Marc et Paul, *don't get impatient!*   Marc et Paul, _____ !

11. Jean, *don't stop* at the café.   Jean, _____ au café.

12. *Let's hurry!*   _____ !

Partie C. Vocabulaire

Test 11. Logique! Circle the letter of the option that completes the sentence logically.

1. En hiver, quand il fait très froid, on peut faire _____.

    a. de la voile   b. du patinage   c. de la planche à voile   d. de la natation

2. Après six heures du soir, il n'est pas nécessaire de payer le parking parce qu'il est _____.

    a. seul   b. cher   c. gratuit   d. bon marché

3. Les Dulac habitent un immeuble moderne dans _____.

    a. l'usine   b. la banlieue   c. le bâtiment   d. la circulation

4. Excusez-moi. Je me suis _____.

    a. arrêté   b. trompé   c. préoccupé   d. préparé

5. Écoutez! Est-ce que vous entendez _____? Qu'est-ce que c'est?

    a. cette bande dessinée   b. ce roman   c. la vérité   d. ce bruit

6. Vraiment, je ne comprends pas ce que tu _____.

    a. rends   b. prêtes   c. veux   d. veux dire

7. La police a posé des questions à un témoin qui a assisté _____.

    a. au cambriolage   b. à l'émission   c. au mensonge   d. au roman policier

8. M. Leblond suit un _____ parce qu'il veut maigrir.

    a. plat   b. cours   c. devoir   d. régime

9. J'ai mal _____ parce que j'ai couru!

    a. au cou   b. à la gorge   c. à la figure   d. aux jambes

10. Alice est restée chez elle parce qu'elle a un très mauvais _____.

    a. dos   b. rhume   c. peigne   d. pied

11. Ce soir, nous allons regarder _____ à la télévision.

    a. un feuilleton   b. un cinéma   c. une chaîne   d. une scène

12. Brosse-toi les dents avec _____.

    a. du savon   b. un peigne   c. les doigts   d. du dentifrice

Test 12. Le mot exact. Fill in the blanks with the noun that logically completes the sentence.

1. Michel a un _____ avec Véronique. Il va la retrouver au café des Arts à une heure.

2. J'ai réussi à l'examen et le professeur m'a donné une bonne _____.

3. La _____ a annoncé du beau temps pour le week-end.

4. Qui est l'_____ qui a écrit ce roman?

5. Thierry est honnête. Il dit toujours la _____.

6. À l'université, Céline étudie le _____ parce qu'elle veut être avocate.

7. Cet immeuble n'est pas récent. Il a été construit *(built)* au dix-neuvième _____.

8. Mon sport préféré est la _____! J'adore nager.

9. M. Rocard va suivre un _____ parce qu'il veut maigrir.

10. J'ai une migraine. Je prends de l'aspirine parce que j'ai mal à la _____.

Aperçu culturel
France, mère des arts

A.

1. Pourquoi est-ce que l'art fait tellement partie de la vie de la France?

   _____

   _____

2. Que trouve-t-on dans la grotte de Lascaux?

   _____

   _____

3. Qu'est-ce qui caractérise l'art médiéval?

   _____

   _____

4. Où est né le mouvement artistique de la Renaissance? Quel roi l'a introduit en France?

   _____

   _____

5. Qui était le «Roi-Soleil»? Comment a-t-il influencé l'histoire de l'art en France?

   _____

   _____

6. Quel aspect du classicisme le Romantisme a-t-il rejeté? Pourquoi?

   _____

   _____

7. Qu'est-ce qui s'est passé à Paris en 1874?

   _____

   _____

8. Décrivez le fauvisme: Qu'est-ce qui caractérise ce mouvement artistique?

   _____

   _____

   _____

9. Nommez quelques artistes français du vingtième siècle.

   _____

   _____

B. La France a une tradition artistique très forte. Est-ce que les États-Unis ont une tradition aussi forte? Choisissez un artiste américain du vingtième siècle et décrivez ses œuvres *(works)*. Comparez-les avec des œuvres d'artistes français du vingtième siècle.

_____

_____

_____

_____

_____

_____

_____

_____

Perspectives d'avenir

10

Leçon 28   Le grand amour

1. La personnalité. Informez-vous sur les personnes suivantes. Utilisez ces renseignements pour les décrire. Utilisez le verbe **être** et la forme correcte d'un des adjectifs suivants. *[Section A, p. 439]*

> actif amoureux conservateur créateur ennuyeux étranger inquiet
>
> libéral loyal paresseux ponctuel sportif travailleur

- ● Janine est toujours à l'heure.   *Elle est ponctuelle.*

1. Josiane et Michèle font du jogging tous les jours.

   _____

2. Mes amis sont très dévoués *(devoted)*.

   _____

3. Ces hommes politiques sont pour le progrès et le changement.

   _____

4. Ces filles ne préparent pas leurs examens.

   _____

5. La secrétaire de Mlle Maubert travaille beaucoup.

   _____

6. Isabelle pense toujours à Patrick. _____

7. Ces garçons sont extrêmement dynamiques.

   _____

8. Vraiment, Thérèse n'est pas drôle. _____

9. Cette jeune artiste a une imagination extraordinaire.

   _____

10. Cette personne est extrêmement traditionnelle.

    _____

11. Lucie se préoccupe de tout. _____

12. Ces étudiantes habitent en France, mais elles ne sont pas françaises.

    _____

2. Questions. Complétez les questions avec la forme correcte des adjectifs entre parenthèses.
[Section A, p. 439]

● (favori)   Quelle est ta recette *(recipe)* ___*favorite*___?

1. (fou) Qui a eu cette idée *(idea)* _____?

2. (jaloux) Pourquoi est-ce que Francine est _____?

3. (long) Est-ce que Vanessa va mettre une robe _____?

4. (paresseux) Est-ce que cette étudiante est _____?

5. (gros) As-tu une _____ voiture?

6. (gentil) Est-ce que la sœur de Pierre est _____?

7. (roux) Qui est la fille _____?

3. Commentaires personnels. Complétez les phrases suivantes avec au moins deux adjectifs du Vocabulaire à la page 440. *[Section A, p. 439]*

1. Je suis _____

2. J'ai une amie _____

3. J'ai des amis _____

4. J'ai des professeurs _____

5. Aujourd'hui, les hommes sont _____

6. Aujourd'hui, les femmes sont _____

7. Je respecte les personnes _____

8. Je n'aime pas les gens _____

4. Des conseils. Donnez aux personnes suivantes certains conseils. Pour cela, utilisez l'impératif et un adverbe en **-ment** dérivé de l'adjectif souligné. *[Section B, p. 442]*

● Sylvie n'est pas <u>calme</u>. (parler)   ***Parle calmement!***

1. Henri n'est pas <u>consciencieux</u>. (étudier) _____

2. Paul n'est pas <u>sérieux</u>. (travailler) _____

3. Paul et Guy ne sont pas <u>discrets</u>. (parler) _____

4. Gérard n'est pas <u>patient</u>. (attendre) _____

5. Laure n'est pas <u>prudente</u>. (jouer) _____

6. Antoine n'est pas <u>élégant</u>. (s'habiller) _____

7. Christian n'est pas <u>franc</u>. (parler) _____

5. L'interview. Un représentant d'Air France va interviewer les étudiants suivants. Dites dans quel ordre chacun va être interviewé. *[Section C, p. 445]*

● Monique (3ᵉ)   *Monique est la troisième.*

1. Jacques (1ᵉʳ) _____   6. Stéphanie (12ᵉ) _____

2. Sylvie (2ᵉ) _____   7. Hélène (15ᵉ) _____

3. Grégoire (7ᵉ) _____   8. Marylène (20ᵉ) _____

4. Brigitte (8ᵉ) _____   9. Roger (21ᵉ) _____

5. Philippe (10ᵉ) _____   10. Yves (22ᵉ) _____

6. Des personnalités. Informez-vous sur les personnes suivantes et dites ce qu'elles font. Pour cela, utilisez les verbes entre parenthèses dans une construction employant l'infinitif. Notez que vos phrases peuvent être affirmatives ou négatives. Soyez logique! *[Section D, p. 446]*

● Caroline est sportive. (apprendre / faire du ski nautique)

Elle apprend à faire du ski nautique.

1. Ces employés sont ponctuels. (commencer / travailler à neuf heures)

_____

2. Vous êtes généreux. (hésiter / aider vos amis)

_____

3. Cette artiste est créatrice. (cesser / avoir des idées originales)

_____

4. Tu n'es pas ambitieux. (chercher / avoir des responsabilités)

_____

5. Nous sommes irrésolus *(indecisive)*. (hésiter / prendre des décisions)

_____

6. Ces étudiants sont paresseux. (essayer / faire des progrès)

_____

7. Je suis travailleur. (s'arrêter / étudier)

_____

8. Vous êtes consciencieux. (oublier / faire vos devoirs)

_____

Communication

Olivier va vous parler de lui-même. Il va aussi vous poser des questions. Répondez à ses questions.

1. Je suis assez sportif. Et toi? En ce moment, j'apprends à faire de la voile. Et toi, quels sports apprends-tu en ce moment? Quand as-tu appris à nager? à faire du ski?

   _____

   _____

   _____

   _____

   _____

2. En général, je suis un étudiant travailleur mais pas toujours. Et toi? Quelles sont les choses que tu oublies de faire? Quelles sont les choses que tu refuses de faire? Est-ce que tu regrettes d'être à l'université? Pourquoi ou pourquoi pas?

   _____

   _____

   _____

   _____

   _____

3. J'ai pris de bonnes résolutions récemment. Par exemple, j'ai décidé de faire du jogging tous les jours. J'ai aussi cessé de fumer. Est-ce qu'il y a des choses que tu as décidé de faire? Quoi? Est-ce qu'il y a des choses que tu t'es arrêté(e) de faire? Quoi?

   _____

   _____

   _____

4. Qu'est-ce que tu as décidé de faire cet été? Et après l'université? Est-ce que tu vas continuer à étudier le français l'année prochaine? Quelles choses vas-tu continuer à faire?

   _____

   _____

   _____

   _____

Vocabulaire

L'amitié, l'amour et le mariage

l'amour (m.)   love
le mariage   marriage, wedding

l'amitié (f.)

Adjectifs

amoureux (-euse) (de)   in love (with)
célibataire   single
même   same

Verbes

aimer   to love
aimer bien   to like
divorcer   to divorce
épouser   to marry
se fiancer (avec)   to get engaged (to)
se marier (avec)   to marry, to get married

Expressions

entre   between, among
moi-même   myself

Adjectifs irréguliers

créateur (-trice)   creative
conservateur   conservative
doux (douce)   sweet, soft
égal (égaux *m.pl.***)**   equal
ennuyeux (-euse)   boring
étranger (-ère)   foreign, from abroad
faux (fausse)   false
génial (géniaux *m.pl.***)**   brilliant
gentil (ille)   nice
gros (grosse)   big, fat
heureux (-euse)   happy
inégal (inégaux *m.pl.***)**   unequal

inquiet (-ète)   worried
jaloux (-ouse)   jealous
malheureux (-euse)   unhappy
musicien (-enne)   musical
neuf (neuve)   new
paresseux (-euse)   lazy
ponctuel (-elle)   punctual, on time
roux (rousse)   redheaded
secret (-ète)   secretive
sportif (-ive)   athletic
travailleur   hard-working

Adverbes en -ment

évidemment obviously, of course
heureusement fortunately
malheureusement unfortunately
seulement only
vraiment really

Nombres ordinaux

premier (-ère) first
deuxième second
troisième third
quatrième fourth
cinquième fifth
sixième sixth
septième seventh

huitième eighth
neuvième ninth
dixième tenth
onzième eleventh
vingt et unième twenty-first
vingt-deuxième twenty-second
centième hundredth

Verbes suivis de l'infinitif

Verbes suivis immédiatement de l'infinitif
aimer to like, to love
aller to go
détester to hate, to detest
devoir must, to have to

Verbes suivis de à + l'infinitif
apprendre à to learn
chercher à to strive, try to
commencer à to begin
continuer à to continue
hésiter à to hesitate
réussir à to succeed in

Verbes suivis de de + l'infinitif
s'arrêter de to stop
cesser de to stop, quit
choisir de to choose, decide
décider de to decide
essayer de to try
finir de to finish
oublier de to forget
refuser de to refuse
regretter de to regret
rêver de to dream of
se souvenir de to remember

Verbes suivis de à quelqu'un et de + l'infinitif
défendre à quelqu'un **de** to forbid, to prohibit someone (to do something)
demander à quelqu'un **de** to ask someone (to do something)
dire à quelqu'un **de** to tell someone (to do something)
interdire à quelqu'un **de** to forbid, to prohibit someone (to do something)
permettre à quelqu'un **de** to give permission, to allow someone (to do something)
promettre à quelqu'un **de** to promise someone (to do something)

Leçon 29   Dans dix ans

1.   Sur les Champs-Élysées. Les personnes suivantes se promènent sur les Champs-Élysées. Dites qui elles aperçoivent ou qui elles ont aperçu. Utilisez le verbe **apercevoir** au présent (phrases 1 à 4) et au passé composé (phrases 5 et 6). *[Section A, p. 453]*

Présent

1. Guillaume _____ le copain de sa sœur.

2. J'_____ mon patron *(boss)*.

3. Nous _____ un ami d'université.

4. Mes amis _____ des touristes américains.

Passé composé

5. Hier, j'_____ mon professeur de maths.

6. La semaine dernière, nous _____ une actrice célèbre *(famous)*.

2.   Vouloir, c'est pouvoir! *(Where there's a will, there's a way!)* Dites que les personnes suivantes réaliseront leurs projets. Utilisez le futur des verbes soulignés. *[Section B, p. 454]*

● Paul veut <u>habiter</u> à Paris.   ***Il habitera à Paris.***

1. Je veux <u>réussir</u> dans mes études. _____

2. Nicolas veut <u>se marier</u>. _____

3. Ces étudiants veulent <u>choisir</u> une profession intéressante. _____

   _____

4. Michel veut <u>gagner</u> beaucoup d'argent. _____

5. Nous voulons <u>voyager</u>. _____

6. Carine veut <u>apprendre</u> le russe. _____

7. Mes cousins veulent <u>maigrir</u>. _____

8. Vincent veut <u>partir</u> pour Tahiti. _____

9. Vous voulez <u>vivre</u> à Paris. _____

10. Tu veux t'<u>amuser</u>. _____

11. Je veux <u>écrire</u> un roman. _____

3. Cet été. Dites ce que les étudiants vont faire cet été en complétant la première phrase avec le futur du premier verbe entre parenthèses. Puis, soyez logique et complétez la deuxième phrase avec la forme affirmative ou négative du futur du deuxième verbe entre parenthèses. *[Section B, p. 454]*

● (suivre / grossir) Ces garçons ___*suivront*___ un régime. Ils ___*ne grossiront pas*___ .

1. (travailler / se reposer) Nous _____. Nous _____.

2. (acheter / se promener) Estelle _____ un vélo. Elle _____ dans la campagne.

3. (rester / partir) Vous _____ chez vous. Vous _____ en vacances.

4. (passer / connaître) Je _____ un mois en France. Je _____ des Français.

5. (voyager / rester) Jean _____. Il _____ chez lui.

6. (étudier / apprendre) Tu _____ à l'Alliance française. Tu _____ l'espagnol.

4. Des projets. Décrivez les projets des personnes suivantes. Utilisez le futur des verbes suggérés. *[Section C, p. 458]*

| aller   avoir   être   faire |

● Christine ___*sera*___ millionnaire. Elle ___*aura*___ une Rolls Royce.

1. Nous _____ un voyage en Asie. Nous _____ au Tibet.

2. Tu _____ le président de ta compagnie. Tu _____ beaucoup de responsabilités.

3. Vous _____ à Monte Carlo. Vous _____ fortune!

4. Je _____ acteur de cinéma. J'_____ beaucoup d'admiratrices.

5. Mes copains _____ beaucoup de vacances. Ils _____ de la planche à voile tous les jours.

5. Quand? Dites quand vous ferez les choses suivantes. Utilisez le futur. *[Section C, p. 458]*

● aller en vacances   *J'irai en vacances en juin (dans deux mois, après les examens...).*

1. aller à la bibliothèque _____

2. faire les courses _____

3. recevoir une lettre _____

4. voir mes parents _____

5. courir dans une course *(race)* _____

6. savoir piloter un avion _____

7. avoir un examen _____

8. obtenir mon diplôme _____

6. Plus tard! *(Later!)* Pour le moment, les personnes suivantes ne font pas certaines choses. Dites quand elles feront ces choses. Utilisez le futur. *[Section C, p. 458]*

● Je ne peux pas t'aider. ___*Je t'aiderai*___ dans deux heures.

1. Tu ne viens pas chez moi. _____ à trois heures.

2. Bénédicte ne voit pas ses amis. _____ ce week-end.

3. Pascal ne veut pas se reposer. _____ après le dîner.

4. Les étudiants ne doivent pas étudier. _____ pour l'examen.

5. Émilie n'envoie pas cette lettre. _____ demain.

6. Emmanuel ne va pas à la plage. _____ dimanche.

7. Luc ne sait pas nager. _____ s'il prend des leçons.

7. Si... Dites ce que chaque personne fera dans les circonstances suivantes. Utilisez le futur et votre imagination! *[Section D, p. 462]*

● Si nous allons en France, *nous visiterons Paris.*

1. Si Matthias n'a rien à faire ce soir, _____

2. Si Guillaume a une voiture, _____

3. Si Michel et Philippe gagnent à la loterie, _____

4. Si Nicole et Élisabeth ont le temps, _____

5. Si Marie-Laure n'a pas son diplôme, _____

6. Si Bernard a de l'argent, _____

8. Conséquences. Certaines actions provoquent certaines conséquences. Expliquez cela selon le modèle. *[Section E, p. 463]*

● (réussir / étudier plus) **Raoul réussira quand il étudiera plus.**

1. (envoyer cette lettre / aller à la poste)

   Tu _____

2. (maigrir / faire de l'exercice)

   Vous _____

3. (chercher du travail / avoir son diplôme)

   Sabine _____

4. (gagner de l'argent / travailler)

   Je _____

5. (envoyer un télégramme / savoir la date de notre départ)

   Nous _____

6. (avoir des responsabilités / être la présidente de sa compagnie)

   Élodie _____

Communication

Jean-François vous pose des questions sur vos projets. Répondez-lui.

1. Qu'est-ce que tu feras ce week-end s'il fait beau? Où iras-tu? Et qu'est-ce que tu feras s'il pleut?

   _____

   _____

   _____

2. Qu'est-ce que tu feras quand tu auras ton diplôme? Et si tu n'as pas ton diplôme?

   _____

   _____

   _____

3. Qu'est-ce que tu feras avec ton argent quand tu auras un travail? Est-ce que tu t'achèteras une nouvelle voiture?

   _____

   _____

   _____

4. Quand est-ce que tu te marieras? Combien d'enfants auras-tu?

   _____

   _____

5. Qu'est-ce que tu feras dans dix ans? Où habiteras-tu? Est-ce que tu gagneras beaucoup d'argent? Comment est-ce que tu le dépenseras?

   _____

   _____

   _____

6. Qu'est-ce que tu feras quand tu seras à la retraite *(retired)*? Qu'est-ce que tu ne feras pas?

   _____

   _____

   _____

Vocabulaire

Expressions de temps

à l'heure   on time

alors   then, at that moment

bientôt   soon

dans un instant

dans un moment   in a short while

dans une minute

de nouveau   again

en avance   early, ahead of time

en retard   late

tôt   early

Verbes

apercevoir   to see, to catch a glimpse of

s'apercevoir (de)   to realize

décevoir   to disappoint

recevoir   to receive

Professions

un(e) architecte   architect

un(e) avocat(e)   lawyer

un cadre   executive (m. or f.)

un écrivain   writer

un(e) employé(e)   employee

un(e) fonctionnaire   government employee

un homme (une femme) d'affaires[1]   business person

un(e) infirmier (-ière)   nurse

un(e) informaticien (-ienne)   computer scientist

un ingénieur   engineer

un(e) journaliste   journalist

un médecin   doctor

un(e) ouvrier (-ière)   worker

un(e) patron (-onne)   boss

un(e) secrétaire   secretary

un(e) vendeur (-euse)   salesperson

---

[1]**une femme- +** *profession* if noun exists only in the masculine and if one must be explicit

NOM _____ DATE _____

Leçon 30   Si j'avais de l'argent...

1. Les vacances. Dites si oui ou non vous feriez les choses suivantes si c'étaient les vacances. Utilisez le conditionnel. *[Section A, p. 470]*

● sortir souvent?   *Oui, je sortirais souvent.*

           ou: *Non, je ne sortirais pas souvent.*

1. aller à la piscine? _____

2. être de mauvaise humeur? _____

3. jouer au tennis? _____

4. travailler? _____

5. voir vos cousins? _____

6. étudier? _____

7. faire des promenades? _____

8. lire des livres français? _____

9. avoir beaucoup de rendez-vous? _____

10. dormir beaucoup? _____

11. envoyer des lettres à vos amis? _____

12. courir tous les jours? _____

2. Avec plus d'argent. Tout le monde a une idée de ce qu'on peut faire avec plus d'argent. Dites ce que feraient les personnes suivantes. Utilisez le conditionnel. *[Section A, p. 470]*

● nous / faire un voyage en Italie.　　　　*Nous ferions un voyage en Italie.*

1. Anne et Nicole / être généreuses avec leurs amies

   _____

2. vous / envoyer de l'argent à vos parents

   _____

3. Gérard / devenir un mécène (*patron of the arts*)

   _____

4. tu / vouloir voyager souvent

   _____

5. Julien / avoir un appartement à Paris

   _____

6. Gilles / aller en Grèce pendant les vacances

   _____

7. mes parents / pouvoir s'acheter une nouvelle maison

   _____

8. nous / voir toutes les merveilles (*marvels*) du monde

   _____

9. je / faire des économies

   _____

10. M. Armand / devoir payer plus d'impôts (*taxes*)

   _____

3. Commentaires personnels. Complétez les phrases avec une expression personnelle. *[Sections A, B, C, pp. 470, 472, 474]*

1. Si je voulais être riche, _____

2. Si le professeur était malade, _____

3. Si je n'allais pas à l'université, _____

4. Si mes amis et moi passions les vacances en Suisse, nous _____

5. Si j'avais beaucoup de loisirs, _____

6. Si mes parents étaient millionnaires, _____

4. Si... Les personnes suivantes ne font pas certaines choses. Expliquez ce qu'elles feraient si leur situation changeait. *[Sections A, B, C, pp. 470, 472, 474]*

● Je ne travaille pas. Je ne gagne pas d'argent.　　　　*Si je travaillais, je gagnerais de l'argent.*

1. Fabrice n'a pas de voiture. Il ne va pas à la plage.

   _____

2. Vous ne travaillez pas. Vous ne réussissez pas.

_____

3. Tu n'as pas d'argent. Tu ne voyages pas.

_____

4. Nathalie ne se repose pas. Elle n'est pas en bonne santé.

_____

5. Nous ne sommes pas en vacances. Nous ne nous reposons pas.

_____

6. Laurent ne suit pas de régime. Il ne maigrit pas.

_____

5. Annonces. Les personnes suivantes ont fait certaines annonces. Décrivez ces annonces selon le modèle. *[Section B, p. 472]*

● je / dire / répondre à ta lettre   *J'ai dit que je répondrais à ta lettre.*

1. mes cousins / téléphoner / venir dimanche

_____

2. Paul / dire / passer cet après-midi

_____

3. Didier et Émilie / annoncer / se marier en mai

_____

4. Jérôme / écrire / aller en Suisse pendant les vacances

_____

6. Conditions. Complétez les phrases suivantes avec la forme et le temps approprié (présent, imparfait, futur, conditionnel) du verbe entre parenthèses. *[Section C, p. 474]*

1. (être) Si vous _____ plus généreux, vous aideriez vos amis!

2. (gagner) Qu'est-ce que tu ferais si tu _____ à la loterie?

3. (louer) Si nous allons en France, nous _____ une voiture.

4. (rester) Si je _____ chez moi cet été, je chercherai du travail.

5. (avoir) Si Alain _____ son appareil-photo, il prendra des photos.

6. (aller) Nous _____ à la plage, s'il faisait beau!

7. (étudier) J'_____ plus sérieusement si j'étais toi!

8. (faire) Si vous _____ attention, vous ne feriez pas d'erreur.

7. Activités. Dites ce que font les personnes suivantes en complétant les phrases avec le présent d'un des verbes suggérés. *[Section D, p. 475]*

conduire	construire	détruire	produire	traduire

1. Cécile et Nina sont interprètes aux Nations Unies. Elles _____ le discours *(speech)* du délégué argentin.

2. Ces enfants sont polis. Ils se _____ bien.

3. Mon oncle est vigneron *(wine grower)*. Il _____ un excellent vin.

4. Vous êtes millionnaire. Vous _____ une Rolls Royce.

5. Tu as décidé d'habiter en France. Tu _____ une maison en Provence.

6. Je nettoie mon bureau. Je _____ toute les vieilles lettres.

Communication

Sophie vous demande ce que vous feriez et ne feriez pas dans certaines circonstances. Répondez à ses questions.

1. Que ferais-tu si tu avais beaucoup d'argent?

   _____

   _____

2. Que ferais-tu si tu gagnais un voyage pour faire le tour du monde *(to go around the world)*?

   _____

   _____

3. Que ferais-tu si tu n'étais pas étudiant(e)?

   _____

   _____

4. Que ferais-tu si tu étais un(e) acteur (actrice) célèbre *(famous)*?

   _____

   _____

5. Que ferais-tu si tu pouvais changer le monde?

   _____

   _____

6. Que ferais-tu si tu n'avais plus que six mois à vivre?

   _____

   _____

Vocabulaire

Projets de vacances

l'avenir future
le commencement beginning
un départ departure
le hasard chance
un jour de congé day off

une arrivée arrival
la chance luck
une fête feast, holiday, party
la fin end
une occasion chance, opportunity

Expressions

à cause de because of
ailleurs elsewhere
cependant however, yet
chacun(e) each one
pourtant nevertheless
vers toward (+ place); around (+ time)

Verbes

avoir l'occasion (de) to have the opportunity (to)
conduire to drive
construire to build, construct
détruire to destroy
durer to last
produire to produce, create
réaliser to carry out
se conduire (bien) to behave (properly)
se conduire mal to misbehave
traduire to translate

Vivre en France   En voyage

Vocabulaire

En voyage

À l'aéroport

les bagages luggage

le comptoir counter

un siège seat

un vol flight

une compagnie aérienne airline

une carte d'embarquement

  une carte d'accès à bord boarding pass

une escale stop

une porte gate

Expressions

De quelle porte... From which gate . . .

enregistrer ses bagages to check one's luggage

À la gare

un aller simple one-way ticket

un aller et retour round-trip ticket

un billet ticket

le bureau des renseignements information desk

les horaires schedules

le quai platform

une correspondance change of trains

Expressions

De quel quai... From which platform . . .

Sur quel quai... On which platform . . .

prendre un billet to buy a ticket

réserver une place to reserve a seat

première (deuxième) classe first (second) class

le prochain train the next train

Le train est **à l'heure.**

Le train a **dix minutes de retard.**

Il a **cinq minutes d'avance.**

Adjectives

direct direct

libre unoccupied

occupé occupied, taken

Activité

Regardez le billet de train et répondez aux questions suivantes.

```
SNCF          BILLET          [ PARIS MONT 1 ET 2→AURAY
              A composter avant l'accès au train    ┌─────────────
              TARIF A/R CONSERVEZ TOUS VOS BILLETS   │ MIELFEN/XX
                                                     │ 01ADULTE

Dép 24/05 à 09H50 de PARIS MONT 1 ET 2  Classe 2  VOIT 08: PLACE NO  68
Arr       à 13H20 à AURAY               01ASSIS NON FUM
PERIODE NORMALE        TGV  8715        SALLE           01FENETRE
DEC SEJOUR JOUR DEPART IMPERATIF

Dép      à       de ✱✱✱        Classe ✱
Arr      à       à

Prix par voyageur :  255.00              Prix FRF    ✱✱255.00
NS25      KM0520        :        :DV 926395713    EUR       ✱✱38.87
 255                   :        :TS 499091002  LD DIJON    220500  09H37
BC PN     879263957133          :6AF144  Dossier RZHCOL    Page 1/1
          08704255164970
```

1. Est-ce que c'est un billet de première ou de deuxième classe?

   _____

2. À quelle heure part le train?

   _____

3. À quelle heure arrive-t-il à sa destination?

   _____

4. Quel est le prix du voyage en euros?

   _____

5. Quelles autres informations au sujet de la place réservée sont données?

   _____

   _____

Le monde actuel

11

Leçon 31   Conversation avec un Québécois

1.   Obligations personnelles? Dites si oui ou non vous devez faire les choses suivantes. Commencez vos phrases avec **il faut que** ou **il ne faut pas que.** *[Section A, p. 488]*

● vendre mon ordinateur   *Il faut que je vende mon ordinateur.*

       ou: *Il ne faut pas que je vende mon ordinateur.*

1.   réussir à l'examen de français _____

2.   étudier ce soir _____

3.   maigrir _____

4.   me reposer _____

5.   perdre mon temps _____

6.   rendre visite à mes cousins cet été _____

7.   travailler pendant les vacances _____

8.   m'impatienter _____

9.   réfléchir à l'avenir _____

2.   Les bons conseils. Donnez des conseils aux personnes suivantes. Commencez vos phrases avec **il faut** ou **il ne faut pas** et le subjonctif du verbe entre parenthèses. *[Section A, p. 488]*

● (finir)   ____*Il faut*____ que tu ____*finisses*____ tes cours.

1.   (grossir) _____ que vous _____.

2.   (dormir) _____ que les étudiants _____ en classe.

3.   (conduire) _____ que je _____ prudemment *(carefully)*.

4.   (offrir) _____ que nous _____ un cadeau au professeur
      pour son anniversaire.

5.   (partir) _____ que les employés _____ avant cinq heures.

6.   (lire) _____ que tu _____ les lettres de ton camarade de
      chambre.

7.   (écrire) _____ que Jules _____ à sa cousine pour son
      anniversaire.

8.   (dire) _____ que nous _____ la vérité.

3. Les conseils. Donnez des conseils aux personnes suivantes. Pour cela, complétez les phrases avec le subjonctif des verbes entre parenthèses. (Attention: au subjonctif, ces verbes ont deux radicaux *[stems]*!) *[Sections B, C, pp. 490, 493]*

1. (voir)   Il est normal que tu _____ tes parents avant de partir.

   Il est préférable que nous _____ nos professeurs avant l'examen.

2. (apprendre)   Il est essentiel que vous _____ à conduire.

   Il est utile que ces étudiants _____ à programmer.

3. (boire)   Il est bon que vous _____ du jus d'orange.

   Il est bon que ces athlètes _____ de l'eau minérale.

4. (obtenir)   Il est important que j'_____ un «A» en français.

   Il est nécessaire que nous _____ notre diplôme.

4. Oui ou non? Lisez ce que les personnes suivantes veulent faire. Dites ensuite si oui ou non elles doivent faire ces choses. Étudiez le modèle. *[Sections B, C, pp. 490, 493]*

● Tu organises une fête chez toi. (nécessaire / acheter beaucoup de boissons)

   Il (n')est (pas) nécessaire que tu achètes beaucoup de boissons.

1. Vous voulez réussir à l'examen. (indispensable / obtenir un «A»)

   _____

2. Les Canadiens francophones veulent maintenir leur identité. (essentiel / maintenir leurs traditions)

   _____

3. Ariane a mal à la tête. (nécessaire / voir un médecin)

   _____

4. Nous avons la grippe. (bon / boire du thé chaud)

   _____

5.   L'interview. Imaginez qu'une compagnie française recrute du personnel pour sa succursale *(branch)* aux États-Unis. Le chef du personnel va passer sur votre campus pour interviewer des étudiants. Dites que chacun doit avoir certains documents sur lui. Utilisez le subjonctif d'**avoir.** Dites aussi si oui ou non l'étudiant(e) doit faire certaines choses ou prendre certaines précautions. Utilisez le subjonctif d'être dans une phrase affirmative ou négative. *[Section D, p. 495]*

● Paul (une photo / à l'heure)

Il faut que Paul ait une photo. Il faut qu'il soit à l'heure.

1. Michèle (une carte d'identité / en retard)

   _____

2. vous (vos notes / timides)

   _____

3. nous (les résultats des examens / polis avec l'interviewer)

   _____

4. tu (une lettre de recommandation / nerveux [nerveuse])

   _____

5. Guillaume et Christophe (leurs diplômes / arrogants)

   _____

6. je (mon curriculum vitae / sûr[e] de moi)

   _____

6.   Non! Un(e) camarade vous demande s'il (si elle) peut faire certaines choses. Répondez-lui négativement selon le modèle. *[Section E, p. 496]*

● Est-ce que je peux lire ton courrier?

Non, je ne veux pas que tu lises mon courrier.

1. Est-ce que je peux venir chez toi après le dîner?

   _____

2. Est-ce que je peux boire cette bière?

   _____

3. Est-ce que je peux voir tes photos?

   _____

4. Est-ce que je peux prendre ton vélo?

   _____

7. Des souhaits. Décrivez ce que les personnes suivantes souhaitent pour les autres personnes.
[Section E, p. 496]

● Le professeur / vouloir (nous / patients)
Le professeur veut que nous soyons patients.

1. mes parents / souhaiter (je / avoir un bon travail)

    _____

2. Éric / désirer (ses copains / sortir avec lui dimanche)

    _____

3. Mme Mercier / permettre (son fils / prendre la voiture)

    _____

4. je / préférer (vous / venir chez moi lundi soir)

    _____

Communication

Danièle vous pose des questions sur ce que vous devez faire. Répondez à chacune de ses questions en faisant deux phrases.

● Qu'est-ce que tu dois faire ce week-end?
Il faut que je nettoie ma chambre.
Il faut aussi que je rende visite à mes grands-parents.

1. Qu'est-ce que tu dois faire ce soir?

    _____

    _____

2. Qu'est ce que tu dois faire avant la fin du mois?

    _____

    _____

3. Qu'est-ce que tu dois faire avant les vacances?

    _____

    _____

4. Qu'est-ce que tu dois faire pour obtenir ton diplôme?

    _____

    _____

5. Qu'est ce que tu dois faire pour trouver du travail?

    _____

    _____

Vocabulaire

Les traditions

un échange   exchange
un rapport   relationship

une langue   language
une tradition   tradition

Adjectifs

actuel (-elle)   present, of today
réel (-elle)   real, actual
seul   only
véritable   true, real

Verbes

accepter   to agree
aimer mieux   to prefer
conserver   to keep, save
désirer   to wish
garder   to keep, preserve
maintenir   to maintain
organiser   to organize
permettre   to allow, give permission
préférer   to prefer
souhaiter   to wish
vouloir   to want
vouloir bien   to agree, to be willing

Expressions

à l'heure actuelle   at the present time
absolument   absolutely
actuellement   at present

Expressions d'opinion

Il est bon   It is good

Il est dommage   It is too bad

Il est essentiel   It is essential

Il est important   It is important

Il est indispensable   It is indispensable

Il est inutile   It is useless

Il est juste   It is fair / just / right

Il est nécessaire   It is necessary

Il est normal   It is to be expected

Il est possible   It is possible

Il est préférable   It is preferable

Il est utile   It is useful

Il vaut mieux   It is better

J'aimerais mieux...   I would prefer . . .

Leçon 32   Français ou Européens?

1. Des convictions. Expliquez les convictions des personnes suivantes. Utilisez le verbe **croire** aux mêmes temps (présent, imparfait, futur, passé composé) que le verbe souligné. *[Section A, p. 504]*

● Nous _____*croyons*_____ Véronique parce qu'elle <u>est</u> sincère.

1. Je _____ Patrick quand il <u>dira</u> la vérité.

2. Est-ce que le juge _____ les témoins quand ils <u>ont décrit</u> l'accident?

3. Élodie _____ son copain quand il lui <u>a raconté</u> cette histoire *(story)* extraordinaire.

4. Tu _____ au Père Noël *(Santa Claus)* quand tu <u>étais</u> enfant?

5. Est-ce que tes amis _____ tout ce qu'ils <u>lisent</u> dans le journal?

6. Vous _____ Suzanne quand vous <u>parlerez</u> à sa sœur.

7. Je _____ toujours ce que mon professeur <u>dit.</u>

2. Oui ou non? Est-ce que les choses suivantes sont importantes pour vous? Exprimez votre opinion en utilisant l'adjectif entre parenthèses dans des phrases affirmatives ou négatives. *[Section B, p. 505]*

● aller à l'université (utile)   ***Il est utile que j'aille à l'université.***

                                            (Il n'est pas utile que j'aille à l'université.)

1. faire des progrès en français (nécessaire)

    _____

2. faire du sport (bon)

    _____

3. vouloir être indépendant(e) (normal)

    _____

4. savoir jouer au tennis (essentiel)

    _____

5. pouvoir gagner beaucoup d'argent (indispensable)

    _____

3. Votre opinion. Exprimez votre opinion sur les sujets suivants. Pour cela, commencez vos phrases avec **je crois que** ou **je ne crois pas que.** Utilisez l'indicatif ou le subjonctif des verbes soulignés. *[Sections B, C, pp. 505, 506]*

● L'économie américaine <u>est</u> en danger?   *Oui, je crois qu'elle est en danger.*

    ou: *Non, je ne crois pas qu'elle soit en danger.*

1. La France <u>est</u> une grande puissance *(power)?*

   _____

2. On <u>va</u> vers une dépression économique?

   _____

3. Le président <u>sait</u> ce qu'il fait?

   _____

4. Les Martiens <u>veulent</u> conquérir le monde?

   _____

5. Les Américains <u>sont</u> très patriotes?

   _____

6. On <u>peut</u> arrêter *(stop)* le progrès?

   _____

4. Réactions. Chacun des événements suivants provoque une double réaction: chez les personnes qui sont directement concernées par cet événement et chez d'autres personnes. Décrivez cette double réaction selon le modèle. *[Section D, p. 508]*

● Je pars. Je suis triste ___*de partir.*___

  Mes amies sont tristes ___*que je parte.*___

1. Sylvie va passer l'été au Mexique. Elle est heureuse _____

   Son frère est heureux _____

2. Tu fais des progrès en français. Tu es heureux _____

   Ton professeur est heureux _____

3. Michel a un accident. Il est furieux _____

   Ses parents sont furieux _____

4. Luc réussit à ses examens. Luc est fier _____

   Ses parents sont fiers _____

5. Julien part en vacances. Il est content _____

   Ses amis sont désolés _____

6. Arnaud est malade. Il a peur _____

   Sa mère a peur _____

5. Pourquoi? Les personnes suivantes font certaines choses pour aider d'autres personnes. Expliquez cela en utilisant **pour que** + subjonctif selon le modèle. *[Section E, p. 510]*

● (il fait une promenade)

Tu prêtes ta voiture à Emmanuel _____*pour qu'il fasse une promenade.*_____

1. (je vais en ville)

Ma mère me prête sa voiture _____

2. (vous achetez ce livre)

Je vous donne cinquante francs _____

3. (leurs enfants vont à l'université)

Mes parents travaillent _____

4. (tu fais la connaissance de mon copain allemand)

Je t'invite _____

5. (vous rencontrez mes amis)

Je vous invite _____

6. (tu vas à la plage)

Je te prête ma bicyclette _____

7. (ils ont des nouvelles)

Gaëlle écrit à ses parents _____

6. La correspondance. Les personnes suivantes écrivent à d'autres personnes pour certaines raisons. Expliquez cela en utilisant les conjonctions suggérées et l'indicatif ou le subjonctif. *[Section E, p. 510]*

● vous / à vos amis / pendant que / ils / être à Paris

Vous écrivez à vos amis pendant qu'ils sont à Paris.

1. nous / au professeur / pour que / il / nous écrire des lettres de recommandation

_____

2. je / à mes cousins / avant que / ils / partir au Canada

_____

3. Charlotte / à ses cousines / pour que / elles / venir chez elle pendant les vacances

_____

4. Christine / à Luc / pour que / il / lui envoyer l'adresse de son frère

_____

5. M. Martin / à sa fille / depuis que / elle / être étudiante à Paris

_____

6. tu / à ta cousine / parce que / elle / venir de se marier

_____

7. Les attitudes. Complétez les phrases suivantes avec l'indicatif ou le subjonctif des verbes entre parenthèses. *[Section F, p. 512]*

1. (connaître) Jean-Michel est très heureux depuis qu'il _____ Caroline.

2. (venir) J'aimerais que vous _____ chez moi ce soir.

3. (faire) Le professeur déplore que nous ne _____ pas de progrès.

4. (être) Je m'impatiente parce que mes amis ne _____ pas à l'heure.

5. (dire) Gérard est sûr que vous ne _____ pas la vérité.

6. (pouvoir) Nous sommes contents que vous _____ passer les vacances avec nous.

7. (vouloir) Je doute que Daniel _____ te prêter son auto.

8. (aller) Thierry ne sait pas que tu _____ en Europe cet été.

9. (partir) Je téléphonerai avant que tu _____ en Espagne.

10. (savoir) Il faut absolument que vous _____ pourquoi je ne suis pas d'accord avec vous!

Communication

Exprimez vos opinions et vos attitudes sur les sujets suivants. Utilisez des expressions comme **je pense, je doute, je suis content(e), j'aimerais, je souhaite,** etc.

● votre cours de français

   En général, je suis content(e) de suivre ce cours. Je pense que le professeur est compétent. Je déplore parfois que les examens soient difficiles.

1. votre vie à l'université

   _____

   _____

2. vos relations avec vos amis

   _____

   _____

3. votre avenir

   _____

   _____

4. la politique internationale des États-Unis

   _____

   _____

Vocabulaire

La politique internationale

un allié ally

un citoyen citizen

un ennemi enemy

un gouvernement government

un traité treaty

une citoyenne citizen (f.)

la douane customs

la frontière border

la guerre war

la loi law

la paix peace

Verbes

menacer to threaten

partager to share

protéger to protect

Expressions d'émotion

avoir peur to be afraid

déplorer to deplore

être content to be happy

être désolé to be sorry

être fier (fière) to be proud

être furieux to be furious

être heureux to be happy

être surpris to be surprised

être triste to be sad

regretter to regret

Conjonctions

à condition que on the condition that, provided that

avant que before

depuis que since

jusqu'à ce que until

parce que because

pendant que while

pour que so that

sans que without

Leçon 33 La nouvelle technologie

1. Des relations personnelles. Décrivez les relations entre les personnes suivantes et les personnes entre parenthèses. Pour cela, complétez les phrases avec les pronoms compléments d'objet direct ou indirect qui conviennent. *[Section A, p. 518]*

● (les étudiants) Le professeur ___*les*___ aide. Il ___*leur*___ explique la grammaire.

1. (mes voisins) Je ne _____ invite pas parce que je ne _____ connais pas très bien.

2. (toi) Je _____ trouve sympathique. Je vais _____ inviter à ma fête d'anniversaire.

3. (Maryse) Je _____ ai demandé si elle voulait dîner avec moi quand je _____ ai rencontrée ce matin.

4. (sa cousine) Guillaume _____ téléphone parfois, mais il ne _____ invite jamais.

5. (moi) Tu _____ écoutes, mais est-ce que tu _____ comprends?

6. (ton copain) Nous _____ avons vu hier. Nous _____ avons donné notre numéro de téléphone.

2. Des services. Informez-vous sur les personnes suivantes. Dites à un(e) ami(e) français(e) de faire ou de ne pas faire les choses entre parenthèses. Pour cela, utilisez l'impératif dans des phrases affirmatives ou négatives et un pronom complément. Soyez logique! *[Section A, p. 518]*

● Sophie dort. (téléphoner) **_Ne lui téléphone pas!_**

● Je ne comprends pas ce logiciel. (aider) **_Aide-moi!_**

1. Paul a besoin d'argent. (prêter) _____ 20 euros!

2. Sylvie et Béatrice sont perplexes. (donner) _____ des conseils.

3. Antoine n'est pas chez lui. (rendre visite) _____

4. Je suis végétarien. (donner) _____ de viande.

5. Sandrine ne va pas venir. (attendre) _____

6. Henri veut dîner avec toi. (inviter) _____

7. Nous avons besoin de compliments. (critiquer) _____

8. Ces gens ne disent pas la vérité. (écouter) _____

3. **Bonnes vacances!** C'est bientôt les vacances. Lisez ce que font les personnes suivantes. Refaites les phrases en utilisant deux pronoms compléments pour remplacer les mots soulignés. *[Section B, p. 520]*

● Tu envoies <u>un fax</u> <u>à tes amis.</u>   ***Tu le leur envoies.***

1. Hervé donne <u>son adresse</u> <u>à Catherine.</u>

   _____

2. Je donne <u>son adresse</u> <u>à mes amis.</u>

   _____

3. Aline donne <u>son numéro de téléphone</u> <u>à Raoul.</u>

   _____

4. Le professeur rend <u>l'examen</u> <u>aux étudiants.</u>

   _____

5. Michel vend <u>sa machine à écrire</u> <u>à son camarade de chambre.</u>

   _____

6. Nous rendons <u>les livres</u> <u>à la bibliothécaire</u> *(librarian).*

   _____

7. Vous envoyez <u>vos bagages</u> *(luggage)* <u>à vos parents.</u>

   _____

8. Marc explique <u>ses projets de vacances</u> <u>à ses amis.</u>

   _____

4. **Votre meilleur(e) ami(e).** Dites si oui ou non votre meilleur(e) ami(e) fait les choses suivantes pour vous. *[Section B, p. 520]*

● prêter sa voiture?   ***Oui, il (elle) me la prête.***

   ou: ***Non, il (elle) ne me la prête pas.***

1. prêter ses CD? _____

2. prêter son VTT? _____

3. demander votre opinion? _____

4. dire toujours la vérité? _____

5. raconter sa vie? _____

6. donner les conseils que vous attendez? _____

7. montrer ses photos? _____

5. S'il te plaît! Imaginez qu'un ami vous parle des choses qu'il a. Demandez-les-lui, en utilisant les verbes entre parenthèses. *[Section C, p. 522]*

● J'ai un vélomoteur. (prêter)   ***Prête-le-moi, s'il te plaît!***

1. J'ai une nouvelle moto. (prêter) _____

2. J'ai un logiciel intéressant. (montrer) _____

3. J'ai une guitare. (vendre) _____

4. J'ai un vieux vélo. (donner) _____

5. J'ai des belles photos. (montrer) _____

6. J'ai des cassettes de musique pop. (vendre) _____

6. Qu'est-ce qu'il doit faire? Gilles vous demande s'il doit faire certaines choses. Répondez-lui affirmativement en utilisant deux pronoms compléments. *[Section C, p. 522]*

● Je prête mon magnétoscope à Sylvie?   Oui, ___*prête-le-lui.*___

● J'explique la leçon aux étudiants?   Oui, ___*explique-la-leur.*___

1. Je montre mes photos à Claire?   Oui, _____

2. Je vends mon ordinateur à Philippe?   Oui, _____

3. Je dis la vérité à mes parents?   Oui, _____

4. Je rends ce livre au professeur?   Oui, _____

5. Je prête ma voiture aux voisins?   Oui, _____

7. Oui ou non? Répondez aux questions suivantes affirmativement ou négativement. Utilisez **en** et un pronom dans vos réponses. *[Section D, p. 523]*

● Le professeur est strict. Il donne de mauvaises notes à ce mauvais étudiant?

   Oui, il lui en donne.

1. Tes parents sont généreux. Ils t'ont envoyé de l'argent?

   _____

2. Mme Boutron est vice-présidente d'une banque. Elle prête de l'argent à ses clients?

   _____

3. Chloé est végétarienne. Elle sert de la viande à ses amis?

   _____

4. M. Philbert est pharmacien. Il vend de l'aspirine à ses clients?

   _____

5. Ce médecin est compétent. Il nous a donné de bons conseils?

   _____

Communication

Nicole va vous poser des questions sur vos relations avec d'autres personnes. Répondez à ses questions.

1. As-tu un(e) camarade de chambre sympathique? Quelles choses fais-tu pour lui (elle)? Qu'est-ce qu'il (elle) fait pour toi?

   _____

   _____

   _____

2. Est-ce que tu connais bien tes voisins? Qu'est-ce que tu fais pour eux? Qu'est-ce que tu ne fais pas?

   _____

   _____

   _____

3. En général, est-ce que tu prêtes tes affaires *(things)* à tes copains? Est-ce qu'ils te rendent ces choses en bon état *(condition)*? Qu'est-ce que tu ferais si ce n'était pas le cas?

   _____

   _____

   _____

4. Si tu avais une voiture de sport, est-ce que tu la prêterais à tes copains? Si oui, à quelles conditions? Si non, pourquoi pas?

   _____

   _____

   _____

5. Est-ce que tu demandes parfois de l'argent à tes parents? Quand est-ce que tu leur en as demandé? Pourquoi faire?

   _____

   _____

   _____

Vocabulaire

La nouvelle technologie

un appareil   piece of equipment

un fax   fax machine; a fax message

un logiciel   software application

un moyen   means, way

le progrès   progress

un savant   scientist

un sujet   topic, subject

une découverte   discovery

une invention   invention

la vitesse   speed

Verbes

faire des progrès   to make progress

se passer de   to do without

se servir de   to use

VIVRE EN FRANCE L'achat des vêtements

Vocabulaire

Les vêtements et les accessoires

un bracelet	bracelet	**une bague**	ring
un blouson	jacket, windbreaker	**des boucles d'oreille**	earrings
un complet	suit (*for men*)	**une ceinture**	belt
un foulard	headscarf	**une chaîne**	chain
des mocassins	loafers	**une chemise à manches courtes**	short-sleeved shirt
un mouchoir	handkerchief	**une chemise à manches longues**	long-sleeved shirt
un peignoir	bathrobe	**une écharpe**	scarf
un portefeuille	wallet	**des espadrilles**	(rope-soled) sandals
un pyjama	pajamas	**une médaille**	medal
des souliers plats	flat shoes	**des sandales**	sandals

La matière   material

l'argent	silver	**la laine**	wool
le caoutchouc	rubber	**la soie**	silk
le coton	cotton		
le cuir	leather		
le lin	linen		
le nylon	nylon		
l'or	gold		
le plastique	plastic		
le velours	corduroy		

Les magasins de vêtements

un grand magasin   department store
une boutique de vêtements   clothing shop
une boutique de soldes   discount shop

la taille   size
faire du...   to take . . . (*size*)
prendre les mesures   to take measurements

aller (à)   to fit
aller bien   to fit nicely
aller à merveille   to fit beautifully

Activité

Choisissez parmi ces tenues *(outfits)* celle qui vous convient *(suits you)* le mieux. Décrivez-la, puis expliquez pourquoi vous l'avez choisie.

_____

_____

_____

_____

_____

_____

_____

_____

NOM _____   DATE _____

Révision 4:   Leçons 28–33

By completing this series of short tests, you will be able to check your progress in French. Correct your work using the Answer Key at the back of the *Cahier d'activités*. If you make any mistakes on these tests, you may want to review the lesson sections indicated in brackets.

Partie A. Structures

Test 1. Adjectifs irréguliers. Complete the following sentences with the appropriate forms of the adjectives in parentheses. *[28–A]*

1. (franc) Cette personne est _____.

2. (paresseux) Monique et Laure sont _____.

3. (fou) Cette idée est absolument _____.

4. (ponctuel) La secrétaire est _____.

5. (gentil) Mes nièces sont _____.

6. (sérieux) Ces étudiants sont _____.

Test 2. L'emploi de l'infinitif après les verbes, les adjectifs et les noms. Complete the following sentences with **à** or **de,** if necessary. *[25–D]*

1. Nous apprenons _____ faire du ski.

2. Gildas hésite _____ répondre.

3. André a oublié _____ téléphoner à Claire.

4. Thomas espère _____ sortir ce week-end.

5. Martin s'est arrêté _____ fumer.

6. Michel rêve _____ faire un voyage cet été.

7. Mon cousin commence _____ étudier le russe.

8. Jean-Claude refuse _____ travailler ce week-end.

9. Est-ce que tu as décidé _____ venir avec nous?

10. Nous avons réussi _____ trouver du travail.

11. Nous devons _____ partir avant midi.

12. Vous avez demandé à Jacqueline _____ nous contacter?

13. J'essaie _____ faire de l'exercice tous les jours.

Test 3. Les pronoms compléments d'objet direct et indirect. Complete the following sentences with the appropriate direct- or indirect-object pronouns replacing the person in parentheses. *[33–A]*

1. (Christine) François _____ connaît, mais il ne _____ parle pas souvent.

2. (moi) Mes parents _____ aident, mais ils ne _____ prêtent pas toujours leur voiture.

3. (Sophie et moi) Est-ce que tu _____ invites? Et-ce que tu _____ montres tes photos?

4. (Pierre et Michel) Henri _____ aide. Il _____ prête ses notes.

5. (mon cousin) Je _____ téléphone. Je _____ invite au cinéma.

6. (mes amies) Je _____ trouve sympathiques. Je _____ rends souvent visite.

Test 4. L'ordre des pronoms compléments. Rewrite the following sentences, replacing the underlined words with two object pronouns. Be sure to use the correct pronoun sequence. *[33–B, C, D]*

1. Je <u>vous</u> montre <u>des photos</u>. _____

2. Paul vend <u>sa bicyclette</u> <u>à Béatrice</u>. _____

3. Jacqueline donne <u>les magazines</u> <u>à ses cousines</u>. _____

4. Anne dit <u>la vérité</u> <u>à ses parents</u>. _____

5. Charles <u>me</u> prête <u>sa guitare</u>. _____

6. Montre <u>ton nouveau logiciel</u> <u>à Robert</u>! _____

7. Je prête <u>mes disques</u> <u>à Marc</u>. _____

8. Donnez-<u>moi</u> <u>ce magazine</u>. _____

9. J'invite <u>mes amis</u> <u>au café</u>. _____

10. Nous donnons <u>du chocolat</u> <u>aux enfants</u>. _____

11. Nous <u>t'</u>amenons <u>à la bibliothèque</u>. _____

12. Prête <u>ta voiture</u> <u>à ses amis</u>. _____

Partie B. Verbes

Test 5. Les formes du futur. Complete the following sentences with the appropriate future forms of the verbs in parentheses. *[29–B, C]*

1. (habiter) L'année prochaine, j'_____ avec mon frère.

   Nous _____ dans un appartement.

2. (venir) Tu _____ à 4 heures.

   À quelle heure est-ce que tes amis _____ ?

3. (vendre) Antoine _____ son livre de maths.

   Est-ce que vous _____ vos livres aussi?

4. (sortir) Je _____ avec Alice. Nous _____ ce soir.

5. (pouvoir) Est-ce que vos amis _____ sortir ce soir?

   Moi, je ne _____ pas.

6. (avoir) Mon frère _____ son diplôme en juin.

   Quand _____-vous votre diplôme?

7. (faire) Je _____ les exercices de maths demain.

   Et toi, quand est-ce que tu les _____?

8. (aller) Nous _____ en France cet été.

   Mes parents _____ à Québec.

9. (réussir) Tu _____, mais tes amis ne _____ pas.

10. (recevoir) Je _____ mon passeport en juin.

    Et vous, quand est-ce que vous _____ votre passeport?

11. (être) Vous _____ riches et moi je _____ heureux.

12. (courir) Ce week-end mes amis _____ une distance de dix kilomètres.

    Est-ce que tu _____ avec eux?

Test 6. Le conditionnel. Complete the following sentences with the appropriate conditional forms of the verbs in parentheses. *[30–A]*

1. (vouloir) Nous _____ voir vos photos.

2. (réussir) Avec plus de patience, nous _____ à l'examen. Toi aussi, tu

   _____ et tes amis _____ aussi.

3. (être) Avec plus de chance, mon père _____ millionnaire.

4. (acheter) Avec mille dollars, j'_____ une moto. Mon frère _____ un

   téléviseur et une chaîne-stéréo. Et vous, qu'est-ce que vous _____?

5. (avoir) Avec plus d'ambition, tu _____ plus de responsabilités.

6. (faire) À ta place, je _____ de la gymnastique!

7. (pouvoir) Est-ce que vous _____ venir à six heures?

8. (aller) Avec plus d'argent, nous _____ en France.

Test 7. L'emploi des temps avec *quand* et *si*. Read the sentences below carefully and determine whether the missing verbs should be in the present, the future, the conditional, or the imperfect. Fill in the blanks with one of the following: **travaille, travaillera, travaillerait, travaillait.** *[29–D, E; 30–C]*

1. Quand Xavier _____, il habitera à New York.

2. Si Suzanne _____ cet été, elle ne voyagera pas avec ses parents.

3. Si Michel _____, il serait plus heureux!

4. Si Antoinette n'était pas étudiante, elle _____ dans un magasin de disques.

5. Si Yvon ne _____ pas cet été, il ira au Canada avec moi.

6. Si Paul avait besoin d'argent, il _____ plus!

7. Si Isabelle _____ pour cette compagnie, elle aurait beaucoup de responsabilités.

8. Quand Alain _____, il gagne beaucoup d'argent.

9. Jacqueline voyagera beaucoup quand elle _____ pour cette firme internationale.

10. Irène gagnerait plus d'argent si elle _____ à Paris.

Test 8. Le subjonctif des verbes réguliers. Complete the following sentences with the appropriate subjunctive forms of the verbs in parentheses. *[31–A]*

1. (trouver, réussir) Je souhaite que vous _____ du travail et que vous _____ dans la vie.

2. (manger, maigrir) Le médecin veut que mon père _____ moins et qu'il

    _____.

3. (finir, jouer) Je souhaite que tu _____ ton travail et que tu _____ au tennis avec moi.

4. (étudier, réussir) Le professeur veut que les étudiants _____ et qu'ils

    _____ à l'examen.

5. (finir, choisir) Mes parents veulent que je _____ mes études et que je

    _____ une profession intéressante.

6. (vendre, acheter) Ma mère veut que mon frère _____ sa moto et qu'il

    _____ une voiture.

7. (répondre, oublier) Je souhaite que mes amis _____ à mes lettres et qu'ils

    n'_____ pas de me téléphoner.

8. (téléphoner, rendre) Mes grands-parents souhaitent que nous leur _____ et que

    nous leur _____ visite pendant les vacances.

Test 9. Le subjonctif: formation régulière, verbes à deux radicaux. Fill in the blanks with the appropriate subjunctive forms of the verbs in parentheses. Although these verbs are irregular in the present indicative, their subjunctive is formed according to the regular pattern. *[31–B]*

1. (venir) Je souhaite que vous _____ avec nous au restaurant. Je souhaite que vos amis

    _____ aussi.

2. (voir) Il faut que je _____ le professeur. Il faut que vous le _____ aussi.

3. (boire) Le médecin ne veut pas que nous _____ de vin. Il ne veut pas que je

    _____ de l'alcool.

4. (apprendre) Il est utile que tu _____ le français et que tes amis _____
    l'espagnol.

5. (recevoir) Il faut que ces étudiants _____ une bonne note en espagnol. Il faut que

    vous _____ une bonne note en français.

Test 10. Des subjonctifs irréguliers. Fill in the blanks with the appropriate subjunctive forms of the verbs in parentheses. *[31–D; 32–B]*

1. (être) Il faut que je _____ à l'aéroport à six heures. Il faut que vous

    _____ là aussi.

2. (avoir) Il faut que nous _____ une bonne note à l'examen. Il faut que

    j'_____ un «A».

3. (vouloir) Je doute que Jean _____ me prêter sa moto. Je doute que vous

    _____ sortir avec nous.

4. (faire) Il faut que je _____ des progrès. Il faut que vous _____
    attention!

5. (aller) Le professeur souhaite que j'_____ en France avec mes amis. Il souhaite que

    nous _____ à Paris.

6. (savoir) Il est utile que vous _____ programmer. Il est bon que je _____
    utiliser cet ordinateur.

7. (pouvoir) Je regrette que tu ne _____ pas venir, mais je suis content que tes amis

    _____ jouer au tennis avec moi.

Test 11. Indicatif ou subjonctif? Complete the sentences below with **est** *(indicative)* or **soit** *(subjunctive)*, as appropriate. *[31–C, E; 32–C, D, E, F]*

1. Je pense que Lucien _____ assez généreux.

2. Crois-tu qu'il _____ intelligent?

3. Isabelle doute qu'il _____ très dynamique.

4. Il faut que Thomas _____ chez le médecin à une heure.

5. Les parents d'Henri veulent que leur fils _____ avocat.

6. Je sais que Nathalie _____ la cousine de Gérard.

7. M. Dumas prête de l'argent à son fils jusqu'à ce qu'il _____ financièrement indépendant.

8. Christine est ma meilleure amie. Je suis contente qu'elle _____ à la fête avec moi.

9. David parle très bien le français depuis qu'il _____ à Paris.

10. J'ai prêté ma voiture à Julien pour qu'il _____ à l'heure à son rendez-vous.

11. Joëlle est restée chez elle parce qu'elle _____ malade.

12. Paul est québécois. Il est normal qu'il _____ bon en français.

Test 12. Des verbes irréguliers. Complete the following sentences with the French verbs that correspond to the English verbs in italics. Be sure to use the appropriate tense: présent or passé composé. *[29–A; 30–D; 32–A]*

1. We don't *believe* you.

   Nous ne te _____ pas.

2. I *believed* what you said.

   J'_____ ce que tu as dit.

3. When *did* you *receive* this letter?

   Quand est-ce que tu _____ cette lettre?

4. When *did* you *drive* your friends to the airport?

   Quand est-ce que tu _____ tes amis à l'aéroport?

5. They *receive* letters from their friends every day.

   Ils _____ des lettres de leurs amis tous les jours.

6. I *drive* a French car.

   Je _____ une voiture française.

Partie C. Vocabulaire

Test 13. Logique! Select the option that completes the sentence logically. Circle the corresponding letter.

1. Elle m'a dit que je pourrais partir en vacances. C'est ma _____.

   a. fonctionnaire   b. cadre   c. patronne   d. infirmière

2. Les employés de cette entreprise ont cinq semaines de _____ par an.

   a. congé   b. départ   c. fin   d. fête

3. Je n'ai pas aimé ce film. Il était vraiment _____.

   a. génial   b. doux   c. ennuyeux   d. net

4. Il est important que tout le monde travaille pour _____.

   a. l'esprit   b. la jeunesse   c. la paix   d. la langue

5. À la suite d'une longue guerre, les adversaires ont signé _____.

   a. un traité   b. une loi   c. une paix   d. une frontière

6. Vous devrez montrer votre passeport quand vous serez _____.

   a. en affaires   b. informaticien   c. fatigués   d. à la douane

7. Bernard est au courant des problèmes _____. Il ne lit jamais de livres anciens!

   a. historiques   b. internationaux   c. personnels   d. actuels

8. À quelle _____ roule cette voiture?

   a. chance   b. avenir   c. vie   d. vitesse

LAB MANUAL

Bonjour, les Français!

1

Leçon 1   Bonjour!

Introduction

Présentation

1. **Lecture.** Open your textbook to page 2. Follow the text as you listen to it. *Écoutez!*

2. **Pratique orale**

Structure et Vocabulaire

Vocabulaire: Salutations

3. **Prononciation.** Open your textbook to page 6.

4. **Situation: Salutations**

    ● Philippe   *Salut, Philippe!*
    ● Annie   *Bonjour, Annie.*

Phonétique

5. **Introduction à la phonétique française.** Open your textbook to page 8.

6. **Consonnes et voyelles** *(Consonants and vowels)*

    ● A. Marie
    ● B. Monique

	A	B	1	2	3	4	5	6	7	8
vowel sound	✓									
consonant sound		✓								

Dialogue

7. **Bonjour!**

- A. —Bonjour!
     —*Bonjour!*
- B. —À bientôt!
     —*À tout à l'heure.*

A. 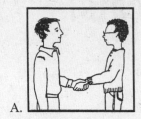 B.

1.    2.

3.    4.    5.

Dictée

8. **Salut!**

—_____! _____?

—_____, _____.

—Jean Paul, _____ Clara.

—_____.

—_____. _____!

Leçon 2   Comment vas-tu?

Présentation

1. **Lecture.** Open your textbook to page 10. Follow the text as you listen to it. *Écoutez!*

2. **Pratique orale**

Phonétique

3. **Les lettre muettes.** Open your textbook to page 17.

Structure et Vocabulaire

A. Formalisme et niveaux de langue *(Formality and Levels of Language)*

4. *Vous* **ou** *tu?*

    ● Ça va? (*informal*)

	●	1	2	3	4	5	6	7	8
formal									
informal	✓								
both									

Vocabulaire: Salutations

5. **Prononciation.** Open your textbook to page 14.

6. **Situation: Bonjour!**

    ● Paul   *Bonjour, Paul.*
    ● Mme Bissette   *Bonjour, Madame.*

7. **Situation: Au revoir**

    ● Roger   *Au revoir, Roger.*

    1. Nathalie   4. Nicolas   7. Édith
    2. Louise   5. Bernard   8. Marc
    3. Robert   6. Marthe

B. Les marques orthographiques

8. Les marques orthographiques. Open your textbook to page 18.

9. Orthographe (*Spelling*)

1. hotel
2. garcon
3. foret
4. Leon
5. Joel
6. Michele
7. Melanie
8. Daniele
9. Francoise
10. Valerie

C. L'alphabet français

10. Prononciation

A B C D E F G H I J K L M N O P Q R S T U V W X Y Z

ABC   DEF   GHI   JKL   MNO   PQR   STU   VWX   YZ

11. Géographie

1. ___ ___ ___ ___ ___

2. ___ ___ ___ ___ ___

3. ___ ___ ___ ___ ___ ___ ___ ___

4. ___ ___ ___ ___ ___ ___ ___ ___

5. ___ ___ ___ ___ ___ ___

6. ___ ___ ___ ___ ___ ___ ___ ___ ___ ___

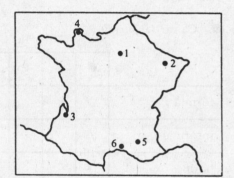

Dialogue

12. Ça va?

● —Bonjour, Monsieur.
Comment allez-vous?
—*Je vais bien, merci.*

A.

● —Bonjour, Michèle.
Ça va?
—*Non, ça va mal.*

B.

1.

2.

3.

4.

5.

Dictée

13.   Salutations

— _____.

— _____.

— _____?

— _____. _____?

— _____.

Leçon 3   Qui est-ce?

Présentation

1. **Lecture.** Open your textbook to page 20. Follow the text as you listen to it. *Écoutez!*

2. **Compréhension du texte**

	1	2	3	4	5
vrai					
faux					

Structure et Vocabulaire

A. Le genre des noms et des adjectifs

Vocabulaire: Quelques adjectifs de nationalité

3. **Qui est-ce?**

   ● A. —Qui est-ce? Une copine algérienne?   *—Oui, c'est une copine algérienne.*
   ● B. —Qui est-ce? Un copain anglais?   *—Oui, c'est un copain anglais.*

4. **Mes amis** *(My friends)*

   ● A. Voici un ami vietnamien.   *Et voilà aussi une amie vietnamienne.*
   ● B. Voici une amie suisse.   *Et voilà aussi un ami suisse.*

5. **Étudiants internationaux**

	1	2	3	4	5	6	7
Male							
Female							
Impossible to tell							

B. Les mots apparentés

6. Identifications

_____ _____ _____

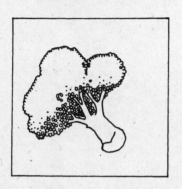  

_____ _____ _____

7. Orthographe

1. J'adore le _____.

2. Zineb téléphone à sa *(her)* _____ _____.

3. Maurice déteste _____.

4. Le _____ est mon *(my)* _____ préféré.

5. Marc prend un peu de *(a little)* _____ dans son *(his)* _____.

6. Le _____ aime la _____.

Vocabulaire: Préférences

8. En ville

● Mélanie

Jacqueline adore la librairie.

1. Ibrahim

2. Ourida

3. Alain

4. Tran

5. Martine

6. Marie

Phonétique

9. **Intonation (I).** Open your textbook to page 30. Repeat after the speaker.

10. **Situation: À Paris.** Open your textbook to page 31, Activité 6. You are working as a tour guide in Paris. Point out the places listed in Activité 6 to the tourists in your group.

   ● l'hôtel Napoléon   *Voilà l'hôtel Napoléon.*

Dialogue

11. **Qui est-ce?**

Dominique

   ● PHILIPPE: Qui est-ce?

   VOUS: *C'est Dominique. Bonjour, Dominique.*

1. Anne-Marie   2. Vincent   3. Sylvie   4. André

Dictée

12. **Bonjour!**

—_____ Annie _____ Nicole. _____ Pascal,

   —_____.

   —_____.

   —_____.

   —_____?

   —_____.

   —_____. _____

VIVRE EN FRANCE   Pendant le cours

Activité 1. Contextes. Listen to a series of expressions and remarks heard in a French language classroom. In your lab manual you will see two possible contexts for each remark, explained in English. Choose the logical context and say it.

1. a. The instructor notices that a student is about to make an error.

   b. Students want the instructor to pay attention to them.

2. a. The instructor wants a student to answer a question.

   b. The instructor wants the class to repeat a new expression.

3. a. The instructor wants a student to answer a question.

   b. The instructor wants a student to ask a question.

4. a. It's time to stop reading.

   b. It's time to read out loud from the text.

5. a. A student tells the instructor that she's speaking very fast.

   b. The instructor is happy with the student's response.

6. a. The instructor tells students to exchange papers.

   b. It's time to do some writing.

7. a. A student asks a favor of another student.

   b. The instructor asks a favor of the entire class.

8. a. The student doesn't understand the question.

   b. The student understands the question, but prefers to not answer.

9. a. A student needs to buy the text.

   b. A student asks how to express an English word in French.

10. a. The instructor tells the student that he's finally caught on.

    b. The instructor tells the student that he's guessed wrong.

Activité 2. À l'Alliance française. You are taking a class at the Alliance française in Paris. On the first day, the instructor is giving various instructions and asking you questions. Look at the cues in your lab manual and respond appropriately to each of her statements or questions. You will hear her response. Then, listen as the entire dialogue is read through.

1. Ask her politely to repeat what she said.

2. Say that you understand.

3. Ask her what "collège" means.

4. Say that you do not know.

5. Ask her how to say "a Moroccan friend."

Qui parle français? 2

Leçon 4   Au Canada

Présentation

1. **Lecture.** Open your textbook to page 36. Follow the text as you listen to it.

2. **Compréhension du texte**

	1	2	3	4	5
vrai					
faux					

Phonétique

3. **La liaison: pronom sujet + verbe**

As you recall, in French, a pronoun subject and its verb are always linked together and pronounced like one long word.

Répétez: **nous dînons   vous jouez   je visite**

When a subject pronoun ending on a silent "s" is followed by a verb beginning with a vowel sound, **liaison** occurs. This means that the "s" (representing the sound [z]) is pronounced as if it were the *first* sound of the verb. Note that **liaison** only occurs after the plural subject pronouns.

Répétez: **nous aimons   vous arrivez   ils écoutent   elles étudient**
Vous habitez à Paris.
Nous invitons Philippe.

Structure et Vocabulaire

A. Le présent des verbes en *-er* et les pronoms sujets

4. **Prononciation.** Open your textbook to page 43.

5. **Prononciation.** Open your textbook to pages 45–46.

6. **Pratique**

   ● Marc **habite** à Paris.
   ● Vous **aimez** Philippe.
   ● **Je** joue au tennis.

7. **Identification de structures**

	1	2	3	4	5	6	7	8
une personne								
un groupe								
impossible à dire								

B. La négation

8. **Conversation: Pas moi** *(Not me)*

   ● MICHÈLE: Nicolas travaille à Québec.
     VOUS: *Je ne travaille pas à Québec.*

9. **Conversation: Contradictions**

   ● PHILIPPE: Marie joue au baseball.
     VOUS: *Ah non! Elle ne joue pas au baseball.*

C. Les nombres de 0 à 12

10. **Compréhension**

    0   1   2   3   4   5   6   7   8   9   10   11   12

11. **Pratique**

    ● 2   9   4

      deux, neuf, quatre

    A. 3   5   7   C. 2   9   11   E. 10   2   12

    B. 8   0   1   D. 4   12   6   F. 7   8   11

12. **Prononciation.** Open your textbook to page 49.

Vocabulaire: L'heure

13. **Prononciation.** Open your book to page 50.

14. Conversation: L'heure

● MONIQUE: Quelle heure est-il?

VOUS: *Il est trois heures.*

1. 2. 3. 4. 5.

Dialogue

15. Qu'est-ce que tu fais?

● PHILIPPE: Qu'est-ce que tu fais à deux heures?

VOUS: *À deux heures, j'étudie.*

1. 2. 3.

4. 5.

Dictée

16. Au Canada

_____ Paris? _____ Québec _____ Paul

_____ Jacques. _____ Québec, _____

Québec. _____ Montréal. Paul _____ Jacques

_____ l'Université Laval.

Leçon 5   À Dakar

Présentation

1. **Lecture.** Open your textbook to page 52. Follow the text as you listen to it.

2. **Compréhension du texte**

	1	2	3	4	5	6	7	8
vrai								
faux								

Phonétique

3. **Intonation: Questions à réponse affirmative ou négative**

In French, as in English, the voice rises at the end of a yes/no question.

Comparez: **Est-ce que tu travailles?**

Are you working?

Répétez: **Est-ce que vous voyagez?**
Est-ce que tu joues au tennis?
Est-ce que Marie nage bien?

In conversational French, questions can be formed without **est-ce que** simply by using a rising intonation.

Répétez: **Vous voyagez?**
Tu joues au tennis?
Marie nage bien?

Again in conversational French, if a yes answer is expected, questions can be formed by adding the tag **n'est-ce pas?** at the end of the sentence. Here the intonation falls on the main part of the sentence, and rises only on the **n'est-ce pas?**

Répétez: **Vous voyagez, n'est-ce pas?**
Tu joues au tennis, n'est-ce pas?
Marie nage bien, n'est-ce pas?

Structure et Vocabulaire

Vocabulaire: Activités

4. **Prononciation.** Open your textbook to page 58.

5. **Situation: Clarifications**

   ● bien
   - Marie et Richard dansent.

   Marie et Richard dansent bien.

   1. mal
   2. souvent
   3. beaucoup
   4. maintenant

   5. toujours
   6. aussi
   7. assez bien
   8. très souvent

A. Le verbe **être**

6. **Prononciation.** Open your textbook to page 59.

7. **Pratique**

   ● Lamine / à Paris

   Lamine est à Paris.

   1. Nous / en classe
   2. Éric / à Londres
   3. Tu / à l'université

   4. vous / à Québec
   5. Robert et André / à Dakar
   6. Je / au cinéma

B. La construction infinitive

8. **Narration: Mais non!**

   ● Georges aime nager?

   Mais non! Georges déteste nager.

C. Questions à réponse affirmative ou négative

9. **Situation: Répétition**

   ● LAMINE: Vous aimez voyager?

     VOUS: ***Est-ce que vous aimez voyager?***

10.   Conversation: Souvent?

●   Est-ce qu'Alain travaille beaucoup?

Oui, il travaille beaucoup.

1. Philippe / nager bien
2. Marie / étudier souvent
3. Paul / voyager beaucoup
4. Nathalie / téléphoner souvent à Sylvie
5. Jacqueline / chanter bien
6. Pierre et Anne / danser bien
7. Alice et Marguerite / étudier beaucoup

D. Les nombres de 13 à 99

11.   Compréhension: Les nombres

13	14	15	16	17	18	19	20	
21	22	29	30	40	50	60		
61	62	69	70	71	72	73		
79	80	81	82	89	90	91	92	99

12.   Compréhension: Les adresses

1. Paul: _____, rue de la Pompe

2. Véronique: _____, rue Daru

3. Élisabeth: _____, avenue Daumesnil

4. Marc: _____, boulevard des Italiens

5. Philippe: _____, rue Sedaine

6. Jean-Claude: _____, rue de la Boétie

7. Sylvie: _____, rue de Sèvres

8. Robert: _____, avenue Foch

Vocabulaire: Les divisions de l'heure

13.   Prononciation. Open your textbook to page 66.

14.   Compréhension: La montre de Claire *(Claire's watch)*

	●	1	2	3	4	5	6	7	8
oui									
non	✓								

●   Il est six heures.

1.   2.   3.   4.   5.   6.   7.   8.

15.   Conversation: Quelle heure est-il?

● PHILIPPE: Quelle heure est-il?

VOUS: *Il est deux heures vingt-cinq.*

1.   2.   3.   4.   5.   6.   7.   8.

Dialogue

16.   Préférences et obligations

● Est-ce que tu aimes étudier?

Oui, j'aime étudier.

1. Oui,...
2. Oui,...
3. Oui,...

4. Non,...
5. Non,...
6. Oui,...

Dictée

17.   Les voyages

_____. _____.

_____ Québec.

_____ Montréal.

_____?

_____?

Leçon 6   À Bruxelles, à l'Alliance française

Présentation

1. **Lecture.** Open your textbook to page 70. Follow the text as you listen to it.

2. **Compréhension du texte**

	1	2	3	4	5
oui					
non					

Phonétique

3. **Intonation: Questions d'information**

The intonation of information questions is different in French and English.

Comparez: **Qu'est-ce que tu regardes?**

What are you looking at?

In French information questions, the question words begin on a high pitch. Then the intonation drops, to rise slightly on the last syllable.

Répétez: **Qui joue au tennis?**
Comment allez-vous?
Quand est-ce que tu étudies?
Où est Philippe?

Structure et Vocabulaire

A. Le pronom **on**

4. **Prononciation.** Open your textbook to page 74.

5. **Situation: Où est-ce qu'on parle français?**

- Paris?   *Oui, on parle français à Paris.*
- San Francisco?   *Non, on ne parle pas français à San Francisco.*

B. Questions d'information

6. Prononciation. Open your textbook to pages 76–77.

7. Pratique

- **Où** est-ce que vous travaillez?
- **Quand** est-ce que tu rentres?
- **À quelle heure** est-ce qu'il téléphone?

8. Situation: Questions

- Pierre travaille pour Madame Forestier.

  Pour qui est-ce que Pierre travaille?

9. Conversation: Comment?

- CLAUDE: Jacqueline habite à Paris.

  VOUS: *Où est-ce qu'elle habite?*

C. Les pronoms accentués

10. Situation: Avec insistance

- Georges arrive à midi.

  Lui, il arrive à midi.

11. Conversation: Pourquoi?

- PAUL: Je joue au tennis avec Charles.

  VOUS: *Pourquoi est-ce que tu joues avec lui?*

D. La date

12. Prononciation. Open your textbook to page 80.

13. Situation: Demain

- Aujourd'hui, c'est mardi.

  Demain, c'est mercredi.

14.   Compréhension orale: Quelle est la date?

● J'arrive à Zurich le douze avril. *le 12 avril*

1. _____   5. _____

2. _____   6. _____

3. _____   7. _____

4. _____   8. _____

Dialogue

15.   Questions

● CLAIRE: Où est-ce que tu habites?
   VOUS: *J'habite à Paris.*

1.   2.   3.   4.   5.

Dictée

16.   Le tennis

_____?

_____ Paul _____ Philippe, _____?

_____?

_____?

_____ , _____ !

Lab Manual: Lesson 6 **289**

VIVRE EN FRANCE   L'identité

Activité 1. La bonne réponse. You will hear a series of questions. In your lab manual you will see three possible responses for each question. Choose the logical response and say it. Then listen to check your answer.

1. a. Je suis photographe.

   b. Oui, ça va.

   c. J'aime danser.

2. a. Oui, je suis marié.

   b. Non, je suis marié.

   c. Non, je n'habite pas à Marseille.

3. a. Le 15 janvier.

   b. À Montréal.

   c. Je ne suis pas d'accord.

4. a. Ce n'est pas moi.

   b. Je suis d'accord avec toi.

   c. Allô! C'est André Lucas.

5. a. Oui, elle parle français.

   b. Non, elle n'aime pas parler anglais.

   c. Oui, un instant. Ne quittez pas, s'il vous plaît.

6. a. À bientôt.

   b. Je suis né le 18 septembre.

   c. J'arrive à Paris le 8 octobre.

7. a. Oui, bien sûr. À lundi.

   b. Oui, je dois étudier lundi.

   c. Non, je n'aime pas travailler.

8. a. Bonjour, Thérèse, comment allez-vous?

   b. Qui est à l'appareil?

   c. Au revoir, à mardi!

Activité 2. Au téléphone. You will hear a question or statement. Look at the choices listed in your lab manual and choose the appropriate response. Answer the speaker. Then, listen as your response is confirmed.

1. Ne quittez pas, s'il vous plaît!
   Bonjour, Dominique LaPierre à l'appareil.

2. Ici c'est Sylvie Dupont.
   Allô?

3. À bientôt!
   Oui, ne quittez pas.

4. Ah, c'est toi Sylvie!
   À bientôt.

5. Qui est à l'appareil?
   Ça va. Je suis libre.

6. Un instant, s'il vous plaît.
   À lundi!

Images de la vie

Leçon 7 La vie est belle!

Présentation

1. **Lecture.** *Ouvrez votre livre à la page 88.* Open your textbook to page 88. *Écoutez!*

2. **Compréhension du texte**

	1	2	3	4	5	6
vrai						
faux						

Phonétique

3. **Les voyelles [ɛ̃] and [y]**

The vowels [ɛ̃] and [y] are important to learn because they distinguish the articles **un** and **une.**

(a) *La voyelle* [ɛ̃]. The vowel [ɛ̃] is a nasal vowel. It can be spelled **un, in,** or **ain.** As you practice it, be sure *not* to pronounce an "n."

Répétez: **un   un   un**
cinq   quinze   vingt   copain   invite   matin
Ils invitent quinze copains.
Il est cinq heures vingt du matin.

(b) *La voyelle* [y]. The vowel [y] does not exist in English. To pronounce [y], round your lips as you say [i].

Écoutez: [i]   [y]   [i]   [y]   [i]   [y]

Répétez: **tu   bien sûr   salut   calculatrice   étudier   utiliser**
Bien sûr, tu étudies.
Lucie utilise une calculatrice.
Tu as une voiture.

Structure et Vocabulaire

A. Le verbe **avoir**

4. Prononciation. *Ouvrez votre livre à la page 90.* The verb **avoir** is irregular.

5. Pratique

- J'ai une mobylette.
- Est-ce que **Philippe** a une guitare?

B. Le genre des noms; l'article indéfini, **un, une**

6. Identification de structures

	1	2	3	4	5	6	7	8
un homme								
une femme								

Vocabulaire: Les gens

7. Prononciation. *Ouvrez votre livre à la page 92.* Repeat the nouns after the speaker.

8. Pratique

- Je travaille avec **un garçon.**
- Philippe téléphone à **un ami.**
- Alice parle à **une dame.**

9. Compréhension: Qui est-ce?

- Voici une amie canadienne.   *une amie*

1. _____   4. _____

2. _____   5. _____

3. _____   6. _____

Vocabulaire: Les objets

10. Prononciation. *Ouvrez votre livre à la page 93.* Repeat the nouns after the speaker.

11. **Pratique**

- Nous avons une **radio.**
- Avez-vous un **vélo?**
- Monique a une **auto.**

C. Le pluriel des noms; l'article indéfini **des**

12. **Situation: Aux Galeries Lafayette**

- —*Est-ce que vous avez des portables?*

1.

2.

3.

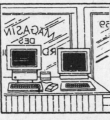

4.

5.

6.

D. L'article indéfini dans les phrases négatives

13. **Conversation: Caroline**

- MONIQUE: Est-ce que Caroline a une voiture?

  VOUS: *Non, elle n'a pas de voiture.*

14. **Situation: Possessions**

- A. oui
  Est-ce que Paul a des cassettes?   *Oui, il a des cassettes.*

- B. non
  Est-ce que Sylvie et Marie ont une moto?   *Non, elles n'ont pas de moto.*

  1. non   2. non   3. oui   4. oui   5. oui   6. non

E. L'expression **il y a**

15. Situation: La chambre d'Aurélie

● livres   *Oui, il y a des livres.*
● ordinateur (non)   *Non, il n'y a pas d'ordinateur.*

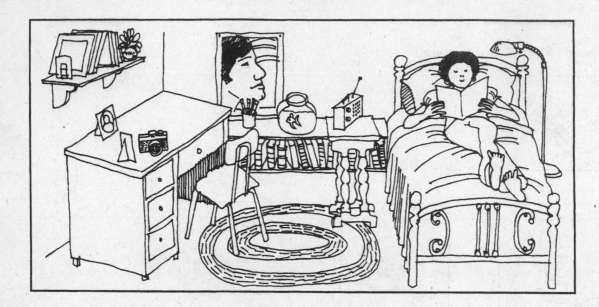

Dialogue

16. Questions

Dictée

17. Jacqueline

_____ Jacqueline. _____. _____,

_____. _____, _____

_____. _____,

_____ _____?

Leçon 8   Dans la rue...

Présentation

1. **Lecture.** Ouvrez votre livre à la page 102. Écoutez!

2. **Compréhension du texte**

	1	2	3	4	5	6	7	8
vrai								
faux								

Phonétique

3. **Les voyelles [ə], [a], [e]**

The vowels [ə], [a], and [e] are important to learn because they distinguish the articles **le, la,** and **les.**

(a) The vowel [ə] is called a "mute e."

Écoutez: [ə]   [ə]   [ə]

Répétez: **le   je   ne   que   de   ce**
au revoir   demie   regarder   premier   petit   demain
Denise regarde le petit vélo.

(b) The letter "a" in French represents the sound [a].

Répétez: **a   la   ami   cassette   caméra   camarade   Canada**
Alice a la cassette de Madame Laval.

(c) The vowel sound [e] is different from its English counterpart because there is no glide in French.

Comparez: les   LAY   des   DAY

Répétez: **et   les   des   dîner   premier   marié   réservé**
Vous voulez inviter des étudiants?
Les garçons utilisent le vélo et la moto.

Structure et Vocabulaire

A. L'article défini **le, la, les**

4. Identification de structures

	1	2	3	4	5	6	7	8	9	10
un homme										
une femme										
des personnes										

5. Narration: Aux Galeries Lafayette

- une mini-chaîne
  Une radio ou une mini-chaîne?

  Je voudrais la mini-chaîne, s'il vous plaît.

1. une mobylette
2. un lecteur de CD
3. un caméscope

4. un appareil-photo
5. une cassette
6. une machine à écrire

B. La forme des adjectifs de description

Vocabulaire: La description

6. Prononciation. *Ouvrez votre livre à la page 108.* Listen to the pronunciation of the masculine and feminine adjectives of description. Repeat each sentence as you hear it.

7. Description: Les jumeaux *(Twins)*

- Georges est brun. Et Sylvie?
  Elle est brune aussi.

- Sophie est française. Et Paul?
  Il est français aussi.

C. La place des adjectifs

8. Situation: Descriptions

- Voici un garçon. Il est intelligent.
- Voilà une voiture. Elle est petite.

Voici un garçon intelligent.
Voilà une petite voiture.

9. **Pratique**

- Thomas est un étudiant. (américain)   *Thomas est un étudiant américain.*
- Nous avons une auto. (japonais)   *Nous àvons une auto japonaise.*
- Philippe et Pierre sont des amis. (bon)   *Philippe et Pierre sont de bons amis.*

D. **Il est** ou **c'est?**

10. **Conversation: Opinions**

- —Le professeur est sympathique.

  —*Mais oui, c'est un professeur sympathique.*

11. **C'est un acteur.**

- Catherine Deneuve: actrice / grand / blond

  C'est une actrice. Elle est grande et blonde.

1. Peter Jennings: journaliste / intelligent / amusant
2. M. Dupont: professeur / intéressant / sympathique
3. Roberto Benigni: acteur / drôle / dynamique
4. Caroline: étudiante / impatiente / brillante.
5. Etienne: artiste / idéaliste / brillant

Dialogue

12. **Amis**

- STÉPHANIE: Tiens, Caroline est brune, n'est-ce pas?

  VOUS: *Mais non, elle n'est pas brune. Elle est blonde.*

1.   2.   3.

4.   5.   6.

Dictée

13. Suzanne

Suzanne _____. _____ Paris,

_____. _____.

_____. _____.

_____, _____?

Leçon 9   Le temps libre

Présentation

1. **Lecture.** Ouvrez votre livre à la page 114. Écoutez!

2. **Compréhension du texte**

   1. _____   4. _____

   2. _____   5. _____

   3. _____

Phonétique

3. **Les voyelles [o] et [ɔ]**

   (a) *La voyelle* [o]. The vowel [o] is different from its English counterpart because there is no glide in French.

       Comparez: au   OH   beau   BOW

       Répétez: **au   vélo   radio   métro   drôle   à bientôt**
               Margot va au château en vélo.
               Léo reste à l'hôtel de Bordeaux.

   (b) *La voyelle* [ɔ]. The vowel [ɔ] is somewhat similar to the "u" in the English word "up." However, the lips are more rounded in French.

       Répétez: **école   joli   poli   téléphone   homme   moderne**
               Nicole téléphone à Monique.
               Nous sommes d'accord avec Caroline.

Structure et Vocabulaire

A. L'emploi de l'article défini dans le sens général

Vocabulaire: Les loisirs

4. **Prononciation.** *Ouvrez votre livre à la page 117.* Repeat the following nouns.

5. **Situation: Préférences**

   ● cinéma ou théâtre

       Est-ce que tu préfères le cinéma ou le théâtre?

   1. art moderne ou art classique   4. dames ou échecs
   2. tennis ou baseball   5. photo ou peinture
   3. musique jazz ou musique rock

B. **Les contractions de l'article défini avec à et de**

6. **Situation: Nous parlons**

    ● le professeur   *Nous parlons au professeur.*
    ● le professeur   *Nous parlons du professeur.*

7. **Situation: Les loisirs**

    ● le piano?   *Est-ce que tu joues du piano?*
    ● le football?   *Est-ce que tu joues au football?*

C. **Le verbe aller; le futur proche avec aller + infinitif**

8. **Prononciation.** *Ouvrez votre livre à la page 121.* The verb **aller** is the only irregular verb in **-er**. Repeat the verb forms and then repeat the sentences.

9. **Pratique**

    ● **Nous** allons à Paris.
    ● **Marie** ne va pas à Québec.
    ● **Vous** allez rester ici.

10. **Identification de structures**

	1	2	3	4	5	6	7	8
présent								
futur								

11. **Conversation: Demain**

    ● GEORGES: Tu joues au tennis aujourd'hui?
         VOUS: *Non, je vais jouer au tennis demain.*

Vocabulaire: Où et comment

12. **Prononciation.** *Ouvrez votre livre à la page 122.* Repeat the following nouns.

13. Situation: Qu'est-ce qu'ils vont faire?

1. Robert et Sylvie

2. Nous

3. Je

4. Anne-Sophie

5. Les Du Maurier

D. La préposition **chez**

14. Situation: Qui travaille?

● Paul

Paul travaille chez lui.

E. Les questions avec inversion

15. Conversation: Pardon?

● ÉLISABETH: Nathalie arrive demain.

VOUS: *Quand arrive-t-elle?*

Dialogue

16. Où?

● GUY: Où est Philippe?

VOUS: *Il est à la piscine.*

1.

2.

3.

4.

5.

6.

Dictée

17. Le temps libre

_____?

_____, _____ Jean-Michel.

_____.

_____, _____

_____. _____?

VIVRE EN FRANCE   En ville

Activité 1. La bonne réponse. You will hear people asking you for directions. In your lab manual you will see three possible responses for each question. Choose the logical response and say it. Then listen to check your answer.

1. a. Oui, c'est à droite.

   b. Non, ce n'est pas loin.

   c. Non, vous tournez à gauche.

2. a. Non, c'est tout près.

   b. Non, c'est au nord.

   c. Oui, c'est ça!

3. a. Non, il n'y a pas d'autobus.

   b. Il se trouve à côté de la pharmacie.

   c. L'autobus passe à dix heures et quart.

4. a. Il se trouve avenue des Acacias.

   b. Non, je ne parle pas anglais.

   c. Moi aussi, je vais là-bas.

5. a. Non, il n'y a pas de taxi.

   b. Mais oui, il y a des taxis ici.

   c. Vous devez traverser la rue Jacob et continuer tout droit.

6. a. C'est en face.

   b. C'est au sud.

   c. C'est à cent mètres.

7. a. Ce n'est pas ici.

   b. Allez-là-bas en autobus.

   c. Oui, il y a un commissariat dans l'avenue de la Libération.

8. a. C'est un grand magasin.

   b. Non, je ne suis pas libraire.

   c. Oui, continuez tout droit. C'est à cent mètres à gauche.

Activité 2. En France. You will hear a conversation between Pierre and Christine. Pierre had invited Christine to dinner at his apartment. She took the bus, but after she got off, she realized that she had forgotten to take along the directions on how to get to Pierre's apartment. Fortunately, there is a phone at the bus stop. Christine calls Pierre to ask for directions. You will hear their conversation twice. First, just listen. The second time, take a pencil and trace Christine's itinerary from the bus stop, which is marked with an "X," to Pierre's apartment. Although you may not understand every word, you should be able to understand the essential elements of the conversation. Listen again and draw a path showing how Christine will get to Pierre's house. Mark Pierre's place with an "X."

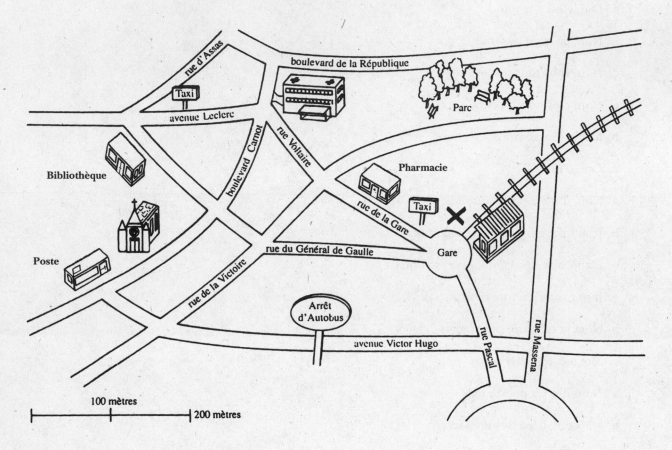

Problèmes d'argent

4

Leçon 10   Le budget de Martin

Présentation

1. **Lecture.** Ouvrez votre livre à la page 134. Écoutez!

2. **Compréhension du texte**

	1	2	3	4	5	6
vrai						
faux						

Phonétique

3. **La semi-voyelle [j]**

    (a) *La combinaison* [j] + *voyelle.* The semi-vowel [j] is similar to the initial sound of the English word *yes.* The French counterpart, however, is shorter and more tense.

    Comparez: piano   PIANO

    Répétez: **piano   bien   canadien   hier   premier
    juillet   brillant   payer   nettoyer
    Vous étudiez l'italien.
    Nous payons le loyer le premier janvier.**

    (b) *La combinaison voyelle* + [j]. The combination vowel + [j] can occur at the end of a word. In this position the [j] is pronounced very distinctly.

    Répétez: **travaille   fille   Marseille
    Les filles travaillent à Marseille.**

Structure et Vocabulaire

Vocabulaire: Les finances personnelles

4. **Prononciation.** Ouvrez votre livre à la page 135. Répétez les noms.

A. Les nombres de 100 à l'infini

5. **Prononciation.** Ouvrez votre livre à la page 136.

6. **Compréhension orale**

1. 100	1.000	8.000		5.	150	300	125
2. 100	120	210		6.	1.650	18.000	80.000
3. 50	1.300	3.000		7.	100	400	1.600
4. 50	150	1.500		8.	1.000	650	20.000

B. Le verbe **payer**

7. **Prononciation.** *Ouvrez votre livre à la page 138.* Listen to the forms of the verb **payer.** Then repeat the sentences.

8. **Pratique**

   ● **Nous** envoyons un télégramme.
   ● **Nous** nettoyons l'appartement.

C. L'expression **être à**

D. La possession avec **de**

9. **Conversation: À qui est-ce?**

   ● NADINE: La moto est à Pierre?

   VOUS: *Oui, c'est la moto de Pierre.*

E. Les adjectifs possessifs

10. **Prononciation.** *Ouvrez votre livre à la page 142.* Repeat after the speaker.

11. **Conversation: Possessions**

   ● LE PROF: Est-ce que c'est le stylo de Jean?

   VOUS: *Oui, c'est son stylo!*

12. Conversation: La famille

● non

M. JACOB: Est-ce que Jacqueline est votre sœur?
VOUS: *Non, ce n'est pas ma sœur.*

1. oui   2. oui   3. non   4. oui   5. oui   6. non   7. non

13. Conversation: La famille Dupont

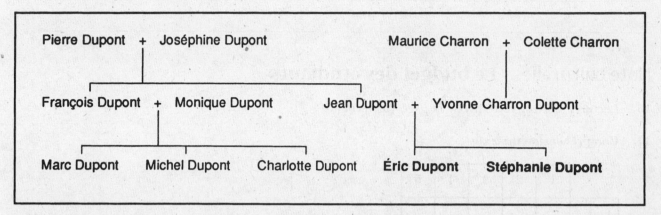

● Michel Dupont / Éric et Stéphanie Dupont

C'est leur cousin.

Dialogue

14. Le budget de Christine

● —Combien est-ce que Christine dépense pour le logement?

—*Elle dépense sept cents euros.*

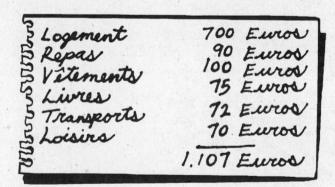

Dictée

15. Mes voisins

_____. _____ Robert

_____. _____. _____ Alice

_____. _____. _____

_____.

Note culturelle: **Le budget des étudiants**

16. Lecture. Ouvrez votre livre à la page 135. Écoutez!

17. Compréhension du texte

	1	2	3	4	5
vrai					
faux					

Leçon 11   C'est une affaire, non?

Présentation

1. **Lecture.** Ouvrez votre livre à la page 146. Écoutez!

2. **Compréhension du texte**

	1	2	3	4	5
vrai					
faux					

Phonétique

3. **La lettre «e»**

   The letter "e" represents several sounds in French.

   (a) The letter **é** and the verb endings **-er** and **-ez** represent the sound [e].

   Répétez: **café   école   église   aller   dansez**
   René va visiter l'université.

   (b) The letters **è** and **ê** represent the sound [ɛ].

   Répétez: **père   mère   frère   fête   être   vêtements**
   Mon père achète des vêtements.

   (c) The letter **e** followed by a single consonant and a vowel represents the sound [ə].

   Répétez: **chemise   chemisier   repas**
   Denise aime la chemise de Renée.

   In the middle of a word, the mute **e** is often dropped entirely.

   Répétez: **samᵉdi   maintᵉnant   achᵉter   amᵉner**
   Nous amᵉnons Cathᵉrine à la fête samᵉdi.

   (d) The letter **e** followed by two consonants and a vowel represents the sound [ɛ].

   Répétez: **veste   lunettes   verte   cette   merci**
   Quelle veste est-ce qu'Annette va porter?

Structure et Vocabulaire

Vocabulaire: Quelques vêtements

4. **Prononciation.** *Ouvrez votre livre à la page 148.* Repeat the items of clothing. Then repeat the names of the colors.

5. **Pratique**

   - Je porte un **chemisier** jaune.
   - Paul va porter un **costume** bleu.
   - Marie a une jupe **marron**.

6. **Compréhension orale**

   1. _____   5. _____

   2. _____   6. _____

   3. _____   7. _____

   4. _____   8. _____

A. Les verbes **acheter** et **préférer**

7. **Prononciation.** Ouvrez votre livre à la page 150. Repeat the forms of the verbs.

8. **Narration: Préférences**

   - Jean n'achète pas la veste rouge.

     Il préfère la veste bleue.

B. L'adjectif interrogatif **quel**

9. **Conversation: Caroline**

   - CAROLINE: J'aime le restaurant *Chez André*.

     VOUS: *Quel restaurant?*

C. L'adjectif démonstratif **ce**

10. **Conversation: Au grand magasin**

    - RAOUL: Cette veste-ci est jolie.

      VOUS: *Je préfère cette veste-là.*

D. Le comparatif des adjectifs

11.   Prononciation. Ouvrez votre livre à la page 154. Répétez les phrases.

12.   Situation: Comparaisons

●   Pierre est très grand. Jacques est grand.

Pierre est plus grand que Jacques.

●   Ces chaussures-ci ne sont pas très confortables. Ces chaussures-là sont confortables.

Ces chaussures-ci sont moins confortables que ces chaussures-là.

Dialogue

13.   En ville

●   NATHALIE: Qu'est-ce que tu achètes?

   VOUS: *J'achète ce pantalon.*

1.

2.

3.

4.

5.

6.

Dictée

14. **Au magasin**

_____ .

_____ .

_____ , _____ .

_____ .

_____ , _____ ?

Note culturelle: **Le shopping**

15. **Lecture.** Ouvrez votre livre à la page 147. Écoutez.

16. **Compréhension du texte**

	1	2	3	4	5	6	7
vrai							
faux							

Leçon 12   Le rêve et la réalité

Présentation

1. **Lecture.** Ouvrez votre livre à la page 158. Écoutez!

2. **Compréhension du texte**

	1	2	3	4	5
vrai					
faux					

Phonétique

3. **Liaison**

Many words in French end in a silent final consonant. In some instances, this consonant is pronounced with the next word when the next word begins with a vowel sound. The two words are then connected by **liaison.**

• Within a noun group, liaison is required between the words that introduce the noun.

Répétez: **un appartement   un bon appartement**

mon ami, ton école   mon excellent ami

les enfants, mes amis,   mes meilleurs amis

nos amis, vos amies   nos chers amis

quelles étudiantes   quels beaux enfants

aux étudiants   aux nouveaux étudiants

• Liaison is required between **plus, moins** + adjective.

Répétez: **plus amusant   plus heureux   plus optimiste**

moins intelligent   moins idéaliste   moins énergique

Structure et Vocabulaire

A. Le verbe **faire**

4. Prononciation. *Ouvrez votre livre à la page 160.* The verb **faire** is irregular.

5. Pratique

- **Je** fais des projets.
- Qu'est-ce que **tu** fais ici?
- **Nous** ne faisons pas d'économies.

6. Situation: Occupations

- Thomas

  Thomas fait le ménage.

1.

2.

3.

4.

5.

Vocabulaire: Le logement

7. Prononciation. *Ouvrez votre livre à la page 162.* Repeat the nouns after the speaker.

8. Compréhension orale

1. _____   4. _____

2. _____   5. _____

3. _____   6. _____

Vocabulaire: Les prépositions de lieu

9. **Prononciation.** Ouvrez votre livre à la page 164. Répétez les prépositions et les phrases.

B. Les adjectifs **beau, nouveau, vieux**

10. **Prononciation.** Ouvrez votre livre à la page 166.

11. **Situation: Description**

● Paul a une voiture.
   Paul a une belle voiture.

● J'ai une auto.
   J'ai une nouvelle auto.

● Pierre porte une chemise.
   Pierre porte une vieille chemise.

C. Le superlatif

12. **Prononciation.** Ouvrez votre livre à la page 167. Répétez les phrases.

13. **Conversation: Ce sont les meilleurs!**

● La classe   MICHÈLE: C'est une fille intelligente, n'est-ce pas?

   VOUS: *Oui, c'est la fille la plus intelligente de la classe.*

1. la classe de français

2. la ville

3. la bibliothèque

4. le magasin

5. la région

6. la maison

D. Le temps

14. **Prononciation.** Ouvrez votre livre à la page 169.

Dialogue

15. Une question de temps

● MICHÈLE: Est-ce que tu vas nager?

VOUS: *Non, je ne nage pas quand il fait mauvais.*

1.   2.   3.   4.

Dictée

16. Le week-end

_____?

_____ , _____ . _____ ,

_____ . _____ ,

_____ . _____ ,

_____

Note culturelle: **Le logement des étudiants**

17. Lecture. Ouvrez votre livre à la page 159. Écoutez!

18. Compréhension du texte

	1	2	3	4	5
vrai					
faux					

VIVRE EN FRANCE   La vie à Paris

Activité 1. La bonne réponse. You will hear eight questions. In your lab manual you will see three possible responses for each question. Choose the logical response and say it. Then listen to check your answer.

1. a. Ça fait mille francs?

   b. Non, merci.

   c. J'ai besoin de bonnes chaussures de marchc.

2. a. Soixante-dix euros.

   b. Deux euros.

   c. Je ne veux pas cette paire.

3. a. Montrez-moi cette cravate.

   b. Le trente-neuf seulement.

   c. Je préfère neuf billets de cinq.

4. a. Une carte de crédit.

   b. Je vous dois huit euros.

   c. Vingt-quatre euros, Madame.

5. a. Elles sont trop chères.

   b. Je peux payer avec un chèque?

   c. Où est la caisse?

6. a. Non, mais j'ai mon passeport.

   b. Voici mon carnet de chèques.

   c. J'ai plusieurs pièces de cinquante centimes.

7. a. Visa ou American Express.

   b. Non, je n'ai pas de carte de crédit.

   c. Allez à la Banque Nationale.

8 a. Certainement, voici dix dollars.

   b. Votre monnaie, Madame.

   c. Désolée, je n'ai pas de monnaie.

Activité 2. Quelle est la question? You are listening to a conversation in which you can hear only the response. For each response, say what the question was. Then listen to verify your answer.

Activité 3. En France. Now you will hear two short conversations. The first conversation takes place between two friends on a Paris sidewalk near a métro station. The second conversation is at the ticket window in the métro station. Listen carefully to the dialogues. Although you may not be able to understand every word, you should understand the information this tourist needs to answer his questions. You will hear the conversations twice. First listen carefully. Then listen again and jot down the answers to his questions in the form in your lab manual.

Pour aller à la Bastille?

1. Fréquence des trains? _____

2. Où prend-on les tickets? _____

3. Carnet ou Carte Orange? _____

4. Durée de validité de la Carte Orange? _____

5. Quelle direction prendre? Mairie d'Issy ou Pont de Sèvres? _____

6. Où changer? _____

7. Correspondance? _____

8. Où descendre? _____

Chez les Français

5

Leçon 13   Ma vision du bonheur

Présentation

1. **Lecture.** Ouvrez votre livre à la page 178. Écoutez!

2. **Compréhension du texte**

	1	2	3	4	5	6	7	8
vrai								
faux								

Phonétique

3. **Intonation: Les ordres**

In French, commands always begin on a high pitch. The voice then falls until the end of the sentence.

Écoutez: **Invite Philippe!**

Répétez: **Entrons!**
N'aie pas peur!
Va au café!
Ne sois pas timide!
Réponds au professeur!
Ne vendez pas vos livres!

Structure et Vocabulaire

A. Expressions avec **avoir**

4. **Prononciation.** Ouvrez votre livre à la page 180. Répétez les expressions et les phrases.

5. Situation: Quel âge ont-ils?

- moi: 18 ans

  Moi, j'ai dix-huit ans.

1. moi: 21 ans
2. toi: 16 ans
3. vous: 75 ans

4. mon grand-père: 80 ans
5. mon cousin: 30 ans
6. nous: 25 ans

6. Situation: Logique

- Béatrice

  Béatrice a faim.

1. Antoine   2. Marie   3. Robert

4. Christine   5. Richard

B. Les verbes réguliers en -ir

7. Prononciation. Ouvrez votre livre à la page 183.

8. Pratique

- **Je** réussis à l'examen.
- Est-ce que **tu** grossis?
- **Tu** ne maigris pas.

9. Situation: À la bibliothèque

- Paul / problèmes de l'environnement

  Paul réfléchit aux problèmes de l'environnement.

C. Les verbes réguliers en -re

10. Prononciation. Ouvrez votre livre aux pages 184–185.

11. Pratique

- **Je** réponds au professeur.
- **Je** n'entends pas la question.

12. Compréhension: Les problèmes de l'existence

	1	2	3	4	5	6	7	8
Oui, c'est un problème.								
Non, ce n'est pas un problème.								

D. L'impératif

13. Situation: S'il te plaît!

- aller à l'université   *Va à l'université, s'il te plaît!*
- acheter cette cassette   *N'achète pas cette cassette!*
- aller à la plage   *Allons à la plage!*

Dialogue

14. Que font-ils?

- Janine est devant la poste.
  JEAN-CLAUDE: Qu'est-ce qu'elle attend?
  VOUS: *Elle attend le bus.*

1.

2.

3.

4.

5.

Dictée

15. **Sylvestre**

_____ Sylvestre _____. _____

en France. _____. _____.

_____?

_____!

Note culturelle: **Les Français et le bonheur**

16. **Lecture.** Ouvrez votre livre à la page 179. Écoutez!

17. **Compréhension du texte**

	1	2	3	4
vrai				
faux				

Leçon 14   Un mois à Paris

Présentation

1. **Lecture.** Ouvrez votre livre à la page 190. Écoutez!

2. **Compréhension du texte**

	1	2	3	4	5	6	7	8
vrai								
faux								

Phonétique

3. **La voyelle nasale [ɔ̃]**

The nasal vowel [ɔ̃] is represented by the letters "on" and "om" when these letters occur at the end of a word or are followed by a consonant other than "n" or "m."

Contrast the nasal and non-nasal vowels in the following pairs of words.

Comparez: **Simon**   **Simone**
bon   **bonne**
Japon   **japonais**
son   **sommes**

Répétez: **on   bon   son   maison   salon   pantalon   oncle   content**
Bonjour, Simon. Où sont Yvon et Léon?
Mon oncle Simon est très compétent.

Structure et Vocabulaire

A. Le passé composé avec **avoir**

4. **Prononciation.** Ouvrez votre livre à la page 192. Répétez les phrases au passé composé.

5. **Pratique**

   ● Hier, **j'**ai dîné au restaurant.
   ● **Mon frère** a fini ce livre.
   ● **J'**ai attendu le bus.

6. **Identification de structures**

	1	2	3	4	5	6	7	8	9	10	11	12
présent												
passé composé												

7. **Situation: L'été dernier**

   ● visiter Montréal

   L'été dernier, Caroline a visité Montréal.

8. **Narration: Hier aussi!**

   ● Aujourd'hui, Charles joue au tennis.

   Hier aussi, il a joué au tennis.

B. **Le passé composé dans les phrases négatives**

9. **Narration: Bonnes résolutions**

   ● Ce matin, Éric va nettoyer sa chambre.

   Hier soir, il n'a pas nettoyé sa chambre.

C. **Les questions au passé composé**

10. **Conversation: Pourquoi?**

   ● OLIVIER: Alain a visité le Montana.

     VOUS: *Vraiment? Pourquoi a-t-il visité le Montana?*

Vocabulaire: Quand?

11. **Conversation: Avant**

   ● DENISE: Tu vas voyager l'été prochain?

     VOUS: *Non, j'ai voyagé l'été dernier.*

D. Les participes passés irréguliers

12. **Prononciation.** Ouvrez votre livre à la page 200.

13. **Pratique**

- **J**'ai eu un accident.
- **Alain** a été à Paris.
- **Jean-Paul** a fait une promenade.

14. **Narration: Lundi**

- Pierre a fait les courses.

  Lundi ses sœurs ont fait les courses.

Dialogue

15. **Le week-end dernier**

- FLORENCE: As-tu dîné chez des amis le week-end dernier?

  VOUS: *Non, je n'ai pas dîné chez des amis.*
  J'ai dîné au restaurant.

1.

2.

3.

4.

5.

6.

Dictée

16. **Samedi dernier**

_____ ? _____, _____ Julien.

_____, _____. _____, _____

_____. _____, _____.

_____, _____ !

Note culturelle: **Paris**

17. **Lecture.** Ouvrez votre livre à la page 191. Écoutez!

18. **Compréhension du texte**

	1	2	3	4	5	6	7
vrai							
faux							

Leçon 15   Séjour en France

Présentation

1. **Lecture.** Ouvrez votre livre à la page 202. Écoutez!

2. **Compréhension du texte**

	1	2	3	4	5	6	7	8
vrai								
faux								

Phonétique

3. **La voyelle nasale [ã]**

    The nasal vowel [ã] is represented by the letters "an," "am," "en," or "em" when these letters occur at the end of a word or are followed by a consonant other than "n" or "m."

    Contrast the nasal and non-nasal vowels in the following pairs of words.

    Comparez: **an**   **année**
                     campagne   **camarade**
                     attends   **tennis**
                     printemps   **système**

    Répétez: **an   avant   vacances   lampe   chambre**
                 en   entrer   vendre   temps   température
                 Les enfants passent les vacances à l'étranger.

Structure et Vocabulaire

Vocabulaire: Vive les vacances!

4. **Narration: Les vacances**

    ● Jacqueline fait du ski.

    Elle est en vacances.

A. Les verbes **sortir, partir** et **dormir**

5. **Prononciation.** Ouvrez votre livre à la page 205. Les verbes **sortir, partir** et **dormir** sont irréguliers.

    ● Répétez les phrases suivantes avec le verbe **sortir.**
    ● Maintenant répétez les phrases avec le verbe **partir.**
    ● Maintenant répétez les phrases avec le verbe **dormir.**

6. **Pratique**

   ● **Michèle** sort demain soir.

   ● **Mes amis** ne partent pas.

   ● Est-ce que **vous** dormez bien?

B. Le passé composé avec **être**

7. **Prononciation.** Ouvrez votre livre aux pages 207–208.

8. **Narration: Voyage en France**

   ● Philippe a visité Québec.

   Il n'est pas allé en France.

9. **Identification de structures**

	1	2	3	4	5	6	7	8	9	10
présent										
passé composé										

10. **Compréhension orale**

   ● Samedi dernier, Paul est sorti avec un copain.   *sortir*

   1. _____   3. _____   5. _____

   2. _____   4. _____   6. _____

11. **Narration: Mata Hari, Jr.**

   ● Mata Hari arrive à l'aéroport d'Orly.

   Elle est arrivée à l'aéroport d'Orly.

C. La date et l'année

12. **Compréhension: Dates historiques**

   ● Les Parisiens ont pris la Bastille le 14 juillet 1789.   *le 14 juillet 1789 / July 14, 1789*

   1. _____   4. _____   6. _____

   2. _____   5. _____   7. _____

   3. _____

D. L'emploi du passé avec **il y a**

13. Narration: Il y a combien de temps?

● Jacques habite à Paris depuis trois mois.

Il est arrivé à Paris il y a trois mois.

E. La place de l'adverbe au passé composé

14. Conversation: Hier aussi

● ROBERT: Philippe dort bien.

VOUS: *Hier aussi, il a bien dormi.*

Dialogue

15. Voyage en France

● PIERRE: Quand es-tu arrivé(e) en France?

VOUS: *Je suis arrivé(e) en France le 2 juillet.*

1.

2.

3.

4.

5.

6.

7.

Dictée

16. Au Canada

_____, Georges

_____ Sylvie.

_____ Paris _____. _____ Québec

_____. _____, Georges _____

_____.

Note culturelle: **Les étudiants étrangers en France**

17. Lecture. Ouvrez votre livre à la page 203. Écoutez!

18. Compréhension du texte

	1	2	3	4
vrai				
faux				

VIVRE EN FRANCE   À l'hôtel

Activité 1. La bonne réponse. You will hear a series of questions. In your lab manual you will see three possible responses for each question. Choose the logical response and say it. Then listen to check your answer.

1. a. Parce que les lits sont confortables.

   b. Parce que j'aime la nature.

   c. Parce que c'est moins cher qu'à l'hôtel.

2. a. Nous avons réservé une chambre avec salle de bains.

   b. Nous sommes restés dans une pension.

   c. Nous sommes restés du premier au 10 juin.

3. a. Oui, c'est une chambre à un lit.

   b. Oui, j'ai une belle vue sur le parc.

   c. Oui, elle a l'air conditionné et la télé.

4. a. C'est 90 euros par jour.

   b. Je vais payer en espèces.

   c. Le service n'est pas inclus.

5. a. Non, nous n'acceptons pas les chèques de voyage.

   b. C'est la chambre 128.

   c. Non, je préfère utiliser ma carte de crédit.

6. a. Une semaine.

   b. Voici la clé.

   c. Dans une auberge de campagne.

7. a. À huit heures du matin.

   b. À midi et demi.

   c. Du 2 au 7 juillet.

8. a. Une chambre à la campagne.

   b. Une chambre avec salle de bains.

   c. La chambre 204.

Activité 2. En France. You will hear a short conversation that took place at the reception desk of a hotel on the Atlantic coast. Listen carefully to the dialogue. Although you may not be able to understand every word, you should understand all the relevant information you will need to fill out the hotel card in your lab manual. You will hear the conversation twice. First listen carefully. Then listen again and fill out the card. *Écoutez.*

HÔTEL
DE LA PLAGE

Chambre nº: _____

Nom du client: _____

Nombre de personnes: _____

Durée du séjour: _____

Prix: _____

Pourquoi la France?   6

Leçon 16   Pourquoi la France?

Présentation

1. **Lecture.** Ouvrez votre livre à la page 230. Écoutez!

2. **Compréhension du texte**

● Il n'est pas étudiant. Il est photographe et
il habite en Allemagne.

	●	1	2	3	4	5	6	7	8	9	10
Per Eriksen											
Vanessa Bigelow											
Stefan Schmidt	√										
Shigeko Hasegawa											
Peter de Jong											

Phonétique

3. **Les lettres «gn»**

In French, the letters "gn" represent the sound [ɲ]. This sound is similar to the "ny" in *canyon*, but it
is pronounced with more tension.

Répétez: **campagne   montagne   Espagne   Allemagne   espagnol**
Les montagnes en Allemagne sont magnifiques.
Agnès boit du champagne espagnol.

Structure et Vocabulaire

Λ. Le verbe **venir**

4. **Prononciation.** Ouvrez votre livre à la page 232. Le verbe **venir** est irrégulier.

5. **Pratique**

- **Martine** vient de la piscine.
- **Marc** ne revient pas à midi.
- **Christine** est revenue avant-hier.

B. Le passé récent avec **venir de**

6. **Identification de structures**

	1	2	3	4	5	6	7	8	9	10
passé										
futur										

7. **Narration: Ils viennent de...**

- Alain a téléphoné à Virginie?
  Oui, il vient de téléphoner à Virginie.

C. L'emploi de l'article défini avec les noms géographiques

Vocabulaire: *Le monde*

8. **Prononciation.** Ouvrez votre livre à la page 236.

9. **Pratique**

- français
  la France

D. L'emploi des prépositions avec les villes et les pays

10. **Narration: Nationalités**

- Henri est français.
  Il habite en France.

11. **Narration: Origines**

- Paul est français.
  Il vient de France.

E. L'emploi du présent avec **depuis**

12.   Conversation: Depuis quand?

● deux ans
MONSIEUR LECLERC: Depuis combien de temps étudiez-vous le français?
VOUS: *J'étudie le français depuis deux ans.*

1. deux heures et quart
2. quinze minutes
3. trois jours

4. 1973
5. huit heures

Dialogue

13.   Quel pays?

Japon

 PIERRE: Où est-ce que tes grands-parents habitent?
VOUS: *Ils habitent au Japon.*

Mexique

● PIERRE: Quel pays vas-tu visiter?
VOUS: *Je vais visiter le Mexique.*

1. Canada

2. Grèce

3. Brésil

4. Espagne

5. Irlande

6. Portugal

Dictée

14. Catherine

_____ Catherine.

_____ Québec.

_____ , _____ Montréal.

_____ .

_____ .

Note culturelle: **La France, un pays touristique**

15. Lecture. Ouvrez votre livre à la page 231. Écoutez!

16. Compréhension du texte

	1	2	3	4	5	6	7
vrai							
faux							

Leçon 17   Pour garder la ligne

Présentation

1. **Lecture.** Ouvrez votre livre à la page 242. Écoutez!

2. **Compréhension du texte**

	1	2	3	4	5	6	7	8
André								
Yannick								

Phonétique

3. **La lettre «h»**

    In French, unlike English, the letter "h" is always silent.

    (a) *Le «h» muet.* Most words that begin with "h" are treated as if they began with the vowel sound. Before a mute "h," elision and liaison are required.

    Répétez: **l'homme   un homme   j'habite   vous habitez   l'heure**

    En hiver, ces hommes partent à six heures.

    (b) *Le «h» aspiré.* Some words that begin with "h" are treated as if they began with a consonant sound. These words are marked with an asterisk in the dictionary. Before an aspirate "h" there is never elision or liaison.

    Répétez: **un hors-d'œuvre   des haricots   le hockey   le huit**
    Nous jouons au hockey le huit octobre.

Structure et Vocabulaire

A. Le verbe **prendre**

4. **Prononciation.** Ouvrez votre livre à la page 244. Le verbe **prendre** est irrégulier.

5. **Pratique**

- **Marie** prend des pâtes.
- Apprenez-**vous** l'espagnol?
- **Je** n'ai pas compris la leçon.

B. L'article partitif

Vocabulaire: Au menu

6. **Prononciation.** Ouvrez votre livre à la page 247.

7. **Narration: À la cafétéria**

- François aime la salade.
  Il va prendre de la salade.

C. L'article partitif dans les phrases négatives

8. **Situation: Au régime**

- le rosbif?
  Il n'achète pas de rosbif.

D. Le verbe **boire**

9. **Prononciation.** Ouvrez votre livre à la page 250. Le verbe **boire** est irrégulier.

10. **Pratique**

- **Marc** ne boit pas de vin.
- **J**'ai bu du café.

Vocabulaire: Les boissons

11. **Prononciation:** Ouvrez votre livre à la page 250.

12. **Situation: Que boivent-ils?**

- la limonade?
  Oui, ils boivent de la limonade.

13. **Compréhension**

1. _____   4. _____   7. _____

2. _____   5. _____   8. _____

3. _____   6. _____   9. _____

E. L'emploi idiomatique de **faire**

14. Conversation: Vos activités

● VINCENT: Tu aimes la photo?

VOUS: *Oui, je fais de la photo.*

● VINCENT: Tu aimes le jogging?

VOUS: *Non, je ne fais pas de jogging.*

Dialogue

15. Nourriture et boissons

● MARIE-NOËLLE: Qu'est-ce que tu bois?

VOUS: *Je bois de la bière.*

1.

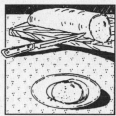
2.

3.

4.

5.

6.

7.

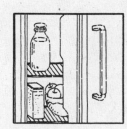
8.

9.

10.

Dictée

16. **Au restaurant**

Guillaume et Suzanne _____ .

Guillaume _____. _____

_____. _____

Suzanne _____, _____

_____. _____

Note culturelle: **La qualité de la vie**

17. **Lecture.** Ouvrez votre livre à la page 243. Écoutez!

18. **Compréhension du texte**

	1	2	3	4	5
vrai					
faux					

Leçon 18   Bon appétit!

Présentation

1. **Lecture.** Ouvrez votre livre à la page 254. Écoutez!

2. **Compréhension du texte**

	1	2	3	4	5
vrai					
faux					

Phonétique

3. **Les voyelles [ø] et [œ]**

   The French vowels [ø] and [œ] have no counterparts in English.

   (a) *La voyelle* [ø]. To pronounce the vowel [ø], round your lips tensely as you say the sound [e].

   Répétez: **eux   deux   heureux   Eugène   serveuse   il pleut**
   Eugène n'est pas heureux quand il pleut.
   Monsieur Lebleu dîne avec eux.

   (b) *La voyelle* [œ]. To pronounce the vowel [œ], round your lips as you say the sound [ɛ].

   Répétez: **sœur   heure   œuf   beurre   peur   meuble**
   Le professeur déjeune à une heure.
   Ma sœur prend du beurre avec son œuf.

Structure et Vocabulaire

Vocabulaire: Les repas

4. **Prononciation.** Ouvrez votre livre à la page 256.

5. **Questions personnelles**

	1	2	3	4	5	6	7	8
oui								
non								

A. Le verbe **mettre**

6. **Prononciation.** Ouvrez votre livre à la page 258. Le verbe **mettre,** *to put,* est irrégulier.

7. **Pratique**

   ● **Martine** met la table.
   ● Où est-ce que **tu** as mis la voiture?

B. L'emploi de l'article partitif, de l'article défini et de l'article indéfini

8. **Conversation: Préférences**

   ● PAUL: Aimes-tu le caviar?
   VOUS: *Oui, je mange du caviar.*

Vocabulaire: Les fruits et les légumes

9. **Prononciation.** Ouvrez votre livre à la page 264.

10. **Pratique**

    ● **J'aime** les fruits.
    ● **J'aime** les fraises.

11. **Compréhension: Au restaurant**

    Client 1: _____   Client 3: _____

    Cliente 2: _____   Cliente 4: _____

C. Expressions de quantité

12. **Prononciation.** Ouvrez votre livre à la page 265.

13. **Conversation: D'autres quantités**

● non, pas beaucoup

MARC: Est-ce que Paul a de l'argent?

VOUS: *Non, il n'a pas beaucoup d'argent.*

1. oui, beaucoup
2. non, pas assez
3. oui, trop
4. non, pas beaucoup
5. oui, beaucoup

Dialogue

14. **Nourriture et boissons**

● Qu'est-ce que tu bois?

Je bois du vin.

1.

2.

3.

4.

5.

6.

7.

8.

Dictée

15. Au restaurant

_____ .

_____ .

François _____ .

_____ , _____ .

Note culturelle: **Les repas français**

16. Lecture. Ouvrez votre livre à la page 255. Écoutez!

17. Compréhension du texte

	1	2	3	4	5
vrai					
faux					

VIVRE EN FRANCE **Au café**

Activité 1. La bonne réponse. You will hear eight questions. In your lab manual you will see three possible responses for each question. Choose the logical response and say it.

1. a. D'accord! Allons dans ce café.

   b. Moi aussi, j'ai soif.

   c. Bien sûr. Voulez-vous un croque-monsieur?

2. a. Bien sûr. Ça fait deux plus deux.

   b. Voilà! Ça fait 6 euros.

   c. Non, le service n'est pas compris *(included)*.

3. a. Je vais prendre le lapin farci.

   b. J'aime les pommes frites.

   c. Non merci! Je suis végétarien.

4. a. Donnez-moi une crème caramel.

   b. Ça dépend. C'est combien?

   c. Pouvez-vous m'apporter une bière pression?

5. a. Voici le menu.

   b. Il y a des œufs mayonnaise.

   c. Il y a de la glace à la vanille.

6. a. Non, je ne veux pas de dessert.

   b. Oui, le serveur va apporter l'addition.

   c. Non, je vais prendre du jambon.

7. a. Bien sûr, j'adore la sole.

   b. Je préfère les légumes.

   c. Oui, donnez-moi de l'eau minérale, s'il vous plaît.

8. a. Oui, c'est cher.

   b. Non, il n'est pas ici.

   c. Attendez une seconde. Je vais préparer l'addition.

Activité 2. En France. You will hear a short conversation in a restaurant. The waiter is taking the client's order. Listen carefully to the dialogue. Although you may not be able to understand every word, you should be able to understand all the information you need to fill out the order form in your lab manual. You will hear the conversation twice. First, listen carefully. Then, as you hear the conversation the second time, fill out the client's order.

RESTAURANT DES LILAS

Table n° _9_

Hors-d'œuvre: _____

Plat principal: _____

Légumes: _____

Salade: _____

Fromage: _____

Dessert: _____

Boisson: _____

À l'université

7

Leçon 19   La course aux diplômes

Présentation

1.   **Lecture.** Ouvrez votre livre à la page 274. Écoutez!

2.   **Compréhension du texte**

	1	2	3	4
vrai				
faux				

Phonétique

3.   **Les semi-voyelles [w] et [ɥ]**

> When the vowel sounds [w] and [y] are followed by another vowel in the same syllable, they are pronounced rapidly as semi-vowels.
>
> (a) *La semi-voyelle* [w]. The semi-vowel [w] usually occurs together with the vowel [a]. In this combination, it is represented by the letters "oi."
>
> > Répétez: **moi   voici   toi   vouloir   devoir   chinois   soir**
> > **Moi, je nettoie ma chambre ce soir.**
> > **Voilà la voiture de François.**
>
> The semi-vowel [w] also occurs in the combinations "oui" and "oin."
>
> > Répétez: **oui   Louis   Louise   besoin   moins**
> > **Mais oui, Louise a besoin de Louis.**
>
> (b) *La semi-voyelle* [ɥ]. The semi-vowel [ɥ] usually occurs before the vowel [i]. It is similar to the vowel [y], but it is pronounced more rapidly and with greater tension. Keep your lips rounded and your tongue against the lower front teeth when pronouncing [ɥ].
>
> > Répétez: **lui   huit   suis   nuit   cuisine   Suisse   minuit**
> > **Le huit juillet nous allons en Suisse.**
> > **Je suis chez lui.**

Structure et Vocabulaire

Vocabulaire: Les études

4.   **Prononciation.** Ouvrez votre livre à la page 276.

●   Répétez les noms.
●   Maintenant répétez les adjectifs.

- Maintenant répétez la forme **je** des verbes que vous allez entendre.
- Maintenant répétez les adverbes.

5. **Pratique**

- **Marc** obtient de très bonnes notes.
- Anne et Marie **préparent** leur examen.

6. **Compréhension du texte**

	1	2	3	4	5	6
logique						
illogique						

A. Le verbe **suivre**

7. **Prononciation.** Ouvrez votre livre à la page 279. Le verbe **suivre** est irrégulier.

8. **Pratique**

- Tu suis un régime.
- Quel cours suis-**tu?**

B. Les verbes **vouloir** et **pouvoir**

9. **Prononciation.** Ouvrez votre livre à la page 280. Les verbes **vouloir** et **pouvoir** sont irréguliers.

10. **Narration: Mais non!**

- Catherine veut aller au cinéma.

  Mais non, elle ne peut pas aller au cinéma!

11. **Narration: Ce soir**

- Thérèse regarde la télé.

  Elle ne veut pas sortir.

C. Le verbe **devoir**

12. **Prononciation.** Ouvrez votre livre à la page 282. Le verbe **devoir** est irrégulier.

13. **Narration: Obligations**

- Mon cousin travaille.

  Il doit travailler.

14. **Situation: Jean-Michel**

- devoir
  Jean-Michel est parti.
  Il a dû partir.

- vouloir
  Jean-Michel a voyagé.
  Il a voulu voyager.

  1. vouloir   2. pouvoir   3. devoir   4. pouvoir

D. L'expression impersonnelle **il faut**

15. **Narration: Il faut**

- Parle fort!   *Il faut parler fort!*
- Ne sors pas ce soir!   *Il ne faut pas sortir ce soir!*

Vocabulaire: Expressions indéfinies de quantité

16. **Prononciation.** Ouvrez votre livre à la page 286.

17. **Conversation: Que cherches-tu?**

- JEANNE: Cherches-tu ce stylo?

     VOUS: *Non, je cherche un autre stylo.*

18. **Jouons un rôle: La ville de Toulouse**

- CHRISTINE: La ville est jolie, n'est-ce pas?

     PIERRE: *Oui, toute la ville est jolie.*

Dialogue

19. **Activités**

- FRANÇOISE: Qu'est-ce que tu veux faire ce soir?

     VOUS: *Je veux regarder la télé.*

1.

2.

3.

4.

5.

6.

Dictée

20. **Ce soir**

_____, _____.

_____, _____.

_____, _____._____.

_____, _____.

_____.

Note culturelle: **Les examens et les diplômes français**

21. **Lecture.** Ouvrez votre livre à la page 275. Écoutez!

22. **Compréhension du texte**

	1	2	3	4	5	6
vrai						
faux						

Leçon 20   Pas de panique!

Présentation

1.   **Lecture.** Ouvrez votre livre à la page 288. Écoutez!

2.   **Compréhension du texte**

	1	2	3	4	5	6
vrai						
faux						

Phonétique

3.   **La consonne [l]**

   • The French consonant [l] is a delicate or "light" L-sound.

   Écoutez: **il   belle   l'eau**

   • The English consonant [l] is often much thicker or darker.

   Comparez: **il** EEL   **l'eau** LOW

   • In French, the consonant [l] is pronounced with the tip of the tongue touching the upper
   front teeth.

   Répétez: **elle   il   quel   belle   Paul   lui   leur   utile   facile**
   Il s'appelle Paul Laval.
   Lucille lui téléphone lundi.

Structure et Vocabulaire

Vocabulaire: Les études supérieures

4.   **Prononciation.** Ouvrez votre livre à la page 290.

5. Compréhension orale

	1	2	3	4	5	6	7	8
logique								
illogique								

A. Le verbe **voir**

6. Prononciation. Ouvrez votre livre à la page 291.

7. Pratique

- **Je** vois souvent mes parents.
- **Je** n'ai pas vu l'accident.

B. Le verbe **connaître**

8. Prononciation. Ouvrez votre livre à la page 292.

9. Pratique

- **Georges** connaît un bon restaurant.

C. Les pronoms **le, la, les**

10. Identification de structures

	1	2	3	4	5	6	7	8
Philippe								
Annie								
Jacques et Pierre								

11. Situation: Moi aussi

- BÉATRICE: Je comprends mes parents.

  VOUS: *Moi aussi, je les comprends.*

12. Conversation: Les garçons, non. Les filles, oui.

- JEAN-MICHEL: Tu connais Paul?

  VOUS: *Non, je ne le connais pas.*

Vocabulaire: Quelques verbes utilisés avec un complément d'objet direct

13. Prononciation. Ouvrez votre livre à la page 294.

D. Les pronoms **le, la, les** et l'infinitif

14. Conversation: Oui, bien sûr!

● NATHALIE: Vas-tu faire le ménage?

  VOUS: *Oui, bien sûr, je vais le faire!*

E. Le passé composé: l'accord du participe passé

15. Conversation: Oui et non

● ÉRIC: Tu as invité Pierre?

  VOUS: *Oui, je l'ai invité.*

● ÉRIC: Tu as invité Marie?

  VOUS: *Non, je ne l'ai pas invitée.*

Dialogue

16. Où et quand?

● en Suisse
    —Où as-tu appris le français?
    —*Je l'ai appris à Bordeaux*

1. il y a deux ans
2. au café
3. lundi
4. pendant les vacances

5. à la Fnac
6. à huit heures
7. demain soir
8. au marché

Dictée

17. Monique et Henri

_____ Monique? _____, _____.

_____ Paris.

_____. _____ Henri.

_____, _____.

_____ l'Université de Grenoble.

Note culturelle: **Les études supérieures**

18. Lecture. Ouvrez votre livre à la page 289. Écoutez!

19. Compréhension du texte

	1	2	3	4	5	6	7
vrai							
faux							

Leçon 21　Un contestataire

Présentation

1. **Lecture.**　Ouvrez votre livre à la page 302. Écoutez!

2. **Compréhension du texte**

	1	2	3	4	5	6	7	8
vrai								
faux								

Phonétique

3. **La liaison: Le groupe verbal**

   As you recall, liaison is required between the subject pronoun and the verb. Liaison is also required between object pronouns and the verb.

   Répétez:　**Nous les envoyons.**

   　　　　　Vous nous écrivez.

   　　　　　Mes cousins nous invitent.

   　　　　　Nous voulons les obtenir.

   　　　　　Je vais vous aider.

Structure et Vocabulaire

A.　Les verbes **dire, lire, écrire**

4. **Prononciation.**　Ouvrez votre livre à la page 304. Les verbes **dire, lire** et **écrire** sont irréguliers.

5. **Pratique**

   ● **Henri** dit des mensonges.
   ● **Marie** lit des bandes dessinées.
   ● **J'écris** un article.

B. La conjonction que

6. Situation: Ils étudient trop!

- Nous pensons

  Nous pensons que nous étudions trop.

C. Les pronoms lui, leur

7. Prononciation. Ouvrez votre livre à la page 307.

8. Identification de structures

	1	2	3	4	5	6	7	8
Sylvie								
Marc et Éric								

Vocabulaire: Quelques verbes utilisés avec un complément d'objet indirect

9. Prononciation. Ouvrez votre livre à la page 308.

10. Pratique

- Est-ce que vous **parlez** à Jacqueline?
- Marc **demande** de l'argent à Nathalie.

11. Conversation: Hier

- MARTINE: Avez-vous rendu votre devoir au prof?

  VOUS: *Oui, je lui ai rendu mon devoir.*

- MARTINE: Avez-vous rendu visite à vos copains?

  VOUS: *Non, je ne leur ai pas rendu visite.*

D. Les pronoms me, te, nous, vous

12. Jouons un rôle: Mais oui!

- THÉRÈSE: Tu me téléphones?

  RICHARD: *Mais oui, je te téléphone.*

- THÉRÈSE: Tu nous donnes cinq dollars?

  THOMAS: *Mais oui, je vous donne cinq dollars.*

E. La place des pronoms à l'impératif

13. Situation: S'il te plaît!

● téléphoner ce soir

 Téléphone-moi ce soir!

14. Conversation: Fais-le toi-même!

● ALBERT: Fais tes devoirs!

 VOUS: *Fais-les toi-même!*

Dialogue

15. Qu'est-ce que tu fais?

● THOMAS: Qu'est-ce que tu écris à tes grands-parents?

 VOUS: *Je leur écris une carte postale.*

1.

2.

3.

4.

5.

6.

Dictée

16. **J'ai besoin de mon livre.**

_____ Christine, _____? _____

_____ . _____ ,

_____ . _____ .

_____ , s'il te plaît!

Note culturelle: **Les étudiants Français et la politique**

17. **Lecture.** Ouvrez votre livre à la page 303. Écoutez!

18. **Compréhension du texte**

	1	2	3	4	5	6
vrai						
faux						

Vivre en France Le courrier

Activité 1. La bonne réponse.   You will hear a series of questions. In your lab manual there are three possible responses for each question. Choose the logical response and say it. Then listen to check your answer.

1. a. Il y a un livre.

   b. Il y a beaucoup de courrier.

   c. C'est à la poste restante.

2. a. Parce que les timbres sont bon marché.

   b. Je dois envoyer un télégramme.

   c. Je dois utiliser le code postal.

3. a. Je vais l'envoyer demain.

   b. J'ai besoin de deux timbres.

   c. Je voudrais l'envoyer en recommandé.

4. a. Non, il n'est pas encore parti.

   b. Oui, il est arrivé avec des copains.

   c. Oui! Tiens, ces cartes postales sont pour toi.

5. a. Parce que c'est près d'ici.

   b. J'attends une lettre de mon copain Pierre.

   c. J'ai besoin de timbres.

6. a. Je ne sais pas. Les tarifs postaux vont changer.

   b. Tiens, voilà un timbre par avion.

   c. Bien sûr, mais dis-moi, à qui est-ce que tu écris?

7. a. Parce que c'est moins cher que par avion.

   b. Oui, je vais envoyer un télégramme.

   c. J'ai l'intention d'écrire à ma cousine qui habite au Canada.

8. a. Mets-le ici à côté du nom de la ville.

   b. Ne l'envoie pas par la poste.

   c. Je ne sais pas. J'ai oublié.

Lab Manual: Vivre en France **361**

Activité 2. En France. You will now hear a short conversation that took place at the window of a French post office. Listen carefully to the dialogue between the postal clerk and the customer. In your lab manual, you will be asked to calculate the amount of money the customer owes. Although you may not be able to understand every word, you should be able to understand all the information necessary to do your calculation. You will hear the conversation twice. First listen carefully. Then listen again and write down the necessary information in your lab manual.

	valeur unitaire	quantité	total
TIMBRES			
	_____	_____	_____
	_____	_____	_____
	_____	_____	_____
	_____	_____	_____
total			

Hier et aujourd'hui

8

Leçon 22   La vie urbaine: Pour ou contre?

Présentation

1. **Lecture.** Ouvrez votre livre à la page 330. Écoutez!

2. **Compréhension du texte**

	1	2	3	4	5	6	7	8	9	10	11	12
vrai												
faux												

Phonétique

3. **Les lettres «qu»**

The letters "qu" almost always represent the sound [k].

> Répétez: **qui   Québec   quand   quartier   politique   physique**
> **Quand as-tu quitté Québec?**
> **Monique a répondu à la question.**
> **Dominique adore la musique classique.**

Structure et Vocabulaire

Vocabulaire: La ville

4. **Prononciation.** Ouvrez votre livre à la page 332.

5. **Pratique**

- Voici un beau **quartier.**
- Ce **quartier** est ancien.

A. Le verbe **savoir**

6. **Prononciation.** Ouvrez votre livre à la page 334. Le verbe **savoir** est irrégulier.

7. **Pratique**

   - **Marie** sait faire du ski.
   - Sais-**tu** nager?

8. **Situation: Le savoir**

   - Justine utilise un ordinateur.

     Elle sait utiliser un ordinateur.

B. **Connaître** vs. **savoir**

9. **Situation: Bien sûr!**

   - Chicago

     Bien sûr! Je connais Chicago.

C. Le pronom relatif **qui**

10. **Situation: C'est vrai!**

    - Nice est une ville très agréable.

      C'est vrai! C'est une ville qui est très agréable.

D. Le pronom relatif **que**

11. **Conversation: Oui, c'est ça!**

    - SYLVIANE: Tu achètes ce livre?

      VOUS: *Oui, c'est le livre que j'achète.*

12. **Situation: Comments s'appelle-t-elle?**

    - BERNARD: Une fille passe dans la rue.

      VOUS: *Comment s'appelle la fille qui passe dans la rue?*

    - BERNARD: Paul connaît une fille.

      VOUS: *Comment s'appelle la fille que Paul connaît?*

E. Les expressions **quelqu'un, quelque chose** et leurs contraires

13. Conversation: Non!

● FLORENCE: Tu as rencontré quelqu'un hier soir?

VOUS: *Non, je n'ai rencontré personne.*

Dialogue

14. Où habites-tu?

1. _____ dans une ville.   _____ à la campagne.

2. _____ dans le centre.   _____ dans la banlieue.

3. _____ dans un immeuble.   _____ dans une maison individuelle.

4. _____ (oui)   _____ (non)

5. _____ (oui)   _____ (non)

6. _____ (oui)   _____ (non)

7. _____ habitants.

Dictée

15. Ma voisine

_____

_____ . _____

_____

_____ . _____

_____ .

Note culturelle: **L'urbanisation de la France**

16. **Lecture.** Ouvrez votre livre à la page 331. Écoutez!

17. **Compréhension du texte**

	1	2	3	4	5	6
vrai						
faux						

Leçon 23   La télévision: Un bien ou un mal?

Présentation

1. **Lecture.** Ouvrez votre livre à la page 344. Écoutez!

2. **Compréhension du texte**

	1	2	3	4	5	6
vrai						
faux						

Phonétique

3. **Les terminaisons** *-tion* **et** *-sion*

   Many French words end in **-tion** and **-sion.** These endings are usually pronounced [sjɔ̃] and [zjɔ̃].
   The ending **-stion** as in **question** is pronounced [stjɔ̃]. In practicing these endings, pronounce the [j]
   rapidly with great tension. Avoid the "sh" [ʃ] or "zh" [ʒ] sounds that characterize the corresponding
   English endings.

   Comparez: **station**   STATION
              mission   MISSION
              télévision   TELEVISION

   Répétez: **nation   attention   émission   émotion   exception**
              télévision   décision   occasion
              À la télévision, j'aime les émissions sportives.
              Faites attention aux exceptions!

Structure et Vocabulaire

Vocabulaire: La télévision

4. **Situation: La télévision**

   ● les informations?

   Oui, il regarde les informations.

A. Le verbe **vivre**

5. **Prononciation.** Ouvrez votre livre à la page 347. Le verbe **vivre** est irrégulier.

6. **Pratique**

   ● **Nous** vivons aux États-Unis.

B. Quelques expressions négatives

7. Pratique

- **Brigitte** ne regarde jamais la télé.
- Monique ne **fume** plus.

8. Narration: Jamais!

- Muriel déteste faire du sport.

    Elle ne fait jamais de sport.

C. L'imparfait

9. Prononciation. Ouvrez votre livre à la page 350. L'imparfait est un temps du passé.

10. Pratique

- **Je** regardais un dessin animé.
- **Je** n'étais pas en classe hier.
- Marc **finissait** le livre.

11. Narration: Avant!

- une copine
- Marie parle avec ses parents.   *Avant, elle parlait avec une copine.*

Commençons.

1. en train   5. étudiante
2. des disques   6. leurs devoirs
3. du vin   7. avec un groupe d'amis
4. mes cousines   8. des lettres

D. L'imparfait et le passé composé: conditions habituelles et événements spécifiques

12. Identification de structures

	1	2	3	4	5	6	7	8
événement spécifique								
événement habituel								

Vocabulaire: Expressions de temps

13. **Prononciation.** Ouvrez votre livre à la page 354.

14. **Jouons un rôle: Questions**

   ● sortir avec des copains
      YVES: Qu'est-ce que tu as fait samedi dernier?

      GUY: *Je suis sorti avec des copains.*

   ● sortir avec mes parents
      YVES: Et quand tu étais petit, qu'est-ce que tu faisais le samedi soir?

      GUY: *Je sortais avec mes parents.*

   Commençons.

   1. Espagne   5. au café

   2. Alsace   6. au parc

   3. *Le Violon rouge*   7. lire un roman

   4. les films d'aventures   8. des bandes dessinées

Dialogue

15. **Pendant les vacances**

   ● MARIE: Qu'est-ce que tu faisais le lundi soir?

      VOUS: *Je suivais un cours de judo.*

	MATIN	APRÈS-MIDI	SOIR
LUNDI	*travailler au supermarché*		
MARDI			*sortir avec mes copains*
MERCREDI		*jouer au tennis*	
JEUDI		*déjeuner au restaurant*	
VENDREDI			*aller à la discothèque*
SAMEDI		*aller à la piscine*	
DIMANCHE	*dormir*	*regarder la télé*	

Dictée

16.   Le fils des voisins

_____, _____

_____ Henri, _____.

_____. _____

_____.

Note culturelle: **La télévision en France**

17.   Lecture. Ouvrez votre livre à la page 345. Écoutez!

18.   Compréhension du texte

	1	2	3	4	5	6	7	8
vrai								
faux								

Leçon 24   Un cambriolage

Présentation

1. **Lecture.** Ouvrez votre livre à la page 358. Écoutez!

2. **Compréhension du texte**

	1	2	3	4	5	6	7	8	9	10
vrai										
faux										

Phonétique

3. **Les lettres «ai»**

At the end of a word, the letters "ai" represent the sound [e]. When followed by a silent final consonant, they also usually are pronounced [e]. However, when followed by a pronounced consonant, they represent the sound [ɛ].

Comparez: j'ai   j'aime
           français   française
           fait   faire

Répétez: **j'ai   le lait   le fait   anglais   français**
          j'aide   semaine   anniversaire   fraise   urbaine
          Je n'ai pas pris de lait.
          Tu m'aides la semaine prochaine?

NOTE: The letters "ain" and "aim" represent the nasal vowel [ɛ̃]

Répétez: **pain   faim   demain   bain   soudain**
          Soudain Alain avait très faim.

Structure et Vocabulaire

Vocabulaire: Événements

4. **Prononciation.** Ouvrez votre livre à la page 360.

A. Le passé composé et l'imparfait: événement spécifique et circonstances de l'événement

5. Identification de structures

	1	2	3	4	5	6	7	8	9	10	11	12	13	14
circonstance														
événement spécifique														

6. Jouons un rôle: Au commissariat de police

● dans la rue Carnot

L'INSPECTEUR: Où étiez-vous hier soir à huit heures?

ÉRIC: *J'étais dans la rue Carnot.*

1. une promenade

2. mauvais

3. un homme assez grand

4. la Banque Nationale

5. un costume beige

6. un grand sac

7. appeler un taxi

8. jaune

B. L'imparfait et le passé composé: actions progressives et événements spécifiques

7. Narration: Hier

● Laetitia part au travail à six heures.

Hier, à six heures, elle partait au travail.

8. Narration: La résidence

● Je fais mes devoirs.

Je faisais mes devoirs quand Robert est rentré.

C. L'imparfait et le passé composé dans la même phrase

9. Narration: Pourquoi pas?

● Nicole attend un ami.

Nicole n'est pas sortie parce qu'elle attendait un ami.

10.   Jouons un rôle: Pourquoi?

● J'ai envie de lui parler.
  OLIVIER: Pourquoi as-tu téléphoné à Christophe?
  NICOLE: *J'ai téléphoné à Christophe parce que j'avais envie de lui parler.*

Commençons.

1. Je veux l'écouter.

2. J'ai beaucoup de travail.

3. Je cherche une nouvelle robe.

4. Je dois envoyer une lettre.

5. Maman m'attend.

D. Le plus-que-parfait

11.   Prononciation. Ouvrez votre livre à la page 370.

Dialogue

12.   Alibis

chez lui

● —Où était M. Arnaud à dix heures?
  —*Il était chez lui. Il regardait la télé.*

1. au bureau

2. dans sa chambre

3. au restaurant

4. à la bibliothèque

5. dans la rue

Dictée

13. Hier soir

_____ , _____ .

_____ épouvantable. _____

la visibilité _____ . _____ ,

_____ , _____ .

_____ Jean-Claude. _____

_____ .

Note culturelle: **Les Français en uniforme**

14. Lecture. Ouvrez votre livre à la page 359. Écoutez!

15. Compréhension du texte

	1	2	3	4	5
vrai					
faux					

VIVRE EN FRANCE Les sorties

Activité 1. La bonne réponse. *Vous allez entendre huit questions. Dans votre manuel de laboratoire, il y a trois réponses possibles pour chaque question. Choisissez la réponse logique et lisez-la à haute voix. Puis, écoutez pour vérifier la réponse.* You will hear eight questions. In your lab manual there are three possible responses for each question. Choose the logical response and say it. Then listen to check your answer.

1. a. Le film *Indochine*.

   b. Je pense que c'est une pièce de Beckett.

   c. Non, je ne suis pas libre.

2. a. Je préfère les films de science fiction.

   b. On peut se retrouver devant le cinéma.

   c. On peut aller à la séance de vingt-deux heures.

3. a. Un excellent spectacle de variétés.

   b. Une exposition de peinture.

   c. Non, je n'ai pas eu le temps.

4. a. Oui, j'aimerais bien aller au concert.

   b. J'ai déjà assisté à cette conférence.

   c. Oh, tu sais, moi, je ne connais rien à l'art moderne.

5. a. Non, je dois étudier.

   b. Je veux bien.

   c. Je te remercie.

6. a. J'aimerais t'inviter demain soir.

   b. Je n'aime pas cette couleur.

   c. Volontiers, est-ce qu'il y a un café près d'ici?

7. a. C'est entendu!

   b. Je te remercie.

   c. Je suis désolé.

8. a. C'est d'accord!

   b. Oui, je vais aller à un concert avec mes copains.

   c. Tu es gentil, mais je ne suis pas d'accord.

Lab Manual: Vivre en France **375**

Activité 2. En France. Vous allez entendre une conversation entre Jean-Claude et Jacqueline. Dans cette conversation, Jean-Claude veut inviter Jacqueline. Écoutez bien le dialogue. Même si vous ne comprenez pas tous les mots, vous pouvez comprendre les éléments essentiels de ce dialogue. Utilisez ces éléments pour compléter le carnet de rendez-vous de Jacqueline qui se trouve dans votre manuel de laboratoire. D'abord, écoutez le dialogue.

Rendez-vous

avec qui? _____

quelle date? _____

à quelle heure? _____

où? _____

nom du film? _____

Images de la vie

Leçon 25   Vive les loisirs!

Présentation

1.   **Lecture.** Ouvrez votre livre à la page 380. Écoutez!

2.   **Compréhension du texte**

	1	2	3	4	5	6
vrai						
faux						

Phonétique

3.   **Les consonnes [ʒ] et [g]**

(a) *La consonne* [ʒ]. The consonant [ʒ] is similar to the sound represented by the letter "g" in the English word *mirage*. Do not pronounce a [d] before [ʒ], unless there is a "d" in the written form of the French word, as in **budget.**

Répétez: **je   Jean   âge   argent   régime   logement   gymnastique**
Quel âge a Gigi?
Jacques fait du patinage avec Roger.

(b) *La consonne* [g]. The French consonant [g] is produced with greater tension than the corresponding sound in English.

Répétez: **grand   grippe   guitare   garçon   glace   langue**
Guy va garder la guitare de Margot.
Guillaume est un grand garçon.

Structure et Vocabulaire

Vocabulaire: La santé, les sports et les loisirs

4. **Prononciation.** Ouvrez votre livre à la page 382.

5. **Compréhension orale**

	1	2	3	4	5	6	7	8
logique								
illogique								

A. Le verbe **courir**

6. **Prononciation.** Ouvrez votre livre à la page 384. Le verbe **courir** est irrégulier.

7. **Pratique**

- **Nous** courons tous les jours.
- **Tu** n'as pas couru très vite.

B. Le pronom y

8. **Conversation: Où allez-vous?**

- M. DURAND: Êtes-vous allé(e) à New York?

  VOUS: *Oui, j'y suis allé(e).*

- M. DURAND: Est-ce que vous travaillez au supermarché?

  VOUS: *Non, je n'y travaille pas.*

9. **Conversation: Que fait Bernard?**

- CHARLOTTE: Est-ce que Bernard joue au tennis?

  VOUS: *Oui, il y joue.*

- CHARLOTTE: Est-ce qu'il téléphone à ses amis?

  VOUS: *Oui, il leur téléphone.*

C. Le pronom **en**

10. **Conversation: Un végétarien!**

- ANNE: Est-ce qu'il mange du rosbif?

  VOUS: *Non, il n'en mange pas.*

11. Conversation: Conseils

● MONIQUE: Est-ce que je dois faire de l'athlétisme?

  VOUS: *Oui, fais-en!*

D. Le pronom en avec les expressions de quantité

12. Conversation: Nous aussi!

● ALAIN: En France, nous faisons du sport.

  VOUS: *Nous aussi, nous en faisons.*

Dialogue

13. Activités

● ANNE: Qu'est-ce que Jacques fait en été?
  VOUS: *Il fait de la voile.*

● ANNE: Ah bon, et où est-ce qu'il en fait?
  VOUS: *Il en fait à Toulon.*

à Toulon

1. en Suisse

2. à la Martinique

3. en Normandie

4. à Biarritz

5. au parc Monceau

Dictée

14. À la mer

_____ ? _____ ,

_____ . _____

_____ . _____ .

_____ , _____

_____ , _____ .

Note culturelle: **La civilisation des loisirs**

15. Lecture. Ouvrez votre livre à la page 381. Écoutez!

16. Compréhension du texte

	1	2	3	4	5	6
vrai						
faux						

Leçon 26   Pauvre Michel!

Présentation

1. **Lecture.** Ouvrez votre livre à la page 394. Écoutez!

2. **Compréhension du texte**

	1	2	3	4	5	6	7	8
vrai								
faux								

Phonétique

3. **La chute de la voyelle [ə]**

   The mute "e" of the reflexive pronouns **me, te,** et **se** is dropped in rapid conversation when the preceding word ends in a vowel sound.

Répétez:	je me lève	je mɇ lève
	tu te rases	tu tɇ rases
	je me réveille	je mɇ réveille
	tu te couches	tu tɇ couches

   When the preceding word ends in a consonant sound, the mute "e" is pronounced. Compare the following examples of rapid speech. In the first group of words in each pair, the reflexive pronoun is preceded by a consonant sound: the vowel [ə] is pronounced.

Comparez et répétez:	il se rase	Jean sɇ rase
	elle se réveille	Marie sɇ réveille
	Paul se promène	Guy sɇ promène

Structure et Vocabulaire

Vocabulaire: Quelques activités

4. **Prononciation.** Ouvrez votre livre à la page 396.

A. L'emploi de l'article défini avec les parties du corps

Vocabulaire: Les parties du corps

5. Prononciation. Ouvrez votre livre à la page 397.

6. Compréhension orale

1. _____   4. _____

2. _____   5. _____

3. _____   6. _____

B. Les verbes pronominaux: formation et sens réfléchi

7. Prononciation. Ouvrez votre livre à la page 400.

8. Pratique

- **Pierre** se regarde dans la glace.
- **Je** ne me coupe jamais.
- Est-ce que **Paul** s'achète des disques?

Vocabulaire: Quelques occupations de la journée

9. Prononciation. Ouvrez votre livre à la page 402.

10. Pratique

- Nous **nous reposons** maintenant.
- Tu ne **te rases** pas?

11. Jouons un rôle: Mme Charron est curieuse.

- à sept heures
  MME CHARRON: À quelle heure est-ce que vous vous réveillez?
  PHILIPPE: *Je me réveille à sept heures.*

1. à sept heures et quart

2. dans la salle de bains

3. avec un rasoir électrique

4. dans ma chambre

5. en voiture

6. après le déjeuner

7. à onze heures et demie

C. L'infinitif des verbes pronominaux

12. Narration: Demain aussi

● Adèle se promène à la campagne.

Demain aussi, elle va se promener à la campagne.

D. Le verbe **ouvrir**

13. Prononciation. Ouvrez votre livre à la page 406.

Dialogue

14. Qu'est-ce que tu cherches?

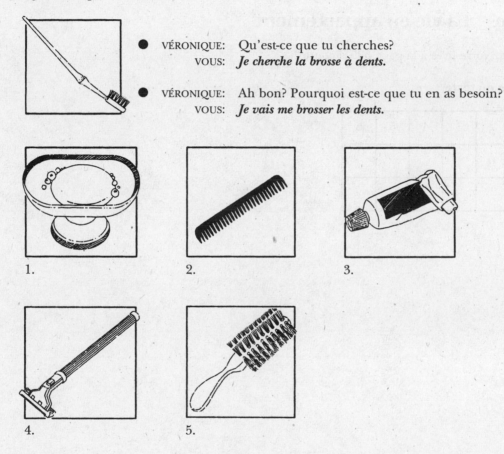

● VÉRONIQUE: Qu'est-ce que tu cherches?
VOUS: *Je cherche la brosse à dents.*

● VÉRONIQUE: Ah bon? Pourquoi est-ce que tu en as besoin?
VOUS: *Je vais me brosser les dents.*

1.
2.
3.
4.
5.

Dictée

15.   Le dimanche

_____?

_____, _____,

_____, _____, _____.

_____, _____ Marie-Laure.

_____.

_____, _____?

Note culturelle: **La vie en appartement**

16.   Lecture. Ouvrez votre livre à la page 395. Écoutez!

17.   Compréhension du texte

	1	2	3	4	5	6
vrai						
faux						

Leçon 27   Un rendez-vous

Présentation

1. **Lecture.** Ouvrez votre livre à la page 408. Écoutez!

2. **Compréhension du texte**

	1	2	3	4	5	6	7	8
vrai								
faux								

Phonétique

3. **Les consonnes [p], [t], et [k]**

The French consonants [p], [t], and [k] are pronounced differently from their English counterparts. To understand this difference more clearly, perform the following experiment. Hold a piece of paper in front of your mouth as you say the English words "pot," "top," and "cot." The paper will move somewhat because you release a puff of air when you pronounce the initial English consonants "p," "t," and "k." Now try the same experiment with the English words "spot," "stop," and "Scot." The paper hardly moves because the consonants are pronounced without a puff of air when they follow an "s." In French the consonants [p], [t], and [k] in initial position are always pronounced *without* a puff of air.

Répétez: **pied   peigne   patinage   parc   problème**
tête   temps   trop   tard   tôt
cou   corps   cœur   couper   casser   courir
Pierre est plus pessimiste que Paul.
Thomas a téléphoné trop tard.
Catherine a cassé la caméra de Kiki.

Structure et Vocabulaire

Vocabulaire: Entre amis

4. **Prononciation.** Ouvrez votre livre à la page 410.

A. Les verbes pronominaux: sens idiomatique

5. Prononciation. Ouvrez votre livre à la page 411.

6. Pratique

- **Bernard** se souvient de ce restaurant.
- Nous **nous dépêchons.**

7. Compréhension orale

	1	2	3	4	5	6	7	8
logique								
illogique								

B. L'impératif des verbes pronominaux

8. Situation: S'il te plaît!

- se lever   *Lève-toi!*
- se préoccuper   *Ne te préoccupe pas!*

9. Situation: Les bons conseils

- Vos amis ne se dépêchent pas.   *Dépêchez-vous!*
- Vos amis se disputent.   *Ne vous disputez pas!*

C. Les verbes pronominaux: sens réciproque

10. Prononciation. Ouvrez votre livre à la page 415.

D. Le passé composé des verbes pronominaux

11. Prononciation. Ouvrez votre livre à la page 416. Le passé composé des verbes pronominaux est formé avec le verbe **être.**

12. Identification de structures

	1	2	3	4	5	6	7	8	9	10
présent										
passé										

13. Narration: Hier

- Nathalie se repose. *Hier aussi, elle s'est reposée.*
- Marie ne s'amuse pas. *Hier non plus, elle ne s'est pas amusée.*

14. Conversation: Samedi dernier

- ÉLISABETH: Est-ce que tu t'es levé(e) tôt?

    VOUS: *Oui, je me suis levé(e) tôt.*

    ÉLISABETH: Est-ce que tu t'es reposé(e)?

    VOUS: *Non, je ne me suis pas reposé(e).*

Dialogue

15. Le week-end dernier

- à dix heures
    —À quelle heure est-ce que tu t'es levé(e)?

    —*Je me suis levé(e) à dix heures.*

1. à un copain
2. à deux heures
3. une promenade en ville
4. dans un café
5. à la terrasse

6. des glaces
7. au cinéma
8. un film de Hitchcock
9. à sept heures

Dictée

16. Guy et Suzanne

_____, Guy _____. _____.

_____, _____ Suzanne. _____

_____. _____,

_____. Guy et Suzanne _____

_____. _____? _____.

Note culturelle: **Où et comment les jeunes Français se rencontrent-ils?**

17.   **Lecture.** Ouvrez votre livre à la page 409. Écoutez!

18.   **Compréhension du texte**

	1	2	3	4	5	6	7	8
vrai								
faux								

VIVRE EN FRANCE   Le sport et la santé

Activité 1. La bonne réponse. Vous allez entendre une série de questions. Pour chaque question, choisissez dan votre manuel de laboratoire la réponse logique et lisez-la à haute voix. Puis écoutez pour vérifier la réponse.

1. a. Non, je suis allé à la mer.

   b. Oui, je me suis bien bronzé.

   c. Non, mais j'ai pris un bon bain de soleil.

2. a. Je lève des poids.

   b. Je vais tous les soirs au stade municipal.

   c. Je fais de la planche à voile.

3. a. Oui, nous aimons faire du bateau.

   b. Non, nous détestons faire du camping.

   c. Oui, et nous avons fait plusieurs longues randonnées à pied.

4. a. Je faisais de l'aviron.

   b. Je me sens déprimé.

   c. Je me suis coupé au pied.

5. a. Oui, je fais du ski de fond.

   b. Écoute, j'aimerais bien... mais je ne sais pas nager!

   c. Non, merci. Je n'ai pas envie de lever des poids.

6. a. Oui, je suis en bonne santé.

   b. Oui, je crois que j'ai la grippe.

   c. Oui, j'ai une douleur dans la jambe.

7. a. Oui, j'ai un rhume.

   b. Non, je n'ai pas de migraine.

   c. Oui, je crois que j'ai trop mangé.

8. a. Je suis tombé de vélo.

   b. Je me suis baigné.

   c. J'ai fait une promenade à cheval.

Lab Manual: Vivre en France **389**

9. a. Je vais à la mer et je me bronze.

   b. Je ne fais jamais de deltaplane.

   c. Je mange modérément et je fais du jogging tous les jours.

10. a. Je me sens déprimé.

    b. J'ai couru pendant quinze kilomètres.

    c. Je me suis blessé au pied.

11. a. Oui, je suis allé à la mer.

    b. Oui, je fais de l'athlétisme.

    c. Hélas, non! Je me suis cassé la jambe le jour de mon arrivée.

12. a. Je me suis foulé le poignet.

    b. Je suis allé à la montagne.

    c. Je ne me suis pas assez entraîné.

Activité 2. En France. Vous allez entendre une conversation qui a lieu dans un club de sport. Dans ce dialogue, un employé du club pose certaines questions à une personne qui désire devenir membre du club. Écoutez attentivement cette conversation. Même si vous ne comprenez pas tous les mots du dialogue, vous pouvez comprendre les éléments essentiels. Sur la base de ces éléments, complétez le questionnaire qui se trouve dans votre manuel de laboratoire. Vous allez entendre la conversation deux fois. D'abord écoutez.

CLUB DE SPORT ★★ LE GYMNAUTE ★★ Questionnaire personnel				
NOM et PRÉNOM				
SPORTS PRATIQUÉS	NIVEAU*			
	faible	assez bon	bon	excellent
ÉTAT DE SANTÉ				

*Niveau (m) = level

Perspectives d'avenir

10

Leçon 28   Le grand amour

Présentation

1. **Lecture.** Ouvrez votre livre à la page 436. Écoutez!

2. **Compréhension du texte**

	1	2	3	4	5	6	7	8
vrai								
faux								

Phonétique

3. **Consonnes finales**

When the last syllable of a word or group of words in French ends in a consonant sound, that consonant is strongly released; that is, it is very distinctly pronounced. In English, on the other hand, final consonants are often not released, or they are pronounced with very little tension. As you practice the following words, release the final consonants very clearly.

Répétez: **robe   douce   stade   actif   longue   gentille**
grec   cruel   dame   personne   préoccupe
chère   rousse   nette   sportive   heureuse

Structure et Vocabulaire

Vocabulaire: L'amitié, l'amour et le mariage

4. **Prononciation.** Ouvrez votre livre à la page 438.

Répétez la forme «**je**» des verbes et écoutez les phrases.

5. **Compréhension orale**

	1	2	3	4	5	6
d'accord						
pas d'accord						

A. Adjectifs irréguliers

6. **Prononciation.** Ouvrez votre livre à la page 439.

7. **Identification de structures**

	1	2	3	4	5	6	7	8	9	10
masculin										
féminin										

8. **Conversation: Eux aussi!**

   ● ALAIN: Viktor Petrenko est sportif. Et Tara Lipinski?
     VOUS: *Elle aussi est sportive.*

9. **Situations: Est-ce que c'est vrai?**

   ● Henri n'aime pas travailler. Il est paresseux.
     C'est vrai! Il est paresseux.

   ● Louis déteste jouer au tennis. Il est très sportif.
     C'est faux! Il n'est pas très sportif.

B. Les adverbes en -ment

10. **Conversation: Comment?**

    ● PAUL: Sylvie est polie. Comment répond-elle aux questions?
      VOUS: *Elle répond poliment.*

C. Les nombres ordinaux

11. **Pratique**

    ● cinq
      cinquième

D. La construction verbe + infinitif

Vocabulaire: Verbes suivis de l'infinitif

12. Prononciation. Ouvrez votre livre à la page 447.

13. Pratique

- J'**apprends à** faire du ski.
- Tu **décides de** travailler.
- Claire **va** étudier.

14. Réactions personnelles

	1	2	3	4	5	6	7	8
moi aussi								
pas moi								

Dialogue

15. Concierge

- —Où habite Mlle Dupuis?

    —*Elle habite au cinquième étage (floor).*

LOCATAIRE	ÉTAGE
Arnaud	12
Beaudoin	8
Charron	21
Dupuis	5
Eckenspieler	11
Fabre	9
Guignard	16
Henri	2
Lévy	10
Marceau	7
Pascal	1
Reboul	6
Velasquez	3

Dictée

16. **Étienne et ses sœurs**

_____ Étienne? _____.

_____. Christine _____

_____, _____.

Catherine _____.

_____.

Note culturelle: **Les Français et le mariage**

17. **Lecture.** Ouvrez votre livre à la page 437. Écoutez!

18. **Compréhension du texte**

	1	2	3	4	5
vrai					
faux					

Leçon 29   Dans dix ans

Présentation

1. **Lecture.** Ouvrez votre livre à la page 450. Écoutez!

2. **Compréhension du texte**

	1	2	3	4	5	6	7	8
Emmanuel								
Alice								
Martin								
Jonathan								

Phonétique

3. **La consonne [r]**

    The French letter "r" never represents the sound of the English "r." The French "r" is a soft sound pronounced at the back of the throat. To learn to pronounce the French [r], say "ah" and clear your throat at the same time: [a] + (forced [r]).

    Répétez: **a-ra   a-ra   a-ra**

    Now practice the following words and sentences using the French [r].

    Répétez: **Paris   Robert   reçoit   regrette**
    j'irai   je ferai   je saurai   je voudrai   je recevrai
    Roger devra rester à Rome.
    René arrivera à Rouen mercredi.

Structure et Vocabulaire

A. Le verbe **recevoir**

4. **Prononciation.** Ouvrez votre livre à la page 453.

5. **Pratique**

   ● Nous reçevons de l'argent de nos parents.

   Nous avons reçu de l'argent de nos parents.

B. Le futur: formation régulière

6. **Prononciation.** Ouvrez votre livre à la page 454.

7. **Pratique**

   ● **Je** dînerai à huit heures.
   ● **Je** réussirai à mon examen.
   ● **Je** ne répondrai jamais à cette lettre.

8. **Conversation: L'avenir**

   ● STÉPHANIE: Est-ce que tu vas chercher un travail intéressant?
        VOUS: *Oui, je chercherai un travail intéressant.*

      STÉPHANIE: Est-ce que tu vas devenir médecin?
        VOUS: *Non, je ne deviendrai pas médecin.*

C. Futurs irréguliers

9. **Prononciation.** Ouvrez votre livre à la page 458.

10. **Conversation: Le week-end**

    ● ROBERT: Est-ce que tu vas aller à la piscine?
       VOUS: *Oui, j'irai à la piscine.*

    ● ROBERT: Est-ce que tu vas aller à la bibliothèque?
       VOUS: *Non, je n'irai pas à la bibliothèque.*

11. **Narration: Demain**

    ● Jean-Paul ne fait pas les courses.
    Il fera les courses demain.

Vocabulaire: Quelques professions

12. **Prononciation.** Ouvrez votre livre à la page 460.

13. **Compréhension orale**

● Catherine: (infirmière) ou journaliste?

1. Pierre: vendeur ou médecin?
2. Philippe: ouvrier ou fonctionnaire?
3. Marie-Thérèse: avocate ou ingénieur?
4. Antoine: vendeur ou architecte?
5. Hélène: patronne ou journaliste?
6. Albert: employé ou médecin?
7. Henriette: cadre ou fonctionnaire?
8. Thomas: écrivain ou avocat?

D. **La construction si + présent**

14. **Narration: À Paris**

● Paul veut visiter le Louvre.

Si Paul va à Paris, il visitera le Louvre.

E. **L'emploi des temps après quand**

15. **Narration: Quand?**

● Marie doit avoir son passeport.

Quand Marie aura son passeport, elle ira à Paris.

Dialogue

16. **D'accord!**

● à deux heures
ANNE-MARIE: Va à la poste!
VOUS: *D'accord, j'irai à la poste à deux heures.*

1. avant le dîner
2. après la classe
3. avant le week-end
4. pour le rendez-vous
5. pour la classe d'histoire
6. demain
7. dimanche soir
8. avant jeudi

Dictée

17. Voyage en Italie

_____, _____

_____ Charles. _____.

_____, _____.

_____.

_____ télégramme _____

_____.

Note culturelle: **Les Français au travail**

18. Lecture. Ouvrez votre livre à la page 451. Écoutez!

19. Compréhension du texte

	1	2	3	4	5	6
vrai						
faux						

Leçon 30 Si j'avais de l'argent...

Présentation

1. **Lecture.** Ouvrez votre livre à la page 466. Écoutez!

2. **Compréhension du texte**

	1	2	3	4	5	6	7	8
vrai								
faux								

Phonétique

3. **Intonation à l'intérieur de la phrase**

> Within a longer declarative French sentence, the voice rises at the end of each group of words. In English, on the contrary, the voice drops at the end of each group of words.
>
> Comparez: Si j'avais le temps, j'apprendrais le chinois.
>
> If I had the time, I would learn Chinese.
>
> Répétez: **Si je pouvais conduire, je louerais une voiture.**
> **Si tu partais plus tôt, tu serais à l'heure.**
> **Si nous avions de l'argent, nous irions en France.**

Structure et Vocabulaire

Vocabulaire: Projets de vacances

4. **Prononciation.** Ouvrez votre livre à la page 468.

A. Le conditionnel: formation

5. **Prononciation.** Ouvrez votre livre à la page 470.

6. **Pratique**

   - **Henri** achèterait une voiture.
   - **Bernard** ne fumerait plus.
   - Où irais-**tu?**

7. **Identification de structures**

	1	2	3	4	5	6	7	8	9	10	11	12
certitude: futur												
hypothèse: conditionnel												

B. Le conditionnel: emploi

8. **Situation: En France**

   - aller à Paris   *Oui, j'irais à Paris.*
   - aller dans les Alpes   *Non, je n'irais pas dans les Alpes.*

9. **Narration: Avec mille dollars**

   - Je voudrais aller en Espagne.

     Avec mille dollars, j'irais en Espagne.

10. **Narration: Qu'est-ce qu'il a dit?**

    - JEAN-PHILIPPE: Caroline restera chez elle ce soir.

      VOUS: *Il a dit que Caroline resterait chez elle ce soir.*

C. Résumé: l'emploi des temps après **si**

11. **Narration: Si nous avions le temps...**

    - Tu voudrais écrire des poèmes.

      Si tu avais le temps, tu écrirais des poèmes.

D. Le verbe **conduire**

12. **Prononciation.** Ouvrez votre livre à la page 475. Le verbe **conduire** est irrégulier.

Dialogue

13. Conditions

ROBERT: Qu'est-ce que tu achèterais si tu avais mille dollars?

VOUS: *J'achèterais un ordinateur.*

1.   2.   3.

4.   5.   6.

Dictée

14. Après l'université

_____?

_____, _____,

_____. _____.

_____ Japon _____ Chine. _____ France _____.

Note culturelle: **Vive les vacances!**

15. **Lecture.** Ouvrez votre livre à la page 467. Écoutez!

16. **Compréhension du texte**

	1	2	3	4	5	6
vrai						
faux						

VIVRE EN FRANCE   En voyage

Activité 1. La bonne réponse. Vous allez entendre une série de questions. Pour chaque question, choisissez dans votre manuel de laboratoire quelle est la réponse logique et lisez-la à haute voix. Puis, écoutez pour vérifier la réponse.

1. a. Il coûte 150 francs.

   b. Non, il est occupé.

   c. Oui, il est direct.

2. a. Il part dans dix minutes.

   b. Désolé, le guichet est fermé.

   c. Bien sûr, allez à la porte F.

3. a. Oui, il y a un aéroport très moderne à Genève.

   b. Non, l'avion de Genève part de la porte B.

   c. Je ne pense pas. On m'a dit que l'avion était direct.

4. a. Je ne sais pas. Je pense que les passagers ont déjà embarqué.

   b. Mais oui! Allez au comptoir d'Air Maroc.

   c. Ça dépend. Est-ce que vous avez beaucoup de bagages?

5. a. Je rentre le 18 juillet.

   b. Je vais à Tours en septembre.

   c. Non, donnez-moi un aller simple.

6. a. Non, il y a une correspondance à Saint-Pierre-des-Corps.

   b. Non, il y a une escale à Mont-de-Marsan.

   c. Non, il est occupé.

7. a. Non, il n'y a pas d'escale.

   b. Non, il a une demi-heure de retard.

   c. Non, il part dans une heure.

8. a. Allez sur le quai B.

   b. Allez au guichet 2.

   c. Il part du quai 18.

9. a. Les trains sont tous à l'heure.

   b. Il a dix minutes d'avance.

   c. Je ne sais pas. Vous pouvez demander au bureau de renseignements.

10. a. Oui, j'ai choisi mon siège.

    b. Non, je n'ai pas ma carte d'accès à bord.

    c. Non, je vais les garder avec moi.

Activité 2. En France. Vous allez entendre une conversation qui a lieu dans une agence de voyages. Dans cette conversation, quelqu'un veut réserver un billet d'avion. Écoutez bien la conversation entre cette personne et l'employé de l'agence de voyages. Sur la base des informations que vous allez entendre, complétez la fiche de réservation qui se trouve dans votre manuel de laboratoire. D'abord, écoutez.

FICHE DE RÉSERVATION

NOM: _____

PRÉNOM: _____

COMPAGNIE AÉRIENNE: _____

VOL Nº: _____

DESTINATION: _____

DATE DE DÉPART: _____

DATE DE RETOUR: _____

MODE DE PAIEMENT: _____

Le monde actuel

11

Leçon 31   Conversation avec un Québécois

Présentation

1. **Lecture.** Ouvrez votre livre à la page 484. Écoutez!

2. **Compréhension du texte**

	1	2	3	4	5	6	7
vrai							
faux							

Phonétique

3. **Les lettres «in» et «im»**

The letters "in" and "im" represent the nasal vowel [ɛ̃] when followed by a consonant sound.

Contrastez: **Non-nasal**   **Nasal**
               inutile   inviter
               imaginatif   impulsif
               immeuble   impatient

Répétez: **imperméable   impulsif   indiscret   infirmier
inquiet   informatique   ingénieur   instant   intéressant
Mme Imbert s'intéresse à l'informatique.**

Structure et Vocabulaire

Vocabulaire: Traditions

4. **Prononciation.** Ouvrez votre livre à la page 486.

- Répétez les noms.
- Maintenant répétez les adjectifs, les verbes et les expressions.

Lab Manual: Lesson 31 **405**

A. La formation du subjonctif: verbes à un radical

5. Prononciation. Ouvrez votre livre à la page 488.

Répétez les formes du subjonctif des verbes **parler, finir** et **attendre**.

6. Pratique

- Il faut que **mes amis** réussissent.
- Il faut que **mes parents** répondent.
- Il faut que **tu** partes.

7. Jouons un rôle: Le contraire

- YVES: Philippe ne sort pas.
  MARIE: *Il faut qu'il sorte.*

B. La formation du subjonctif: verbes à deux radicaux

8. Prononciation. Ouvrez votre livre à la page 490.

9. Conversation: Obligations scolaires

- DENIS: Est-ce que vous achetez un ordinateur?
  VOUS: *Oui, il faut que j'achète un ordinateur.*

C. L'emploi du subjonctif après certaines expressions d'obligation et d'opinion

10. Prononciation. Ouvrez votre livre à la page 493.

D. Le subjonctif d'**être** et d'**avoir**

11. Prononciation. Ouvrez votre livre à la page 495. Les verbes **être** et **avoir** ont un subjonctif irrégulier.

12. Pratique

- Il est dommage que **je** sois en retard.
- Il est dommage que **vous** n'ayez pas d'argent.

E. L'emploi du subjonctif après les verbes de volonté

13. Identification de structures

	1	2	3	4	5	6	7	8
le sujet (infinitif)								
une personne différente (subjonctif)								

14. **Jouons un rôle: Révolte!**

● LA MÈRE: Je veux que tu mettes la table.

NICOLE: *Je ne veux pas mettre la table.*

15. **Conversation: Non!**

● LE COUSIN: Est-ce que je peux fumer dans ta chambre?

VOUS: *Non, je ne veux pas que tu fumes dans ma chambre.*

Dialogue

16. **Désolé(e)!**

● —Est-ce que tu veux sortir avec moi jeudi?

—*Désolé(e), mais il faut que je passe à la bibliothèque.*

CALENDRIER DE LA SEMAINE	
LUNDI	*conduire Michèle à l'aéroport*
MARDI	*nettoyer mon appartement*
MERCREDI	*suivre le cours de l'Alliance française*
JEUDI	*passer à la bibliothèque*
VENDREDI	*finir le devoir de maths*
SAMEDI	*dîner chez les Descroix*
DIMANCHE	*rendre visite à mes grands-parents*

Dictée

17. Les courses

_____ . _____.

_____ , _____.

_____ . _____ , _____.

_____ . _____.

Note culturelle: **Les Canadiens d'expression française**

18. Lecture. Ouvrez votre livre à la page 485. Écoutez!

19. Compréhension du texte

	1	2	3	4	5	6	7	8
vrai								
faux								

Leçon 32 Français ou Européens?

Présentation

1. **Lecture.** Ouvrez votre livre à la page 500. Écoutez!

2. **Compréhension du texte**

	1	2	3	4	5	6	7	8	9	10
vrai										
faux										

Phonétique

3. **Les lettres «s», «c» et «ç»**

(a) *La lettre «s».* Between two vowels, the letter "s" represents the sound [z].

Écoutez: rose musique

In other positions, the letter "s" represents the sound [s].

Écoutez: souvent reste

Répétez: **hasard entreprise réaliser chose épouser
santé esprit impossible conserver sûr
Isabelle est sûre de réussir dans son entreprise.**

(b) *La lettre «c».* Before the letters "e," "i," and "y," the letter "c" represents the sound [s].

Écoutez: certain citoyen cyclone exercice

Before the letters "a," "o," and "u," before a consonant, and in final position, the letter "c" represents the sound [k].

Écoutez: cadre cœur curieux crème avec

Répétez: **nécessaire médecin bicyclette douce
avocat congé chacun croire parc
Caroline et Cécile se rencontrent au cinéma.**

(c) *La letter «ç».* The letter "ç" *(c cedilla)* always represents the sound [s]. It occurs only before "a," "o," and "u."

Répétez: **ça français garçon commençons reçu
François est reçu à son examen de français.**

Structure et Vocabulaire

Vocabulaire: La politique internationale

4. **Prononciation.** Ouvrez votre livre à la page 503.

A. Le verbe **croire**

5. **Prononciation.** Ouvrez votre livre à la page 504. Le verbe **croire** est irrégulier.

6. **Pratique**

    ● **Marthe** ne croit pas au progrès.

B. Subjonctifs irréguliers

7. **Prononciation.** Ouvrez votre livre à la page 505. Les verbes **faire, vouloir, pouvoir, savoir, aller** et **vouloir** ont un subjonctif irrégulier.

8. **Pratique**

    ● Maman veut que **je** fasse les courses.
    ● Il est dommage que **tu** ne puisses pas venir.
    ● Il vaut mieux que **je** sache la vérité.
    ● Il est normal que **tu** veuilles être médecin.
    ● Il faut qu'**Éric** aille en Espagne.

C. L'emploi du subjonctif après les expressions de doute

9. **Identification de structures**

	1	2	3	4	5	6	7	8	9	10
Je sais... (indicatif)										
Je doute... (subjonctif)										

10. **Conversation: J'en doute!**

    ● GEORGES: Sa mère est très superstitieuse.

      VOUS: *Je doute que sa mère soit très superstitieuse.*

11. **Situation: Opinions**

- Jacques est sûr... *Jacques est sûr que le français est utile.*
- Vous doutez... *Vous doutez que le français soit utile.*

D. L'emploi du subjonctif après les expressions d'émotion

12. **Prononciation.** Ouvrez votre livre à la page 508.

13. **Pratique**

- **Je regrette** que tu ne puisses pas venir.
- **Je suis heureuse** que tu reçoives ton diplôme.

14. **Narration: Réactions**

- Paul est content. Marie va en France.

  Paul est content que Marie aille en France.

E. L'emploi du subjonctif après certaines conjonctions

15. **Prononciation.** Ouvrez votre livre à la page 510.

16. **Pratique**

- **Je** resterai ici jusqu'à ce que Marc vienne.
- Marc part pour que **je** puisse être seul.

17. **Conversation: Au téléphone**

- NICOLE: Jean-Claude va faire ses courses au Monoprix.

  VOUS: *Je téléphonerai à Jean-Claude avant qu'il fasse ses courses.*

F. Résumé: Les principaux emplois du subjonctif

18. **Compréhension orale**

	1	2	3	4	5	6	7	8	9	10	11	12
indicatif												
subjonctif												

Dialogue

19. Réactions

● JEAN-LOUIS: Je vais gagner à la loterie.

  VOUS: *Je doute que tu gagnes à la loterie.*

1.

2.

3.

4.

5.

6.

Dictée

20. Visite à Genève

_____ ,

_____ .

_____

_____ .

Note culturelle: **L'Europe unie**

21. Lecture. Ouvrez votre livre à la page 502. Écoutez!

22. Compréhension du texte

	1	2	3	4	5	6	7	8	9
vrai									
faux									

Leçon 33   La nouvelle technologie

Présentation

1. **Lecture.** Ouvrez votre livre à la page 514. Écoutez!

2. **Compréhension du texte**

	1	2	3	4	5	6	7	8
vrai								
faux								

Phonétique

3. **Syllabation**

Speakers of French tend to make every syllable end on a vowel sound. In liaison, therefore, the liaison consonant is pronounced as if it were the first sound of the following word. When two consonant sounds come together in a word, there is a tendency to end the first syllable on the vowel sound and begin the next syllable with two consonant sounds. Practice French syllabication by pronouncing the following words and sentences according to the divisions indicated.

Répétez: **i•l es•t im•po•rtant**

le•s É•tat•s-U•nis

ju•squ'à -cé qu'i•l a•rrivé

à l'heu•ré a•ctuelle

i•l a•rri•vé dan•s u•n in•stant

Structure et Vocabulaire

Vocabulaire: La technologie

4. **Prononciation.** Ouvrez votre livre à la page 517.

A. Révision: Les pronoms compléments d'objet direct et indirect

5. Conversation: Curiosité

● MME GASSE: Vous regardez souvent la télévision?

   VOUS: *Oui, je la regarde souvent.*

B. L'ordre des pronoms compléments

6. Prononciation. Ouvrez votre livre à la page 520.

7. Conversation: La photo

● oui

   MIREILLE: Est-ce qu'Anne donne sa photo à son ami Paul?

   VOUS: *Oui, elle la lui donne.*

1. oui	3. non
2. oui	4. non

8. Conversation: La chambre de Philippe

● oui

   MIREILLE: Est-ce que Philippe montre à Alice son nouveau livre?

   VOUS: *Oui, il le lui montre.*

1. oui	3. non
2. oui	4. non

9. Conversation: Les prêts *(Loans)*

● JULIEN: Marc a ta guitare.

   VOUS: *Je sais. Je la lui ai prêtée.*

10. Jouons un rôle: Oui ou non

● MICHEL: Est-ce que tu me prêtes ta voiture?

   GEORGES: *Oui, je te la prête.*

● ALAIN et CHARLES: Est-ce que tu nous prêtes ta voiture?

   GEORGES: *Non, je ne vous la prête pas.*

C. L'ordre des pronoms à la forme affirmative de l'impératif

11. Situation: S'il te plaît!

● Prête-moi ta guitare!

   Prête-la-moi, s'il te plaît!

D. L'ordre des pronoms avec **y** et **en**

12. Narration: Pierre

- Pierre donne des conseils à son frère.   *Oui, il lui en donne.*
- Pierre ne prête jamais d'argent à sa sœur.   *Non, il ne lui en prête jamais.*
- Pierre nous amène au cinéma.   *Oui, il nous y amène.*

Dialogue

13. Mes copains et moi

pour une semaine

- EMMANUEL: Qu'est-ce que tu as prêté à Jacques?
  - VOUS: *Je lui ai prêté mon ordinateur.*
- EMMANUEL: Pour combien de temps est-ce que tu le lui as prêté?
  - VOUS: *Je le lui ai prêté pour une semaine.*

pour le week-end

pour 100 euros

hier soir

pour sa fête

Dictée

14. Mon vélo

_____. _____ Thomas.

_____. _____,

_____.

Lab Manual: Lesson 33 **415**

Note culturelle: **Les Français et la technologie**

15.   Lecture. Ouvrez votre livre à la page 516. Écoutez!

16.   Compréhension du texte

	1	2	3	4	5	6
vrai						
faux						

VIVRE EN FRANCE   L'achat des vêtements

Activité 1. La bonne réponse. Vous allez entendre une série de questions. Pour chaque question, choisissez dans votre manuel de laboratoire quelle est la réponse logique et lisez-la à haute voix. Puis, écoutez pour vérifier la réponse.

1. a. C'est vrai, elle est très chic.

   b. Je l'ai trouvée trop longue.

   c. Je l'ai achetée dans une boutique de soldes rue de Sèvres.

2. a. Non, elle est en laine!

   b. Non, elle n'est pas en caoutchouc.

   c. Oui, c'est du velours.

3. a. Je cherche des boucles d'oreille.

   b. Je cherche des mocassins.

   c. Ces chaussures sont trop étroites.

4. a. Je chausse du trente-huit.

   b. Il ne me va pas. Il est trop long.

   c. Je n'ai pas de pointure.

5. a. Je préfère le foulard en soie.

   b. Je ne sais pas. Quelle est ta taille?

   c. J'aime la veste, mais je n'aime pas le pantalon.

6. a. Oui, bien sûr. Voici un mouchoir.

   b. Non, je n'ai pas besoin d'argent.

   c. Désolé, mais je n'ai pas mon portefeuille sur moi.

7. a. Je vais mettre mon blouson de cuir.

   b. Je vais porter ma nouvelle ceinture.

   c. Je ne sais pas. Peux-tu me prendre les mesures?

8. a. Non, il n'est pas en soie.

   b. Non, il est trop serré.

   c. Oui, il va mettre son écharpe.

9. a. Oui, elle a acheté une bague en or.

   b. Non, ce n'est pas sa pointure.

   c. Non, elle a acheté une Toyota d'occasion.

10. a. Elle portait une ceinture blanche.

    b. Elle porte un trente-sept.

    c. Elle est allée au marché aux puces.

Activité 2. En France. Vous allez entendre une conversation qui a lieu au bureau des réclamations d'un grand magasin. Dans cette conversation, une cliente du magasin déclare la perte de son sac à un employé. Écoutez bien cette conversation. Même si vous ne comprenez pas tous les mots, vous devriez pouvoir en comprendre les éléments essentiels. Sur la base de ces éléments, complétez la déclaration de perte qui se trouve dans votre manuel de laboratoire. D'abord, écoutez la conversation.

Au Grand Bazar

BUREAU DES RÉCLAMATIONS

Déclaration de perte

	Description
Vêtements	
Chaussures	
Autres objets	

ANSWER KEYS

WORKBOOK ANSWER KEY

Unité 1

Leçon 1

1. Au club international
1. André, Philippe
2. Thérèse, Suzanne
3. Pierre, Jacques
4. Françoise, Marie-Christine
5. Luc, Jean-Louis
6. Monique, Cécile
7. Véronique, Brigitte
8. Henri, Antoine

2. Dans le foyer de la cité universitaire
(*Some suggested answers*)
1. Oui, ça va bien.
2. Comme ci, comme ça.
3. Je m'appelle Jean-Charles.
4. À demain!
5. Salut! Bonjour!
6. Enchanté.
7. À bientôt!

3. Rencontres
(*Answers will vary.*)

Communication
(*Some suggested answers*)
1. Ça va?
2. À bientôt, Monique!
3. Au revoir, Jean-Marc.
4. Comment vous appelez-vous?
   (Comment t'appelles-tu?)
5. Maman, je te présente Élise.
6. Je m'appelle Éric.
7. Comme ci, comme ça.

Leçon 2

1. Mon quartier
(*Answers will vary.*)

2. Rencontres
(*Some suggested answers*)
1. Comment vas-tu?
2. De rien.

3. Merci bien.
4. Je vais bien, merci. Et vous?
5. Ça va?
   Ça va pas mal.

3. Ça va?
(*Some suggested answers*)
1. Comme ci, comme ça.
2. Ça va bien.
3. Ça va mal.
4. Ça va très bien.
5. Ça va pas mal.

4. Au café
(*Answers will vary.*)

5. Présentations
1. Nicola~~s~~ Duva(l)
2. Danie(l) Renar~~d~~
3. Élisabet~~h~~ Avelin~~g~~
4. Michèl~~e~~ Camu~~s~~
5. Loui~~s~~ Beaufor~~t~~
6. Bruno Marécha(l)
7. Bernar~~d~~ Cola~~s~~
8. Denis~~e~~ Martino~~t~~
9. Rémi Andrieu~~x~~
10. Charle~~s~~ Male(c)

6. Les accents
1. André
2. Jérôme
3. Danièle
4. Marlène
5. Joël
6. François
7. Raphaël

Communication
(*Some suggested answers*)
1. Bonjour, Monsieur! Comment allez-vous?
2. Salut, Christine! Ça va?
3. Merci. / Merci bien!
4. Un café, s'il vous plaît.
5. De rien.

Leçon 3

1. Qui est-ce?
1. Voilà Roger, un copain suisse.
2. Voici Léopold, un musicien sénégalais.
3. Voici Zineb, une copine algérienne.
4. Voilà Tuyen, une copine vietnamienne.
5. Voici Raïssa, une amie marocaine.
6. Voilà José, un médecin mexicain.

2. Mais non!
1. Non, il est anglais.
2. Non, elle est mexicaine.
3. Non, il est martiniquais.
4. Non, elle est française.
5. Non, elle est américaine.
6. Non, il est canadien.
7. Non, il est suisse.

3. Une rue en ville
1. Voici (Voilà) l'hôpital.
2. Voici (Voilà) la discothèque.
3. Voici (Voilà) la pharmacie.
4. Voici (Voilà) le garage.
5. Voici (Voilà) le cinéma.
6. Voici (Voilà) le parc.

4. À Paris
1. The doctor is phoning the ambulance service.
2. Thomas is dining at the restaurant.
3. Didier is inviting a female friend to the movies.
4. The tourists visit the museum.
5. The taxi is arriving at the hospital.
6. The bus passes along Charles de Gaulle Avenue.

5. Préférences
(*Answers will vary.*)

Communication
(*Some suggested answers*)
1. Qui est-ce?
2. C'est Mme Leblanc.
3. Voici Notre-Dame.
4. Voilà le musée d'Orsay.
5. Je déteste les spaghetti et je préfère la salade.
6. J'aime le cinéma et j'adore danser.
7. Hassan, je te présente mon ami Olivier.

Vivre en France
1. Faites attention!
2. Regardez.
3. Prenez une feuille de papier.

4. Pouvez-vous répéter?
5. Très bien!
6. Ce n'est pas ça!
7. Je ne comprends pas.
8. Comprenez-vous?

Unité 2

Leçon 4

1. Au travail
1. Elles travaillent
2. Nous travaillons
3. Il travaille
4. Ils travaillent
5. Ils travaillent
6. Vous travaillez
7. Je travaille
8. Tu travailles

2. Activités
1. regarder; regardent
2. parler; parle
3. travailler; travaille
4. téléphoner; téléphones
5. dîner; dînez
6. visiter; visitent

3. Dialogues
1. aiment / n'aiment pas Paul.
2. jouent / ne jouent pas au tennis.
3. étudiez / n'étudions pas la géographie
4. écoute / n'écoute pas la radio.
5. parlez / ne parlons pas anglais.
6. téléphones / ne téléphone pas à Monique.

4. Les maths
1. neuf
2. douze
3. onze
4. six
5. sept
6. cinq
7. quatre
8. six

5. Ponctualité
1. cinq heures
2. une heure
3. onze heures
4. midi
5. minuit
6. neuf heures

Communication
1. Oui, je parle anglais. / Non, je ne parle pas anglais.
2. Oui, je parle espagnol. / Non, je ne parle pas espagnol.

3. Oui, j'habite à Chicago. / Non, je n'habite pas à Chicago.
4. Oui, j'étudie la biologie. / Non, je n'étudie pas la biologie.
5. Oui, je joue au poker. / Non, je ne joue pas au poker.
6. Oui, je regarde la télé française. / Non, je ne regarde pas la télé française.
7. Oui, j'aime Bruxelles. / Non, je n'aime pas Bruxelles.

Leçon 5

1. Où?
1. Nous sommes à Dakar.
2. Vous êtes à Berne.
3. Ils sont à Angers.
4. Elle est à Paris.
5. Je suis à Casablanca.
6. Tu es à Québec.

2. Préférences
1. Vous aimez voyager.
2. Tu n'aimes pas étudier.
3. J'aime regarder un film.
4. Elle n'aime pas téléphoner.
5. Nous aimons danser.
6. Ils n'aiment pas visiter les musées.
7. Vous n'aimez pas écouter la musique classique.

3. Rencontres
1. Oui, je suis en cours maintenant. / Non, je ne suis pas en cours maintenant.
2. Oui, j'étudie beaucoup. / Non, je n'étudie pas beaucoup.
3. Oui, je voyage souvent. / Non, je ne voyage pas souvent.
4. Oui, je nage. / Non, je ne nage pas.
5. Oui, je nage bien. / Non, je ne nage pas bien.
6. Oui, je chante bien. / Non, je ne chante pas bien.
7. Oui, j'aime voyager. / Non, je n'aime pas voyager.
8. Oui, j'aime danser. / Non, je n'aime pas danser.

4. Questions
1. Est-ce que Robert nage / nage souvent
2. Est-ce que tu joues / ne joue pas bien
3. Est-ce que Paul et André étudient / étudient beaucoup
4. Est-ce que vous regardez / ne regardons pas souvent la télévision

5. Les nombres
1. 28	5. 15	9. 43
2. 31	6. 71	10. 14
3. 52	7. 92	11. 80
4. 85	8. 66	12. 57

6. À quelle heure?
1. neuf heures moins dix
2. neuf heures dix
3. sept heures moins vingt
4. huit heures et quart
5. deux heures et demie
6. cinq heures moins le quart

Communication
1. Est-ce que vous nagez souvent?
2. Est-ce que tu veux jouer au tennis?
3. Est-ce que vous voulez jouer?
4. Est-ce que tu peux téléphoner à François?
5. Je dois étudier.
6. Je ne peux pas dîner avec vous.

Leçon 6

1. Quand on est étudiant
1. Oui, on est idéaliste. / Non, on n'est pas idéaliste.
2. Oui, on est toujours d'accord avec les professeurs. / Non, on n'est pas toujours d'accord avec les professeurs.
3. Oui, on dîne souvent au restaurant. / Non, on ne dîne pas souvent au restaurant.
4. Oui, on regarde souvent la télé. / Non, on ne regarde pas souvent la télé.

2. Rencontres
(*Answers will vary.*)

3. Une interview
1. Où est-ce que tu étudies?
2. Qu'est-ce que tu étudies?
3. Avec qui est-ce que tu voyages?
4. Comment est-ce que tu voyages?
5. Quand est-ce que tu rentres au Canada?
6. Pourquoi est-ce que tu visites les États-Unis?

4. Vraiment?
1. Elle est avec lui?
2. Elle habite avec elles?
3. Il étudie avec elle?
4. Elle travaille pour lui?
5. Elle est avec eux?
6. Il voyage avec eux?

5. Réciprocité
1. Nous étudions avec eux.
2. Elle danse avec toi.
3. Il travaille pour vous.
4. Ils étudient avec moi.
5. Tu rentres avec elles.
6. Elles travaillent avec nous.

6. Quand?
1. Nous arrivons à Bruxelles le deux septembre.
2. Vous rentrez à Québec le quinze février.
3. Georges invite Suzanne le vingt et un août.
4. Je dîne au restaurant le premier juin.

Communication
1. Qu'est-ce que tu écoutes? / Est-ce que je peux écouter la radio avec toi?
2. Qu'est-ce que tu étudies? / Est-ce qu'on étudie beaucoup
3. Est-ce que tu parles français? / Est-ce qu'on parle français
4. À quelle heure est-ce que tu dînes? / Est-ce que tu veux dîner avec moi demain?

Vivre en France
Nom: *Lavoie*
Prénom: *Denise*
Nationalité: *américaine*
Lieu de naissance: *Boston*
Adresse: *39 rue du Four* Montréal
État civil: célibataire
Numéro de téléphone: 514-522-0545

Unité 3

Leçon 7

1. *Être* et *avoir*
1. suis / ai
2. sont / ont
3. est /a
4. êtes / avez
5. sommes / avons
6. es / as

2. Présentations
1. Paul est un copain.
2. Albert et Denis sont des amis.
3. Solange est une amie.
4. Louise est une cousine.
5. Nicolas et Jean sont des copains.
6. Anne et Véronique sont des copines.

3. Est-ce que ça marche?
1. Voici deux motos. Elles marchent.
2. Voici une bicyclette. Elle ne marche pas.
3. Voici deux stylos. Ils ne marchent pas.
4. Voici une voiture. Elle marche.

4. On ne peut pas tout avoir.
1. Nous avons une chaîne-stéréo, mais nous n'avons pas de disques.
2. Jean-Jacques a un VTT, mais il n'a pas de voiture.
3. Isabelle a une machine à écrire, mais elle n'a pas d'ordinateur.
4. Jacques et Nicole ont un caméscope, mais ils n'ont pas de magnétophone.
5. J'ai une moto, mais je n'ai pas de vélomoteur.
6. Marc a une caméra, mais il n'a pas de téléviseur.

5. La chambre de Jacqueline
1. Oui, il y a un appareil-photo.
2. Non, il n'y a pas de sac à dos.
3. Non, il n'y a pas de compact disques.
4. Non, il n'y a pas de téléviseur.
5. Oui, il y a un ordinateur.
6. Non, il n'y a pas de cassettes.

6. Expression personnelle
(*Answers will vary.*)

Communication
(*Answers will vary.*)

Leçon 8

1. Shopping
1. Regarde les livres.
2. Regarde le téléviseur.
3. Regarde les montres.
4. Regarde l'appareil-photo.
5. Regarde le stylo.

2. Mes amis
1. Il (n')est (pas) blond.
   Elle (n')est (pas) blonde.
2. Il (n')est (pas) grand.
   Elle (n')est (pas) grande.
3. Il (n')est (pas) optimiste.
   Elle (n')est (pas) optimiste.
4. Il (n')est (pas) indépendant.
   Elle (n')est (pas) indépendante.
5. Il (n')est (pas) réservé.
   Elle (n')est (pas) réservée.
6. Il (n')est (pas) égoïste.
   Elle (n')est (pas) égoïste.
7. Il (n')est (pas) poli.
   Elle (n')est (pas) polie.

3. **Non!**
   1. n'est pas sympathique. Il est désagréable.
   2. ne sont pas mariées. Elles sont célibataires.
   3. ne sont pas petits. Ils sont grands.
   4. n'est pas brune. Elle est blonde.

4. **Le tour du monde**
   1. un portable japonais
   2. des cassettes españoles
   3. des montres suisses
   4. une voiture allemande
   5. un vélo anglais
   6. des CD français

5. **Une question de personnalité**
   1. Jacqueline est intéressante. Elle a des livres intéressants.
   2. Annie est petite. Elle a une petite auto.
   3. Pauline est grande. Elle a un grand appartement.
   4. Sylvie et Catherine sont françaises. Elles ont une voiture française.
   5. Mme Jacquemain est compétente. Elle a un assistant compétent.
   6. Le professeur est brillant. Il a des étudiants brillants.

6. **Descriptions**
   1. Il est / C'est / Il est
   2. C'est / Elle est / C'est
   3. C'est / C'est / Elle est
   4. Il est / C'est / Il est

Communication
A. Vos amis
   (*Answers will vary.*)
B. Vos possessions.
   (*Answers will vary.*)

Leçon 9

1. **Généralisations**
   1. Les étudiants japonais (n')aiment (pas) la politique.
   2. Les étudiants (ne) respectent (pas) les professeurs.
   3. Les Canadiens (ne) détestent (pas) la violence.
   4. Les personnes indépendantes (ne) sont (pas) pour l'autorité.

2. **Qu'est-ce qu'ils font?**
   1. Éric arrive au stade.
   2. Le sénateur parle aux journalistes.

3. Vous jouez du violon.
4. Tu téléphones à l'étudiante martiniquaise.
5. On parle du match de tennis.
6. Vous rentrez de voyage.

3. **Le verbe exact**
   1. sont / vont / ont
   2. a / va / est
   3. sommes / avons / allons
   4. êtes / Avez / Allez

4. **Activités**
   1. vas au stade. Tu vas jouer au football.
   2. allons à la bibliothèque. Nous allons étudier.
   3. va au bureau. Elle va travailler.
   4. allez à la piscine. Vous allez nager.
   5. vont au musée. Ils vont regarder des tableaux.
   6. vais à l'aéroport. Je vais voyager.

5. **Samedi soir**
   1. Tu restes chez toi.
   2. Je reste chez moi.
   3. Vous ne restez pas chez vous.
   4. Ils restent chez eux.
   5. Il ne reste pas chez lui.

6. **Questions**
   1. téléphone-t-elle
   2. travaillent-ils
   3. voyage-t-elle
   4. est-il au musée
   5. jouent-elles au tennis
   6. va-t-on à la piscine

Communication
   1. Aimes-tu le sport?
   2. Joues-tu aux échecs?
   3. Joues-tu de la guitare?
   4. Vas-tu souvent au cinéma?
   5. Vas-tu aller au théâtre samedi?
   6. Veux-tu aller au restaurant avec moi dimanche?

Vivre en France
   1. Bien sûr! Il y en a une tout près d'ici, à cent mètres. Prenez la rue de la Gare et c'est à droite.
   2. —La cathédrale? Bon, prenez la rue Général de Gaulle. Vous tournez dans la deuxième à gauche. C'est là, sur le boulevard Carnot.
      —Non, c'est à dix minutes à pied.

3. Vous prenez la rue Général de Gaulle.
   Vous tournez à gauche dans la rue de la
   Victoire. Vous prenez la première à droite.
   C'est l'avenue Victor Hugo. Vous arrivez
   sur le boulevard Carnot, et c'est en face.
4. Prenez la rue Pascal, derrière vous. Vous
   tournez à droite sur l'avenue Victor Hugo.
   L'arrêt est à gauche à deux cents mètres.
5. C'est très simple. Vous prenez la rue
   Général de Gaulle. Vous continuez tout
   droit, et vous traversez le boulevard
   Carnot. La bibliothèque est dans la rue
   Général de Gaulle à gauche.

Unité 4

Leçon 10

1. Combien?
1. trois cent cinquante
2. quatre cent soixante-quinze
3. trois cents
4. cinq mille
5. trente-trois mille cinq cents

2. Activités
1. paient
2. nettoie
3. envoyons
4. emploie
5. nettoie
6. payez
7. emploies
8. paie

3. À qui est-ce?
1. est à Éric
2. est à Mme Moreau
3. est à moi
4. est à vous
5. est à Annette
6. est à toi
7. sont aux étudiants

4. Emprunts
1. le vélo de Marc.
2. l'ordinateur de Sylvie.
3. les livres du professeur.
4. la mobylette d'Isabelle.
5. les cassettes des étudiants anglais.
6. la voiture des voisins.
7. le budget du copain de Janine.

5. Les relations familiales
1. Robert est le fils d'Alain Vasseur.
2. Jacques Vasseur est le père d'Éliane.
3. Monique Vasseur est la tante de Suzanne.

4. Robert est le frère de Suzanne.
5. Suzanne est la sœur de Robert.
6. Éliane est la cousine de Suzanne.
7. Robert est le cousin d'Éliane.
8. Robert et Suzanne sont les petits-enfants
   de M. Dumas.
9. Mme Dumas est la femme de M. Dumas.
10. Jacques Vasseur est le mari de Monique
    Vasseur.

6. À l'aéroport
1. son / son
2. ton / tes
3. son / sa
4. ses / son
5. son / son / son
6. leurs / leur
7. leurs / leur
8. nos / notre
9. vos / votre

Communication
(*Answers will vary.*)

Leçon 11

1. Quels vêtements?
(*Answers will vary.*)

2. Activités
1. possède
2. amènes
3. achètent
4. répète
5. espérons
6. célèbrent
7. préfère

3. La publicité
1. Ces chaussures sont noires.
2. Ce livre est intéressant.
3. Cet anorak est bleu.
4. Ces raquettes de tennis sont bonnes.
5. Cet appareil-photo est excellent.
6. Cette veste est élégante.
7. Ces chaussettes sont petites.

4. Dialogues
1. Quel manteau / Elle va acheter ce
   manteau-ci.
2. Quelles chaussures / J'achète ces
   chaussures-ci.
3. Quelle cravate / Il va porter cette
   cravate-ci.
4. Quelles chaussettes / Nous préférons ces
   chaussettes-ci.

5. Comparaisons
1. L'imperméable est aussi cher que le
   costume.
2. La Ferrari est plus rapide que l'Alfa
   Roméo.

3. M. Simon est moins riche que Mme Dumas.
4. Les Yankees sont meilleurs que les Red Sox.
5. Jacqueline est aussi jeune que sa cousine.
6. En français, Robert est meilleur que Paul.

6. À votre avis
(*Answers will vary.*)

Communication
(*Answers will vary.*)

Leçon 12

1. Attention!
1. Je fais attention.
2. Elle ne fait pas attention.
3. Vous faites attention.
4. Ils ne font pas attention.
5. Nous faisons attention.
6. Tu ne fais pas attention.

2. Qu'est-ce qu'ils font?
1. Vous faites des économies.
2. Ils font leurs devoirs.
3. Je fais le ménage.
4. Tu fais une promenade.
5. Nous faisons la vaisselle.
6. Il fait un voyage.

3. Où est-ce?
1. devant l'
2. entre le
3. à gauche du
4. derrière la
5. à droite du
6. à gauche de l'

4. Descriptions
1. nouvel / nouvelle
2. vieux / vieil
3. belle / beau
4. beau / belles
5. nouvelle / nouveaux / nouveau
6. vieux / vieux / vieilles

5. Les Oscars
(*Answers will vary.*)
1. Le comédien le plus drôle est...
2. Le professeur le plus intéressant est...
3. Le meilleur film est...
4. La ville la plus jolie est...
5. Les voitures les plus confortables sont...
6. Le meilleur restaurant est...

6. Quel temps fait-il?
(*Answers will vary.*)
1. Il fait mauvais. Il pleut. Il fait du vent.
2. Il fait beau. Il fait chaud. Il fait... degrés.

3. Il neige. Il fait froid. Demain, il ne va pas neiger.

Communication
(*Answers will vary.*)

Vivre en France
(*Suggested answers.*)
1. Il faut prendre la RER C direction Massy-Palaiseau. Il faut changer à Gare d'Austerlitz, direction Place d'Italie, et descendre à Place d'Italie.
2. Il faut prendre la RER D direction Orry-la-Ville. Il faut changer à Châtelet les Halles, direction Porte d'Orléans, et descendre à St.-Michel.
3. Il faut prendre la direction Pont de Sèvres. Il faut changer à République, direction Bobigny Pablo Picasso, et descendre à Gare de l'Est.
4. Il faut prendre la direction Pont de Lavallois Bécon et descendre à Arts et Métiers.
5. Il faut prendre la RER C direction Massy-Palaiseau. Il faut changer à St. Michel, direction Orly, et descendre à Port Royal.

Unité 5

Leçon 13

1. Pourquoi?
1. ai sommeil
2. avons faim
3. a dix-huit ans
4. a chaud
5. avez faim
6. a tort
7. ai froid

2. Activités
1. choisissent
2. grossit
3. finissent
4. réussissez
5. réfléchissez
6. maigris

3. D'autres activités
1. attendent
2. perdez
3. réponds
4. vend
5. entend
6. rend
7. rendent

4. Des conseils
1. Étudie
2. Nettoie
3. Finis
4. Fais
5. Réponds
6. Sois
7. Aie
8. Choisis

5. Le club de théâtre
1. Restez
2. Faites
3. Réfléchissez
4. Répétez
5. Répondez
6. Ne perdez pas
7. Ne soyez pas
8. N'ayez pas

Communication
A. Le week-end
   (*Answers will vary.*)
B. Les économies
   (*Answers will vary.*)

Leçon 14

1. Le week-end
1. a étudié / as étudié
2. ont dîné / avez dîné
3. avez nagé / ai nagé
4. avons regardé / a regardé
5. ont joué / a joué

2. Oui ou non?
1. Nous avons visité Berlin. Nous n'avons pas rendu visite à nos amis français.
2. Hélène et Suzanne ont étudié. Elles n'ont pas rendu visite à leur oncle.
3. Tu as maigri. Tu n'as pas grossi.
4. J'ai voyagé. J'ai attendu le train.
5. Philippe a mangé beaucoup de spaghetti. Il n'a pas maigri.
6. Vous avez gagné le match. Vous n'avez pas perdu.

3. En vacances
1. Est-ce que tu as voyagé en voiture?
2. Est-ce que vous avez rendu visite à vos grands-parents?
3. Est-ce que Suzanne a maigri?
4. Est-ce que ces étudiants ont travaillé?

4. Précisions
1. Avec qui ont-ils dîné au restaurant?
2. Pourquoi a-t-elle téléphoné?
3. À qui a-t-il vendu sa mobylette?
4. Où ont-elles nagé?
5. Quand ont-ils rendu les livres?

5. Le mois dernier
1. Oui, j'ai eu une aventure extraordinaire. / Non, je n'ai pas eu d'aventure extraordinaire.
2. Oui, j'ai été invité(e) chez des amis. / Non, je n'ai pas été invité(e) chez des amis.
3. Oui, j'ai été malade. / Non, je n'ai pas été malade.
4. Oui, j'ai eu un accident. / Non, je n'ai pas eu d'accident.
5. Oui, j'ai fait des économies. / Non, je n'ai pas fait d'économies.
6. Oui, j'ai fait une promenade à bicyclette. / Non, je n'ai pas fait de promenade à bicyclette.

6. Zut alors!
1. n'avons pas gagné
2. ont été
3. a fait
4. n'ai pas répondu
5. a eu

Communication
   (*Answers will vary.*)

Leçon 15

1. Activités
1. partons
2. dors
3. sentez
4. sortent
5. pars
6. sens
7. dort

2. Hier soir
1. Je suis resté(e) chez moi.
2. Elle n'est pas restée chez elle.
3. Nous sommes resté(e)s chez nous.
4. Ils sont restés chez eux.
5. Tu n'es pas resté(e) chez toi.
6. Elles ne sont pas restées chez elles.
7. Il est resté chez lui.
8. Vous n'êtes pas resté(e)(s) chez vous.

3. Questions et réponses
1. sont nés
2. est mort
3. est restée
4. est tombée
5. sont arrivés
6. sont montés
7. sont sorties
8. est partie
9. sont descendus
10. sont entrés

4. En vacances
1. est allée / a visité
2. a fait / est sorti
3. ont eu / sont restés
4. sommes descendus / avons voyagé
5. as quitté / est parti(e)

5. Dates de naissance
   (*Answers will vary.*)

6. Quand?
(*Answers will vary.*)
1. J'ai rendu visite à mes parents il y a...
2. Je suis allé(e) au cinéma il y a...
3. J'ai nagé il y a...
4. J'ai envoyé une lettre à mon copain il y a...
5. J'ai nettoyé ma chambre il y a...

7. La belle vie
1. j'ai peu étudié.
2. j'ai beaucoup nagé.
3. je suis souvent allé au cinéma.
4. j'ai trop dormi.
5. j'ai bien joué au tennis.
6. j'ai très souvent voyagé.
7. je suis rarement resté chez moi.
8. j'ai vraiment aimé mon voyage.

Communication
(*Answers will vary.*)

Vivre en France
Mercure Lille Aéroport
1. très confortable
2. 212 chambres
3. Non, il n'y a pas de piscine.

Agena
1. pas de restaurant
2. chambre 370/400 = environ 48/53 euros
3. 03-20-97-31-79

Unité 6

Leçon 16

1. Activités
1. venez
2. reviens
3. devenons
4. devient
5. sont venus
6. est devenue
7. est revenu
8. sont devenues

2. D'où viennent-ils?
(*Answers will vary.*)
1. reviennent du café. Elles viennent de...
2. reviens d'un magasin de vêtements. Tu viens de...
3. reviennent de la bibliothèque. Ils viennent de...
4. revenons de la discothèque. Nous venons de...

3. Un peu de géographie?
1. Le Canada, les États-Unis et le Venezuela
2. L'Algérie, le Maroc et le Sénégal

3. le Vietnam et le Japon
4. L'Allemagne, la France et le Luxembourg

4. Quel pays?
1. passe l'été au Maroc.
2. rentre du Sénégal.
3. étudie en Suisse.
4. reviennent du Québec.
5. arrivons d'Espagne.

5. Depuis combien de temps?
1. Tu téléphones depuis quarante-cinq minutes.
2. Vous étudiez à la bibliothèque depuis trois heures.
3. J'ai la grippe depuis cinq jours.
4. Nous jouons au tennis depuis quatre mois.
5. M. Rimbaud habite à Nancy depuis dix ans.

6. Depuis quand?
(*Answers will vary.*)

Communication
(*Answers will vary.*)

Leçon 17

1. Activités
1. apprend / apprennent
2. comprends / comprends
3. prenez / prenons
4. a appris / ai appris
5. avez compris / avons compris
6. as pris / ai pris

2. Le menu
(*Answers will vary.*)

3. Au régime
1. Vous prenez de la viande.
2. Tu prends du poisson.
3. Jacques ne prend pas de beurre.
4. Je ne prends pas de glace.
5. Nous ne prenons pas de tartes.
6. Mme Delogne prend de la salade.

4. À la fête
Buvez
bois
boit / boivent
buvons

5. Qu'est-ce qu'ils font?
1. font des maths
2. faisons du camping

3. fait de la photo
4. font du français
5. fait de l'espagnol
6. fais du théâtre

6. Chez le médecin
1. Oui, faites du ski.
2. Non, ne buvez pas de vin!
3. Oui, buvez de l'eau minérale.
4. Oui, mangez du yaourt.
5. Non, ne mangez pas de glace!
6. Non, ne prenez pas de crème avec le café!
7. Non, ne mangez pas de pâtes.
8. Oui, prenez du thé.

Communication
(*Answers will vary.*)

Leçon 18

1. Les vêtements
(*Answers will vary.*)
1. Ils mettent...
2. nous mettons...
3. je mets...
4. Tu mets...
5. Il a mis...
6. Vous avez mis...

2. Préférences personnelles
1. J'aime le riz. Je mange souvent du riz. / Je n'aime pas le riz. Je ne mange pas (souvent) de riz.
2. J'aime le lait. Je bois souvent du lait. / Je n'aime pas le lait. Je ne bois pas (souvent) de lait.
3. J'aime le vin. J'achète souvent du vin. / Je n'aime pas le vin. Je n'achète pas (souvent) de vin.
4. J'aime le pain. Je mange souvent du pain. / Je n'aime pas le pain. Je ne mange pas (souvent) de pain.
5. J'aime la glace. Je prends souvent de la glace. / Je n'aime pas la glace. Je ne prends pas (souvent) de glace.
6. J'aime l'eau minérale. Je commande souvent de l'eau minérale. / Je n'aime pas l'eau minérale. Je ne commande pas (souvent) d'eau minérale.

3. Au restaurant français
1. du / de la
2. le / de la
3. le / un
4. la / le
5. de la / la
6. le / une
7. une / une
8. Le / du

4. À l'université
1. Oui, je travaille beaucoup. / Non, je ne travaille pas beaucoup.
2. Oui, j'ai beaucoup d'examens. / Non, je n'ai pas beaucoup d'examens.
3. Oui, il y a beaucoup d'étudiants français à mon université. / Non, il n'y a pas beaucoup d'étudiants français à mon université.
4. Oui, je fais beaucoup de jogging. / Non, je ne fais pas beaucoup de jogging.
5. Oui, les étudiants ont beaucoup de vacances. / Non, les étudiants n'ont pas beaucoup de vacances.
6. Oui, je voyage beaucoup. / Non, je ne voyage pas beaucoup.

5. Des plaintes!
1. Je dépense trop d'argent.
2. Je ne gagne pas assez d'argent.
3. Je n'ai pas assez de loisirs.
4. Je fume trop.
5. Je ne fais pas assez d'économies.
6. Je ne maigris pas assez.

6. Comparaisons
1. Roland fait plus de sport qu'Henri.
2. M. Martin gagne autant d'argent que son frère.
3. Marthe achète plus de vêtements que Sylvie.
4. Jacques a moins d'argent qu'Isabelle.

Communication
(*Answers will vary.*)

Vivre en France
(*Answers will vary.*)

Aperçu culturel
La France et ses régions

A. 1. En Provence, l'époque de l'empire romain a laissé de nombreux monuments: arènes, amphithéâtres, ponts, temples. Au quatorzième siècle les papes habitent à Avignon dans le Palais des Papes qui reste encore de cette époque.
2. À Avignon
3. L'Alsace
4. Strasbourg, en Alsace, est le site du Parlement européen. C'est aussi le site du palais des droits de l'homme.
5. Le Duc de Normandie, Guillaume le Conquérant, est devenu roi d'Angleterre après sa victoire à la bataille de Hastings.

6. L'invasion de la Normandie par les armées alliées pendant la guerre de 1940.
7. Le Quartier latin
8. La Pyramide du Louvre, la Tour Eiffel

B. (*Answers will vary.*)

Unité 7

Leçon 19

1.   Oui ou non?
   1. suis
   2. ne suivons pas
   3. suit
   4. ne suivent pas
   5. suis
   6. suivez
   7. n'avez pas suivi
   8. ont suivi

2.   Désirs et possibilités
   1. voulons / pouvons
   2. veulent / peuvent
   3. veut / ne peut pas
   4. veux / peux
   5. voulez / ne pouvez pas
   6. veux / ne peux pas

3.   Pour réussir à l'examen
   1. doit
   2. devez
   3. dois
   4. ne dois pas
   5. devons
   6. ne devez pas

4.   Non!
   1. Il ne faut pas avoir peur.
   2. Il ne faut pas être impatient(e).
   3. Il ne faut pas fumer en classe.
   4. Il ne faut pas grossir.
   5. Il ne faut pas écouter les mauvais étudiants.

5.   Qu'est-ce qu'il faut faire?
   (*Answers will vary.*)

6.   Une classe de français très difficile
   1. tout le monde
   2. Chaque
   3. de nombreux
   4. un autre
   5. plusieurs
   6. toutes les

Communication
   (*Answers will vary.*)

Leçon 20

1.   Les spectacles
   1. vois
   2. voient
   3. voit
   4. voyez
   5. vois
   6. voyons
   7. a vu
   8. avons vu

2.   L'intrus
   1. c
   2. b
   3. b
   4. c
   5. b

3.   Questions personnelles
   1. Oui, je les connais. / Non, je ne les connais pas.
   2. Oui, ils les connaissent. / Non, ils ne les connaissent pas.
   3. Oui, je le connais. / Non, je ne le connais pas.
   4. Oui, je la nettoie souvent. / Non, je ne la nettoie pas souvent.
   5. Oui, je les aide. / Non, je ne les aide pas.
   6. Oui, je l'achète. / Non, je ne l'achète pas.
   7. Oui, je la regarde souvent. / Non, je ne la regarde pas souvent.
   8. Oui, je les regarde. / Non, je ne les regarde pas.
   9. Oui, je les étudie. / Non, je ne les étudie pas.

4.   Relations personnelles
   (*Answers will vary.*)

5.   Oui ou non?
   1. Il ne le trouve pas sympathique.
   2. Nous les connaissons bien.
   3. Je ne les comprends pas.
   4. Ils l'écoutent.
   5. Il ne l'oublie pas.
   6. Il ne les aide pas.

6.   Ce soir
   1. Oui, je veux les écouter. / Non, je ne veux pas les écouter.
   2. Oui, je vais l'inviter. / Non, je ne vais pas l'inviter.
   3. Oui, je vais l'acheter. / Non, je ne vais pas l'acheter.
   4. Oui, je dois les faire. Non, je ne dois pas les faire.
   5. Oui, je dois la nettoyer. / Non, je ne dois pas la nettoyer.
   6. Oui, je vais la regarder. / Non, je ne vais pas la regarder.

7.   Le cancre
   1. Non, il ne les a pas préparés.
   2. Non, il ne l'a pas apprise.
   3. Non, il ne les a pas finis.
   4. Oui, il les a écoutées.

5. Oui, il l'a mise.
6. Non, il ne l'a pas étudiée.

Communication
(Answers will vary.)

Leçon 21

1. À la bibliothèque
1. écris / lisent
2. écrivons / lis
3. écrivez / lisons
4. écrivent / lisent
5. as écrit / avez lu

2. Des excuses
1. Tu dis que tu as la grippe.
2. Nous disons que nous avons une entrevue professionnelle.
3. Vous dites que vous devez aller chez le dentiste.
4. Jean dit qu'il est fatigué.
5. Je dis que je suis malade.
6. Mes amis disent qu'ils vont chez le médecin.

3. Rapports personnels
1. Oui, je lui raconte tout. / Non, je ne lui raconte pas tout.
2. Oui, je lui demande des conseils. / Non, je ne lui demande pas de conseils.
3. Oui, je leur écris pendant les vacances. / Non, je ne leur écris pas pendant les vacances.
4. Oui, je lui parle de mes problèmes. / Non, je ne lui parle pas de mes problèmes.
5. Oui, je leur dis toujours la vérité. / Non, je ne leur dis pas toujours la vérité.

4. Bons et mauvais rapports
1. les / les
2. lui / lui
3. lui / lui
4. leur / leur
5. leur / leur
6. le / lui

5. Merci!
1. nous prêtent
2. te rendons visite
3. me montrent
4. vous aide
5. m'ont invité(e)
6. t'ai prêté
7. nous a répondu
8. lui ai envoyé

6. Au bureau de tourisme
1. ne lui téléphonez pas!
2. ne lui parlez pas!
3. répondez-leur!
4. ne l'envoyez pas!
5. écrivez-lui!
6. aidez-le!

7. Oui et non
1. Ne me téléphone pas après dix heures. Téléphone-moi demain matin.
2. Ne nous sers pas de viande. Sers-nous des légumes.
3. Rends-moi visite lundi. Ne me rends pas visite samedi.
4. Ne nous donne pas de conseils. Donne-nous 100 euros.

Communication
(Answers will vary.)

Vivre en France
(Answers will vary.)

Aperçu culturel
Culture et loisirs
(Suggested answers.)

A. 1. C'est la fête de la musique. Beaucoup de Français qui jouent d'un instrument sortent dans la rue et jouent de la musique de tout genre.
2. Les variétés internationales
3. Chanteurs de variétés: Yves Duteuil, Francis Cabrel, Jean-Jacques Goldman, Patrick Bruel et Renaud. Musique moderne d'Algérie (raï): Cheb Khaled
4. C'est un ensemble gigantesque au parc de la Villette avec un conservatoire de musique et de danse, une immense salle de concerts, un musée de la musique, un centre d'informations, une rue de la musique et une résidence pour les artistes et les étudiants.
5. Ce qui caractérise les pièces de Molière, c'est l'humour. Il met en scène les vices de la nature humaine.
6. (Answers will vary.)
7. La nouvelle génération de réalisateurs français s'intéresse aux traits de la société, aux problèmes actuels.
8. Le football
9. Le Tour de France (cyclisme)
10. Le tennis et le cyclisme. Le ski, les sports nautiques, les sports nouveaux comme le parapente, le surf et le ski acrobatique.

B. *(Answers will vary.)*

Unité 8

Leçon 22

1. Leurs talents
1. Ils savent jouer du saxophone.
2. Nous savons parler français.
3. Je ne sais pas jouer au bridge.
4. Il ne sait pas chanter.
5. Elle sait danser.
6. Vous savez bien faire la cuisine.

2. Dans notre quartier
1. savez / savez
2. connais / connais
3. connaissons / savons
4. connais / sais
5. connaissent / savent

3. Opinions personnelles
1. Boston et San Francisco sont des villes qui (ne) sont (pas) très agréables.
2. Les Américains sont des gens qui (ne) sont (pas) idéalistes.
3. Le président est un homme qui (n')a (pas) beaucoup d'idées.
4. Les cambrioleurs sont des gens qui (ne) gagnent (pas) bien leur vie.
5. Les Mercedes sont des voitures qui (ne) consomment (pas) beaucoup d'essence.

4. Oui ou non?
(*Answers will vary.*)
1. Oui, c'est une ville que je connais bien. / Non, c'est une ville que je ne connais pas bien.
2. Oui, c'est un homme que j'admire beaucoup. / Non, c'est un homme que je n'admire pas beaucoup.
3. Oui, ce sont des personnes que je respecte beaucoup. / Non, ce sont des personnes que je ne respecte pas beaucoup.
4. Oui, c'est un magazine que je lis souvent. / Non, c'est un magazine que je ne lis pas souvent.
5. Oui, c'est une langue que je parle bien. / Non, c'est une langue que je ne parle pas bien.
6. Oui, ce sont des gens que j'invite souvent. / Non, ce sont des gens que je n'invite pas souvent.

5. *Qui* ou *que*?
1. que j'ai acheté?
   que tu as lu?
   qui parle des élections?
   qui montre des photos extraordinaires?
   que vous avez trouvé sur la table?
2. qui sont amusants?
   qui vont à l'université avec vous?
   que vous trouvez sympathiques?
   qui vous invitent?
   que vous n'aimez pas?
3. qui a téléphoné?
   que tu attends?
   qui t'a prêté sa voiture?
   qui passe dans la rue?
   que tu invites chez toi?
4. qui viennent de France.
   que j'écoute souvent.
   que mes parents ont achetés.
   qui coûtent deux euros.
   qui sont extraordinaires.

6. À Paris
1. qui / qu'
2. qui / qui
3. qu' / que
4. qui / que

7. C'est évident!
1. Je ne bois rien.
2. Nous n'invitons personne.
3. Tu n'achètes rien.
4. Elle ne connaît personne.
5. Il n'oublie rien.
6. Ils n'aident personne.
7. Elle ne mange rien.

8. Non!
1. Nous n'avons rien fait.
2. Vous n'avez rencontré personne.
3. Elle n'a rien lu.
4. Tu n'as invité personne.
5. Patrick n'a téléphoné à personne.
6. Pierre n'a fait la connaissance de personne.

Communication
(*Answers will vary.*)

Leçon 23

1. La bonne vie
1. vit bien.
2. ne vivons pas bien.
3. ne vis pas bien.
4. vis bien.
5. ont bien vécu.
6. n'a pas bien vécu.

2. Non!
1. ne travaille plus
2. ne parle pas encore

3. ne mange jamais de viande
4. n'ai pas encore
5. n'habitons plus

3. C'est faux!
1. Bruno n'a jamais pris le caméscope de Mélanie!
2. Nous ne sommes jamais partis sans payer!
3. Henri n'est jamais sorti avec la copine de Georges!
4. Vous n'avez jamais dit de mensonges!

4. Les jobs
1. Ils avaient des jobs. Ils travaillaient.
2. Elle avait un job. Elle travaillait.
3. Je n'avais pas de job. Je ne travaillais pas.
4. Vous n'aviez pas de job. Vous ne travailliez pas.
5. Nous avions des jobs. Nous travaillions.
6. Tu n'avais pas de job. Tu ne travaillais pas.

5. Hier à midi
1. était / finissait
2. étais / attendais
3. était / choisissait
4. étaient / rendaient
5. étions / dînions
6. étais / envoyais

6. En 1900
1. La pollution n'était pas un problème sérieux.
2. Les femmes ne pouvaient pas voter.
3. Les appartements n'avaient pas l'air conditionné.
4. Les gens travaillaient le samedi.
5. On ne voyageait pas en avion.
6. Les gens n'avaient pas de voiture.
7. On n'allait pas au cinéma.

7. Une fois n'est pas coutume.
1. allais / tu es allé(e)
2. téléphonait / il a téléphoné
3. dînait / a dîné
4. jouions / nous avons joué
5. faisions / nous avons fait
6. sortait / elle est sortie
7. retrouviez / vous avez retrouvé

8. À Paris
1. suivions
2. prenais
3. déjeunais
4. a rencontré
5. a dîné
6. alliez
7. a fait
8. communiquais

Communication
(*Answers will vary.*)

Leçon 24

1. La soucoupe volante
1. étudiait.
2. dormions.
3. lisiez le journal.
4. jouais aux cartes.
5. faisait une promenade.
6. finissais une lettre.
7. rendions visite à un ami.
8. faisait la vaisselle.
9. attendiez votre frère.

2. Pourquoi?
1. Ma sœur a vendu sa voiture parce qu'elle avait besoin d'argent.
2. Vous avez mis un manteau parce que vous aviez froid.
3. Mélanie est restée chez elle parce qu'elle était malade.
4. Mes cousins sont allés en Espagne parce qu'ils voulaient apprendre l'espagnol.
5. Nous sommes allés au café parce que nous avions soif.
6. Tu as pris de l'aspirine parce que tu avais une migraine terrible.

3. Un événement
1. était
2. était
3. faisait
4. avais
5. suis sorti(e)
6. ai fait
7. passais / ai remarqué / regardaient
8. ai regardé
9. ai vu / faisait
10. portait
11. est arrivée / a arrêté
12. a demandé / faisait
13. a répondu / voulait

4. Le premier jour à l'université
(*Answers will vary.*)

5. C'est arrivé hier.
1. a étudié / est sortie
2. avons vu / allaient
3. est passé / faisait
4. travaillait / dormais
5. a téléphoné / déjeunais
6. étaient / est entré

6. Et avant?
1. avions visité
2. avaient suivi
3. avais étudié
4. était sortie
5. étions allés
6. n'avaient pas visité

Communication
(*Answers will vary.*)
1. Il était sept heures et demie.
2. Il pleuvait.
3. Il est sorti par la fenêtre.
4. Il portait un pull et un pantalon.
5. Il a passé le sac à une jeune femme.
6. Elle portait un imperméable et des lunettes de soleil. Elle était blonde.
7. Ils sont partis à motocyclette.
8. (Answers will vary.)

Vivre en France
(*Answers will vary.*)

Unité 9

Leçon 25

1. Dans la course
1. ne cours pas.
2. courez.
3. courent.
4. ne cours pas.
5. courait.
6. ne courions pas.
7. a couru.
8. n'avez pas couru.

2. Oui ou non?
1. Oui, j'y vais souvent. / Non, je n'y vais pas souvent.
2. Oui, j'y dîne souvent. / Non, je n'y dîne pas souvent.
3. Oui, j'y ai dîné samedi soir. / Non, je n'y ai pas dîné samedi soir.
4. Oui, j'y passe mes week-ends. / Non, je n'y passe pas mes week-ends.
5. Oui, j'y habite. / Non, je n'y habite pas.
6. Oui, j'y joue souvent. / Non, je n'y joue pas souvent.
7. Oui, j'y suis allé(e). / Non, je n'y suis pas allé(e).
8. Oui, je vais y aller. / Non, je ne vais pas y aller.

3. Des conseils
1. N'y réponds pas!
2. N'y assiste pas!
3. Écris-lui!
4. Rends-lui visite!
5. Réponds-leur!
6. Réponds-y!

4. Les loisirs
1. fait du jogging / n'en fait pas
2. faites de la voile / en faisons
3. avez fait du camping / n'en avons pas fait
4. ont fait de la planche à voile / en ont fait

5. Au régime
1. Non, elle n'en boit pas.
2. Oui, ils en font.
3. Non, il n'en mange pas.
4. Oui, il en a fait.
5. Non, elle n'en a pas commandé.
6. Non, elle n'en a pas mis.

6. Les statistiques
(*Answers will vary.*)

7. En quelles quantités
(*Answers will vary.*)

Communication
(*Answers will vary.*)

Leçon 26

1. L'anatomie
1. On court avec les jambes.
2. On parle avec la bouche.
3. On joue de la guitare avec les doigts.
4. On mâche du chewing-gum avec les dents.
5. On joue au football avec les pieds.
6. On sent les odeurs avec le nez.
7. On écoute avec les oreilles.
8. On joue au volley avec les mains.

2. Le repos
1. Nous ne nous reposons pas.
2. Ils ne se reposent pas.
3. Je me repose.
4. Je me repose.
5. Tu te reposes.
6. Vous vous reposez.
7. Ils se reposent.
8. Il ne se repose pas.
9. Elle ne se repose pas.

3. Les activités de la journée
1. te réveilles
2. me brosse les dents
3. nous lavons
4. se rase
5. m'habille
6. se promènent
7. vous reposez
8. se couche

4. Quel pronom?

1. se
2. le
3. le
4. s'
5. la
6. la

5. Quand?

1. Ils vont se lever
2. Nous allons nous promener
3. Il va se coucher
4. Vous allez vous laver les mains
5. Je vais me brosser les dents
6. Tu vas te raser

6. Activités

1. souffre
2. offres
3. ouvrent
4. découvre
5. avons ouvert
6. a offert
7. a souffert
8. ont découvert

Communication

(*Answers will vary.*)

Leçon 27

1. Activités

1. s'amusent
2. me souviens
3. vous excusez
4. se dépêche
5. nous asseyons
6. s'occupe
7. vous appelez
8. s'intéresse
9. s'intéresse
10. se met en colère
11. nous arrêtons
12. se trompe

2. Expression personnelle

(*Answers will vary.*)

3. Encouragements

1. Amuse-toi!
2. Ne t'énerve pas!
3. Ne te préoccupe pas inutilement!
4. Entends-toi avec tes parents!
5. Ne te dispute pas avec tes amis!
6. Ne te mets pas en colère!

4. Des conseils

1. Reposez-vous!
2. Asseyez-vous!
3. Ne t'énerve pas!
4. Ne vous amusez pas!
5. Dépêchons-nous!
6. Couchez-vous!

5. L'amitié?

1. nous entendons / ne nous disputons pas
2. se connaissent / s'invitent
3. ne vous comprenez pas / ne vous parlez pas

6. Samedi

1. Tu t'es amusée
2. Vous vous êtes promenés
3. Elle s'est reposée
4. Elle s'est disputée
5. Ils se sont couchés
6. Je me suis préparé
7. Elles se sont habillées
8. Elles se sont levées

7. Pauvre Francine!

1. ne s'est pas levée
2. ne s'est pas dépêchée
3. ne s'est pas souvenue
4. s'est impatientée
5. ne s'est pas amusée
6. s'est couchée

Communication

(*Answers will vary.*)

Vivre en France

(*Answers will vary.*)

Aperçu culturel
France, mère des arts

(*Answers will vary. Suggested answers.*)

A. 1. L'art fait vraiment partie de la vie de la France parce qu'il est lié à son histoire. Ses œuvres rappellent le passé du pays resté vivant.

2. Dans la grotte de Lascaux, on trouve des exemples de l'art préhistorique des hommes de Cro-Magnon: des peintures sur les murs de la grotte qui montrent des animaux que ces hommes connaissaient par la chasse.

3. L'art médiéval est inspiré par l'église qui dominait l'organisation sociale et la vie artistique de l'époque.

4. Le mouvement artistique de la Renaissance est né en Italie. C'est François Ier qui l'a introduit en France après l'avoir connu par ses guerres en Italie.

5. Louis XIV était surnommé "le Roi-Soleil." Il a encouragé le développement d'un art officiel influencé par l'idéal de l'harmonie et la rigueur des Anciens; art qu'on a appelé Classicisme.

6. Le Romantisme a rejeté l'aspect universel et la rigueur du classicisme pour revenir à l'individualisme et l'expression des sentiments.

7. En 1874, un groupe d'artistes organise une exposition de leurs tableaux à Paris. Un critique, choqué par l'aspect inachevé des tableaux leur donne le nom "impressionnistes," se moquant d'une toile de Monet intitulée *Impressions, soleil levant.*

8. Le fauvisme est un mouvement artistique du début du vingtième siècle caractérisé par l'emploi de couleurs violentes et un style expressif plutôt que descriptif.

9. *Answers will vary but may include:* Matisse, Picasso, Braque, Mondrian, Delaunay.

B. (*Answers will vary.*)

Unité 10

Leçon 28

1. La personnalité
1. Elles sont sportives.
2. Ils sont loyaux.
3. Ils sont libéraux.
4. Elles sont paresseuses.
5. Elle est travailleuse.
6. Elle est amoureuse.
7. Ils sont actifs.
8. Elle est ennuyeuse.
9. Elle est créatrice.
10. Elle est conservatrice.
11. Elle est inquiète.
12. Elles sont étrangères.

2. Questions
1. folle
2. jalouse
3. longue
4. paresseuse
5. grosse
6. gentille
7. rousse

3. Commentaires personnels
(*Answers will vary.*)

4. Des conseils
1. Étudie consciencieusement!
2. Travaille sérieusement!
3. Parlez discrètement!
4. Attends patiemment!
5. Joue prudemment!
6. Habille-toi élégamment!
7. Parle franchement!

5. L'interview
1. Jacques est le premier.
2. Sylvie est la deuxième.
3. Grégoire est le septième.
4. Brigitte est la huitième.
5. Philippe est le dixième.
6. Stéphanie est la douzième.
7. Hélène est la quinzième.
8. Marylène est la vingtième.
9. Roger est le vingt et unième.
10. Yves est le vingt-deuxième.

6. Des personnalités
1. Ils commencent à travailler à neuf heures.
2. Vous n'hésitez pas à aider vos amis.
3. Elle ne cesse pas d'avoir des idées originales.
4. Tu ne cherches pas à avoir des responsabilités.
5. Nous hésitons à prendre des décisions.
6. Ils n'essaient pas de faire des progrès.
7. Je ne m'arrête pas d'étudier.
8. Vous n'oubliez pas de faire vos devoirs.

Communication
(*Answers will vary.*)

Leçon 29

1. Sur les Champs-Élysées
1. aperçoit
2. aperçois
3. apercevons
4. aperçoivent
5. ai aperçu
6. avons aperçu

2. Vouloir, c'est pouvoir!
1. Je réussirai dans mes études.
2. Il se mariera.
3. Ils choisiront une profession intéressante.
4. Il gagnera beaucoup d'argent.
5. Nous voyagerons.
6. Elle apprendra le russe.
7. Ils maigriront.
8. Il partira pour Tahiti.
9. Vous vivrez à Paris.
10. Tu t'amuseras.
11. J'écrirai un roman.

3. Cet été
1. travaillerons / ne nous reposerons pas
2. achètera / se promènera
3. resterez / ne partirez pas
4. passerai / connaîtrai
5. voyagera / ne restera pas
6. étudieras / n'apprendras pas

4. **Des projets**
    1. ferons / irons
    2. seras / auras
    3. irez / ferez
    4. serai / aurai
    5. auront / feront

5. **Quand?**
    (*Answers will vary.*)
    1. J'irai à la bibliothèque...
    2. Je ferai les courses...
    3. Je recevrai une lettre...
    4. Je verrai mes parents...
    5. Je courrai dans une course...
    6. Je saurai piloter un avion...
    7. J'aurai un examen...
    8. J'obtiendrai mon diplôme...

6. **Plus tard!**
    1. Tu viendras chez moi
    2. Elle verra ses amis
    3. Il voudra se reposer
    4. Ils devront étudier
    5. Elle enverra cette lettre
    6. Il ira à la plage
    7. Il saura nager

7. **Si...**
    (*Answers will vary.*)

8. **Conséquences**
    1. enverras cette lettre quand tu iras à la poste.
    2. maigrirez quand vous ferez de l'exercice.
    3. cherchera du travail quand elle aura son dìplôme.
    4. gagnerai de l'argent quand je travaillerai.
    5. enverrons un télégramme quand nous saurons la date de notre départ.
    6. aura des responsabilités quand elle sera la présidente de sa compagnie.

Communication
(*Answers will vary.*)

Leçon 30

1. **Les vacances**
    1. Oui, j'irais à la piscine. / Non, je n'irais pas à la piscine.
    2. Oui, je serais de mauvaise humeur. / Non, je ne serais pas de mauvaise humeur.
    3. Oui, je jouerais au tennis. / Non, je ne jouerais pas au tennis.
    4. Oui, je travaillerais. / Non, je ne travaillerais pas.
    5. Oui, je verrais mes cousins. / Non, je ne verrais pas mes cousins.
    6. Oui, j'étudierais. / Non, je n'étudierais pas.
    7. Oui, je ferais des promenades. / Non, je ne ferais pas de promenades.
    8. Oui, je lirais des livres français. / Non, je ne lirais pas de livres français.
    9. Oui, j'aurais beaucoup de rendez-vous. / Non, je n'aurais pas beaucoup de rendez-vous.
    10. Oui, je dormirais beaucoup. / Non, je ne dormirais pas beaucoup.
    11. Oui, j'enverrais des lettres à mes amis. / Non, je n'enverrais pas de lettres à mes amis.
    12. Oui, je courrais tous les jours. / Non, je ne courrais pas tous les jours.

2. **Avec plus d'argent**
    1. Anne et Nicole seraient généreuses avec leurs amies.
    2. Vous enverriez de l'argent à vos parents.
    3. Gérard deviendrait un mécène.
    4. Tu voudrais voyager souvent.
    5. Julien aurait un appartement à Paris.
    6. Gilles irait en Grèce pendant les vacances.
    7. Mes parents pourraient s'acheter une nouvelle voiture.
    8. Nous verrions toutes les merveilles du monde.
    9. Je ferais des économies.
    10. M. Armand devrait payer plus d'impôts.

3. **Commentaires personnels**
    (*Answers will vary.*)

4. **Si...**
    1. Si Fabrice avait une voiture, il irait à la plage.
    2. Si vous travailliez, vous réussiriez.
    3. Si tu avais de l'argent, tu voyagerais.
    4. Si Nathalie se reposait, elle serait en bonne santé.
    5. Si nous étions en vacances, nous nous reposerions.
    6. Si Laurent suivait un régime, il maigrirait.

5. **Annonces**
    1. Mes cousins ont téléphoné qu'ils viendraient dimanche.
    2. Paul a dit qu'il passerait cet après-midi.
    3. Didier et Emilie ont annoncé qu'ils se marieraient en juin.
    4. Jérôme a écrit qu'il irait en Suisse pendant les vacances.

6. Conditions
1. étiez
2. gagnais
3. louerons
4. reste
5. a
6. irions
7. étudierais
8. faisiez

7. Activités
1. traduisent
2. conduisent
3. produit
4. conduisez
5. construis
6. détruis

Communication

(*Answers will vary.*)

Vivre en France
1. Deuxième classe
2. Le train part à 9h50.
3. Le train arrive à 13h20.
4. Le prix du voyage est 38,87 euros.
5. La place est dans une section non-fumeur et près d'une fenêtre.

Unité 11

Leçon 31

1. Obligations personnelles?
1. Il faut que re réussisse à l'examen de français. / Il ne faut pas que je réussisse à l'examen de français.
2. Il faut que j'étudie ce soir. / Il ne faut pas que j'étudie ce soir.
3. Il faut que je maigrisse. / Il ne faut pas que je maigrisse.
4. Il faut que je me repose. / Il ne faut pas que je me repose.
5. Il faut que je perde mon temps. / Il ne faut pas que je perde mon temps.
6. Il faut que je rende visite à mes cousins cet été. / Il ne faut pas que je rende visite à mes cousins cet été.
7. Il faut que je travaille pendant les vacances. / Il ne faut pas que je travaille pendant les vacances.
8. Il faut que je m'impatiente. / Il ne faut pas que je m'impatiente.
9. Il faut que je réfléchisse à l'avenir. / Il ne faut pas que je réfléchisse à l'avenir.

2. Les bons conseils
1. Il ne faut pas / grossissiez
2. Il ne faut pas / dorment
3. Il faut / conduise

4. Il faut / offrions
5. Il ne faut pas / partent
6. Il ne faut pas / lises
7. Il faut / écrive
8. Il faut / disions

3. Les conseils
1. voies / voyions
2. appreniez / apprennent
3. buviez / boivent
4. obtienne / obtenions

4. Oui ou non?
1. Il (n')est (pas) indispensable que vous obteniez un «A».
2. Il (n')est (pas) essentiel qu'ils maintiennent leurs traditions.
3. Il (n')est (pas) nécessaire qu'elle voie un médecin.
4. Il (n')est (pas) bon que nous buvions du thé chaud.

5. L'interview
1. Il faut que Michèle ait une carte d'identité. Il ne faut pas qu'elle soit en retard.
2. Il faut que vous ayez vos notes. Il ne faut pas que soyez timides.
3. Il faut que nous ayons les résultats des examens. Il faut que nous soyons polis avec l'interviewer.
4. Il faut que tu aies une lettre de recommandation. Il ne faut pas que tu sois nerveux (nerveuse).
5. Il faut que Guillaume et Christophe aient leurs diplômes. Il ne faut pas qu'ils soient arrogants.
6. Il faut que j'aie mon curriculum vitae. Il faut que je sois sûr(e) de moi.

6. Non!
1. Non, je ne veux pas que tu viennes chez moi après le dîner.
2. Non, je ne veux pas que tu boives cette bière.
3. Non, je ne veux pas que tu voies mes photos.
4. Non, je ne veux pas que tu prennes mon vélo.

7. Des souhaits
1. Mes parents souhaitent que j'aie un bon travail.
2. Éric désire que ses copains sortent avec lui dimanche.
3. Mme Mercier permet que son fils prenne la voiture.

4. Je préfère que vous veniez chez moi lundi soir.

Communication
(*Answers will vary.*)

Leçon 32

1. Des convictions
1. croirai
2. a cru
3. a cru
4. croyais
5. croient
6. croirez
7. crois

2. Oui ou non?
1. Il est nécessaire que je fasse des progrès en français. / Il n'est pas nécessaire que je fasse des progrès en français.
2. Il est bon que je fasse du sport. / Il n'est pas bon que je fasse du sport.
3. Il est normal que je veuille être indépendant(e). / Il n'est pas normal que je veuille être indépendant(e).
4. Il est essentiel que je sache jouer au tennis. / Il n'est pas essentiel que je sache jouer au tennis.
5. Il est indispensable que je puisse gagner beaucoup d'argent. / Il n'est pas indispensable que je puisse gagner beaucoup d'argent.

3. Votre opinion
1. Oui, je crois que la France est une grande puissance. / Non, je ne crois pas que la France soit une grande puissance.
2. Oui, je crois qu'on va vers une dépression économique. / Non, je ne crois pas qu'on aille vers une dépression économique.
3. Oui, je crois que le président sait ce qu'il fait. / Non, je ne crois pas que le président sache ce qu'il fait.
4. Oui, je crois que les Martiens veulent conquérir le monde. / Non, je ne crois pas que les Martiens veuillent conquérir le monde.
5. Oui, je crois que les Américains sont très patriotes. / Non, je ne crois pas que les Américains soient très patriotes.
6. Oui, je crois qu'on peut arrêter le progrès. / Non, je ne crois pas qu'on puisse arrêter le progrès.

4. Réactions
1. de passer l'été au Mexique. / qu'elle passe l'été au Mexique.

2. de faire des progrès en français. / que tu fasses des progrès en français.
3. d'avoir un accident. / qu'il ait un accident.
4. de réussir à ses examens. / qu'il réussisse à ses examens.
5. de partir en vacances. / qu'il parte en vacances.
6. d'être malade. / qu'il soit malade.

5. Pourquoi?
1. pour que j'aille en ville.
2. pour que vous achetiez ce livre.
3. pour que leurs enfants aillent à l'université.
4. pour que tu fasses la connaissance de mon copain allemand.
5. pour que vous rencontriez mes amis.
6. pour que tu ailles à la plage.
7. pour qu'ils aient des nouvelles.

6. La correspondance
1. Nous écrivons au professeur pour qu'il nous écrive des lettres de recommandation.
2. J'écris à mes cousins avant qu'ils (ne) partent au Canada.
3. Charlotte écrit à ses cousines pour qu'elles viennent chez elle pendant les vacances.
4. Christine écrit à Luc pour qu'il lui envoie l'adresse de son frère.
5. M. Martin écrit à sa fille depuis qu'elle est étudiante à Paris.
6. Tu écris à ta cousine parce qu'elle vient de se marier.

7. Les attitudes
1. connaît
2. veniez
3. fassions
4. sont
5. dites
6. puissiez
7. veuille
8. vas
9. (ne) partes
10. sachiez

Communication
(*Answers will vary.*)

Leçon 33

1. Des relations personnelles
1. les / les
2. te / t'
3. lui / l'
4. lui / l'
5. m' / me
6. l' / lui

2. Des services
1. Prête-lui
2. Donne-leur

3. Ne lui rends pas visite.
4. Ne me donne pas.
5. Ne l'attends pas.
6. Invite-le.
7. Ne nous critique pas.
8. Ne les écoute pas.

3. Bonnes vacances!
1. Hervé la lui donne.
2. Je la leur donne.
3. Aline le lui donne.
4. Le professeur le leur rend.
5. Michel le lui vend.
6. Nous les lui rendons.
7. Vous les leur envoyez.
8. Marc les leur explique.

4. Votre meilleur(e) ami(e)
1. Oui, il (elle) me les prête. / Non, il (elle) ne me les prête pas.
2. Oui, il (elle) me le prête. / Non, il (elle) ne me le prête pas.
3. Oui, il (elle) me la demande. / Non, il (elle) ne me la demande pas.
4. Oui, il (elle) me la dit toujours. / Non, il (elle) ne me la dit pas toujours.
5. Oui, il (elle) me la raconte. / Non, il (elle) ne me la raconte pas.
6. Oui, il (elle) me les donne. / Non, il (elle) ne me les donne pas.
7. Oui, il (elle) me les montre. / Non, il (elle) ne me les montre pas.

5. S'il te plaît!
1. Prête-la-moi, s'il te plaît!
2. Montre-le-moi, s'il te plait!
3. Vends-la-moi, s'il te plaît!
4. Donne-le-moi, s'il te plaît!
5. Montre-les-moi, s'il te plaît!
6. Vends-les-moi, s'il te plaît!

6. Qu'est-ce qu'il doit faire?
1. montre-les-lui.
2. vends-le-lui.
3. dis-la-leur.
4. rends-le-lui.
5. prête-la-leur.

7. Oui ou non?
1. Oui, ils m'en ont envoyé.
2. Oui, elle leur en prête.
3. Non, elle ne leur en sert pas.
4. Oui, il leur en vend.
5. Oui, il nous en a donné.

Communication
(*Answers will vary.*)

Vivre en France
(*Answers will vary.*)

RÉVISION ANSWER KEY

Révision 1: Leçons 1–9

Partie A. Structures

Test 1. Les pronoms sujets et les pronoms accentués

1. lui   4. eux   7. elle
2. vous   5. moi   8. elle
3. Tu   6. nous

Test 2. La forme des adjectifs

1. canadiennes   5. célibataire
2. bonne   6. mariées
3. brillantes   7. égoïstes
4. mauvais   8. polis

Test 3. L'article défini: formes simples et formes contractées

1. Je vais téléphoner au professeur.
2. Je vais inviter les amies de Claudine.
3. Je vais utiliser le portable de Philippe.
4. Le professeur va parler aux étudiants.
5. Jeanne aime parler des copains de Michèle.
6. Le train va arriver à la gare dans dix minutes.
7. Les étudiants vont arriver du laboratoire.
8. Nathalie va jouer au tennis avec nous.

Test 4. La négation

1. Non, Paul ne va pas regarder la télévision.
2. Non, Sylvie n'aime pas jouer de compact disques.
3. Non, Christine ne parle pas bien français.
4. Non, Georges ne va pas visiter Paris.

Test 5. Descriptions

1. Jean et Antoine sont des garçons intelligents.
2. Jacqueline et Hélène sont des amies amusantes.
3. Les Ford et les Chevrolet sont des voitures américaines.
4. Jane Fonda est une actrice américaine.
5. Les Rolling Stones sont des musiciens anglais.
6. Les Renault sont de bonnes voitures.
7. Christine et Florence sont de vraies amies.
8. M. Dupont est un professeur intéressant.

Test 6. Autres structures

1. c   5. a   8. c
2. c   6. d   9. d
3. d   7. c   10. b
4. b

Partie B. Verbes

Test 7. Les verbes en -er

1. habitons   3. dînes   5. danse
2. visite   4. étudiez   6. invitent

Test 8. Les verbes être, avoir et aller

1. sommes; avons; allons
2. es; as; vas
3. sont; ont; vont
4. êtes; avez; allez

Test 9. Verbes

1. joue au   5. téléphone à
2. joue du   6. pense à
3. écoute   7. entre dans
4. regarde   8. passe

Partie C. Vocabulaire

Test 10. Qu'est-ce que c'est?

1. un stylo
2. un compact disque
3. un crayon
4. un ordinateur
5. un appareil-photo
6. une maison
7. une piscine
8. une montre

Test 11. Les contraires

1. mauvais   3. rapide   5. brun
2. fort   4. marié   6. triste

Test 12. Logique!

1. a   4. d   7. a
2. d   5. b   8. b
3. b   6. c

Révision 2: Leçons 10–18

Partie A. Structures

Test 1. Les adjectifs possessifs

1. ton	5. votre	8. nos
2. ma	6. leurs	9. vos
3. tes	7. son	10. ses
4. leur		

Test 2. L'article partitif: formes et emplois

1. le pain, la confiture
2. de l'eau minérale, le jus d'orange
3. de pâtes, de la salade
4. du sucre, de la crème
5. du vin, la bière
6. de l'ambition, de courage
7. du lait, de la limonade
8. de champagne, Le vin

Test 3. Les articles et les prépositions avec les pays

1. La France, l'Espagne, le Portugal
2. aux États-Unis, au Canada
3. du Japon, au Mexique, en Argentine

Test 4. Autres structures

1. a	4. a	7. b
2. d	5. d	8. d
3. c	6. b	9. b

Partie B. Verbes

Test 5. Le présent des verbes comme *payer, acheter* et *préférer*. Le présent des verbes en *-ir* et *-re*

1. finissent	6. réussissons
2. attend	7. amène
3. vends	8. achètes
4. envoie	9. répondez
5. possède	10. célèbre

Test 6. Le présent des verbes irréguliers

1. faites	6. viens
2. mets	7. apprennent
3. buvez	8. part
4. comprennent	9. sors
5. reviennent	

Test 7. Le passé composé avec *avoir*: verbes réguliers

1. ont joué	4. n'avons pas visité
2. n'ai pas parlé	5. avez acheté
3. a téléphoné	6. n'ai pas perdu

7. avons rendu	9. as maigri
8. n'ont pas fini	10. n'a pas vendu

Test 8. Les participes passés irréguliers

1. a mis	4. a fait	7. a appris
2. a été	5. a pris	8. a dormi
3. a eu	6. a bu	9. a servi

Test 9. *Être* ou *avoir?*

1. ont étudié; sont devenues
2. sont sortis; sont allés
3. a visité; est allée
4. ai invité; est venu
5. avez voyagé; êtes arrivés
6. sommes allé(e)s; sommes rentré(e)s

Test 10. Verbes et expressions verbales

1. sort		9. rend visite à
2. attend		10. met
3. nettoie		11. commande
4. grossit		12. apporte
5. fait		13. déjeune
6. fait les courses / du shopping		14. loue
7. fait la cuisine		15. porte
8. rencontre / retrouve		16. oublie
		17. cherche
		18. trouve

Partie C. Vocabulaire

Test 11. Qu'est-ce que c'est?

1. des chaussettes	7. une valise
2. des lunettes	8. une cerise
3. un costume	9. une poire
4. un chapeau	10. un gâteau
5. un bureau	11. une fraise
6. un fauteuil	12. un œuf

Test 12. Logique!

1. a	5. d	9. b
2. d	6. a	10. b
3. c	7. b	11. d
4. a	8. a	12. c

Révision 3: Leçons 19–27

Partie A. Structures

Test 1. Les pronoms compléments d'objet direct

1. Jacques le regarde.
2. Nous les invitons.
3. Je l'aide.

4. Nous les écoutons.
5. Il ne l'a pas aidée.
6. Je ne la veux pas.
7. Je ne les connais pas.
8. Invite-la.
9. Ne les invite pas.
10. Je les ai écoutés.
11. François la regarde.
12. Nous allons la regarder.

Test 2. Quel pronom?

1. le	5. en	8. lui
2. en	6. en	9. y
3. leur	7. les	10. la
4. y		

Test 3. *Qui* ou *que?*

1. qui	3. que	5. que, qui
2. qui	4. que	6. que, que

Test 4. Les constructions négatives

1. Non, je n'ai rien entendu.
2. Non, il n'est pas encore parti.
3. Non, je n'ai rien fait ce week-end.
4. Non, personne n'a téléphoné.
5. Non, rien n'est arrivé.
6. Non, je n'habite plus à Paris.

Partie B. Verbes

Test 5. Le présent des verbes irréguliers

1. ouvre	6. lisent
2. suis	7. dites
3. écrivez	8. voyons
4. peuvent	9. court
5. connaissons	10. dois

Test 6. Le passé composé des verbes irréguliers

1. avons dû	6. avez lu
2. a vécu	7. as pu
3. as su	8. a couru
4. a ouvert	9. as connu
5. as voulu	10. ai vu

Test 7. La forme de l'imparfait

1. habitais, habitions
2. voyais, voyait
3. rendais, rendaient
4. étiez, étais
5. faisions, faisaient
6. avais, avions
7. apprenais, apprenait
8. buvaient, buvais

9. finissiez, finissait
10. lisais, lisiez

Test 8. L'emploi de l'imparfait

1. était, est arrivé
2. parlait
3. a parlé
4. a joué
5. jouais
6. était, a eu
7. étais, j'ai rencontré
8. avons pris, jouaient
9. a visité
10. est allé, faisait
11. est entré, jouaient
12. est resté, avait

Test 9. La forme des verbes réfléchis

1. ne vous levez pas; vous êtes levé(e)(s)
2. me lave; me suis lavé(e)
3. ne se rase pas; s'est rasé
4. se lève tard; ne s'est pas levée
5. nous promenons; ne nous sommes pas promené(e)s
6. s'arrêtent; ne se sont pas arrêtés
7. s'amusent; ne se sont pas amusées

Test 10. Quelques verbes pronominaux (présent, infinitif, impératif)

1. se réveille
2. lève-toi
3. se lève
4. nous habillons
5. se rase
6. me reposer
7. te souvenir
8. nous promener
9. se couche
10. ne vous impatientez pas
11. ne t'arrête pas
12. Dépêchons-nous

Partie C. Vocabulaire

Test 11. Logique!

1. b	5. d	9. d
2. c	6. d	10. b
3. b	7. a	11. a
4. b	8. d	12. d

Test 12. Le mot exact

1. rendez-vous	3. météo
2. note	4. écrivain

5. vérité   8. natation
6. droit   9. régime
7. siècle   10. tête

10. recevrai, recevrez
11. serez, serai
12. courront, courras

Révision 4: Leçons 28–33

Partie A. Structure

Test 1. Adjectifs irréguliers

1. franche   4. ponctuelle
2. paresseuses   5. gentilles
3. folle   6. sérieux

Test 2. L'emploi de l'infinitif après les verbes, les adjectifs et les noms

1. à   6. de   10. à
2. à   7. à   11. —
3. de   8. de   12. de
4. —   9. de   13. de
5. de

Test 3. Les pronoms compléments d'objet direct et indirect

1. la, lui   4. les, leur
2. m', me   5. lui, l'
3. nous, nous   6. les, leur

Test 4. L'ordre des pronoms compléments

1. Je vous en montre.
2. Paul la lui vend.
3. Jacqueline les leur donne.
4. Anne la leur dit.
5. Charles me la prête.
6. Montre-le-lui!
7. Je les lui prête.
8. Donnez-le-moi.
9. Je les y invite.
10. Nous leur en donnons.
11. Nous t'y amenons.
12. Prête-la-leur.

Partie B. Verbes

Test 5. Les formes du futur

1. habiterai, habiterons
2. viendras, viendront
3. vendra, vendrez
4. sortirai, sortirons
5. pourront, pourrai
6. aura, aurez
7. ferai, feras
8. irons, iront
9. réussiras, réussiront

Test 6. Le conditionnel

1. voudrions
2. réussirions, réussirais, réussiraient
3. serait
4. achèterais, achèterait, achèteriez
5. aurais
6. ferais
7. pourriez
8. irions

Test 7. L'emploi des temps avec *quand* et *si*

1. travaillera   6. travaillerait
2. travaille   7. travaillait
3. travaillait   8. travaille
4. travaillerait   9. travaillera
5. travaille   10. travaillait

Test 8. Le subjonctif des verbes réguliers

1. trouviez, réussissiez
2. mange, maigrisse
3. finissent, joues
4. étudient, réussissent
5. finisse, choisisse
6. vende, achète
7. répondent, oublient
8. téléphonions, rendions

Test 9. Le subjonctif: formation régulière, verbes à deux radicaux

1. veniez, viennent
2. voie, voyiez
3. buvions, boive
4. apprennes, apprennent
5. reçoivent, receviez

Test 10. Des subjonctifs irréguliers

1. sois, soyez
2. ayons, aie
3. veuille, vouliez
4. fasse, fassiez
5. aille, allions
6. sachiez, sache
7. puisses, puissent

Test 11. Indicatif ou subjonctif?

1. est   5. soit   9. est
2. soit   6. est   10. soit
3. soit   7. soit   11. est
4. soit   8. soit   12. soit

Test 12. Des verbes irréguliers

1. croyons
2. ai cru
3. as reçu
4. as conduit / emmené
5. reçoivent
6. conduis

Partie C. Vocabulaire

Test 13. Logique!

1. c	4. c	7. d
2. a	5. a	8. d
3. c	6. d	

DICTÉE (Lab Program) ANSWER KEY

Unité 1

Leçon 1

Activité 8. Salut!

—Salut! Ça va?

—Oui, ça va bien.

—Jean-Paul, je te présente mon amie Clara.

—Enchanté.

—Au revoir. À demain!

Leçon 2

Activité 13. Salutations

—Bonjour, Mademoiselle.

—Bonjour, Monsieur.

—Comment allez-vous?

—Je vais très bien. Et vous?

—Je vais comme ci, comme ça.

Leçon 3

Activité 12. Bonjour!

—Voici Annie et Nicole. Et voilà Pascal, un copain suisse.

—Bonjour, Annie.

—Bonjour, Nicole.

—Qui est-ce?

—C'est Pascal.

—Au revoir, Annie. À bientôt.

Unité 2

Leçon 4

Activité 16. Au Canada

Vous habitez à Paris? J'habite à Québec avec Paul et Jacques. Nous habitons à Québec, mais nous ne travaillons pas à Québec. Je travaille à Montréal. Paul et Jacques étudient à l'Université Laval.

Leçon 5

Activité 17. Les voyages

J'aime voyager. Je voyage assez souvent. Maintenant je suis à Québec. Je veux aussi visiter Montréal. Est-ce que vous voyagez souvent? Est-ce que vous aimez voyager?

Leçon 6

Activité 16. Le tennis

Avec qui est-ce que tu joues au tennis? Tu joues avec Paul et Philippe, n'est-ce pas? Pourquoi est-ce que tu joues avec eux? Pourquoi est-ce que tu ne joues pas avec moi? Moi aussi, je joue bien!

Unité 3

Leçon 7

Activité 17. Jacqueline

Voici Jacqueline. C'est une amie. Elle a des cassettes, mais elle n'a pas de chaîne-stéréo. Moi, j'ai une mini-chaîne, mais elle ne marche pas. Et toi, est-ce que tu as une chaîne-stéréo?

Leçon 8

Activité 13. Suzanne

Suzanne est une grande fille brune. Elle habite à Paris, mais elle n'est pas française. Elle est américaine. Elle a un copain. C'est un étudiant anglais. Et vous, est-ce que vous avez des amis anglais?

Leçon 9

Activité 17. Le temps libre

Où allez-vous? Moi, je vais à la piscine avec Jean-Michel. Nous allons nager et jouer au volley. À quatre heures, nous allons aller chez lui et nous allons jouer aux cartes. Aimez-vous le bridge?

Unité 4

Leçon 10

Activité 15. Mes voisins

Mes voisins ont deux enfants. Leur fils Robert est étudiant. C'est mon copain. Leur fille Alice est professeur. Elle est mariée. Son mari travaille au laboratoire de l'université.

Leçon 11

Activité 14. Au magasin

Je vais acheter cette cravate rouge. Elle coûte douze euros. Elle n'est pas très bon marché, mais elle est jolie. Je vais aussi acheter cette chemise bleue et ces chaussures noires. Et toi, quelles chaussures préfères-tu?

Leçon 12

Activité 16. Le week-end

Qu'est-ce que vous faites le week-end?
Quand il pleut, je fais le ménage. Mais quand il fait beau, je ne reste pas chez moi. Ce week-end, je vais faire une promenade à bicyclette. Je vais aller chez Roger, mon nouvel ami. Il habite un bel appartement dans une vieille maison.

Unité 5

Leçon 13

Activité 15. Sylvestre

Mon cousin Sylvestre a dix-neuf ans. Il a l'intention d'aller en France. Il a besoin d'argent. Voilà pourquoi il vend son auto. Avez-vous envie d'acheter cette auto? Réfléchissez à ma question!

Leçon 14

Activité 16. Samedi dernier

Qu'est-ce que vous avez fait samedi dernier? Moi, j'ai téléphoné à Julien. L'après-midi, nous avons joué au tennis. Le soir, nous avons dîné dans un restaurant italien. Après, nous avons rendu visite à un copain. Vraiment, nous n'avons pas perdu notre temps!

Leçon 15

Activité 16. Au Canada

L'année dernière, Georges est allé au Canada avec sa cousine Sylvie. Ils sont partis de Paris le dix juillet. Ils ont visité Québec où ils sont restés deux semaines. Là-bas, Georges a rencontré une étudiante canadienne avec qui il est souvent sorti.

Unité 6

Leçon 16

Activité 14. Catherine

Je viens de téléphoner à Catherine. Elle vient de passer une semaine à Québec. Maintenant, elle est à Montréal. Elle est là-bas depuis samedi. Elle revient aux États-Unis le premier juillet.

Leçon 17

Activité 16. Au restaurant

Guillaume et Suzanne sont au restaurant. Guillaume regarde le menu. Il va prendre du poulet et de la salade. Il va boire du vin. Suzanne va prendre de la salade, mais elle ne va pas prendre de poulet. Elle va prendre du jambon et boire de l'eau minérale.

Leçon 18

Activité 15. Au restaurant

Nous déjeunons souvent dans ce restaurant. La viande et les légumes sont toujours très bons. François va commander du poulet avec des frites. Moi, je vais prendre de la sole parce que je suis au régime.

Unité 7

Leçon 19

Activité 20. Ce soir

Ce soir, mes amis veulent aller au cinéma. Je veux sortir avec eux, mais je ne peux pas. Demain, j'ai un examen très difficile. Je dois rester chez moi. À mon université, il faut beaucoup étudier si on ne veut pas rater ses examens.

Leçon 20

Activité 17. Monique et Henri

Connais-tu Monique? Moi, je la connais bien. Je l'ai rencontrée l'année dernière à Paris. Je vais l'inviter à la fête. Elle va venir avec son cousin Henri. Je ne le connais pas, mais ses amis le trouvent très sympathique. Il fait des études d'ingénieur à l'Université de Grenoble.

Leçon 21

Activité 16. J'ai besoin de mon livre.

Tu connais Christine, n'est-ce pas? Elle m'a parlé de toi quand je lui ai rendu visite hier. Je lui ai prêté un livre, et maintenant j'ai besoin de ce livre. Je veux lui téléphoner. Donne-moi son numéro de téléphone, s'il te plaît!

Unité 8

Leçon 22

Activité 15. Ma voisine

J'habite dans un immeuble qui n'est pas très moderne mais que je trouve confortable. Je connais tous mes voisins. J'ai une voisine qui est très sympathique et que j'invite souvent chez moi. C'est une étudiante qui a passé plusieurs années dans une université américaine.

Leçon 23

Activité 16. Le fils des voisins

Quand j'avais douze ans, j'habitais dans un petit village. Je passais tous mes week-ends avec Henri, le fils des voisins. C'était mon meilleur ami. Nous allions souvent à la plage et parfois nous faisions des promenades à bicyclette.

Leçon 24

Activité 13. Hier soir

Hier soir, je suis sorti avant le dîner. Il faisait un temps épouvantable. Il neigeait et la visibilité était très mauvaise. Quand je suis rentré, j'ai vu quelqu'un qui attendait un taxi, mais il n'y avait pas de taxi. J'ai reconnu mon ami Jean-Claude. Je l'ai invité chez moi et nous avons dîné ensemble.

Unité 9

Leçon 25

Activité 14. À la mer

Allez-vous souvent à la mer? Quand j'étais jeune, j'y allais tous les étés. C'est là que j'ai appris à faire de la voile. J'en faisais très souvent. Maintenant, je n'en fais plus parce que je n'ai pas de bateau. Si j'ai de l'argent, je vais en acheter un cet été.

Leçon 26

Activité 15. Le dimanche

À quelle heure est-ce que vous vous levez le dimanche? Moi, je ne me lève jamais avant dix heures. Je me rase, je me lave, je m'habille et j'écoute la radio. L'après-midi, je me promène avec mon amie Marie-Laure. Nous nous promenons souvent à la campagne. Et vous, est-ce que vous vous promenez avec vos amis?

Leçon 27

Activité 16. Guy et Suzanne

Aujourd'hui, Guy s'est levé tôt. Il s'est rasé et il s'est habillé. Après, il a téléphoné à Suzanne. Ils se sont donné rendez-vous au café de l'université pour trois heures. Guy est arrivé un peu en retard, mais Suzanne ne s'est pas impatientée. Guy et Suzanne se sont promenés jusqu'à sept heures. Est-ce qu'ils s'aiment? C'est possible.

Unité 10

Leçon 28

Activité 16. Étienne et ses sœurs

Connais-tu Étienne? C'est un garçon très travailleur et très ambitieux. Ses sœurs sont assez différentes. Christine est une fille très sportive, mais elle n'est pas très intellectuelle. Catherine est une fille très idéaliste et très généreuse. Voilà pourquoi elle a beaucoup d'amis loyaux.

Leçon 29

Activité 17. Voyage en Italie

Si j'ai de l'argent cet été, je ferai un voyage en Italie avec mon ami Charles. Nous irons d'abord à Rome. Quand nous serons là-bas, nous verrons mes cousins. J'espère qu'ils pourront nous trouver un hôtel bon marché. Je leur enverrai un télégramme quand je saurai la date de notre départ.

Leçon 30

Activité 14. Après l'université

Qu'est-ce que je ferais si je n'étais pas étudiant? Je ne resterais pas ici. Si j'avais de l'argent, je ferais un grand voyage. Je verrais de nouveaux pays. J'irais au Japon ou en Chine. Je reviendrais en France après deux ou trois ans.

Unité 11

Leçon 31

Activité 17. Les courses

Je vais aller au supermarché. Il faut que j'achète de la bière. Ensuite, je veux passer à la bibliothèque. Il faut que je prenne un livre. Non, il n'est pas nécessaire que vous veniez avec moi. Mais j'aimerais bien que vous me prêtiez votre voiture.

Leçon 32

Activité 20. Visite à Genève

Je suis content que tu ailles à Genève cet été, mais j'ai peur que tu ne puisses pas rencontrer mon frère. Je sais qu'il voyage beaucoup et je doute qu'il soit chez lui en juillet.

Leçon 33

Activité 14. Mon vélo

Je n'ai pas mon vélo. Je l'ai prêté à Thomas. Demande-le-lui. S'il ne te le donne pas, dis-lui que je vais le chercher demain.